O ENIGMA DE
JESUS DE NAZARÉ

Copyright do texto ©2016 Thomas Black Wilson
Copyright da edição ©2016 Escrituras Editora

Todos os direitos desta edição reservados à
Escrituras Editora e Distribuidora de Livros Ltda.
Rua Maestro Callia, 123 – Vila Mariana – São Paulo – SP – 04012-100
Tel.: (11) 5904-4499 / Fax: (11) 5904-4495
escrituras@escrituras.com.br
www.escrituras.com.br

Diretor editorial: **Raimundo Gadelha**
Coordenação editorial: **Mariana Cardoso**
Assistente editorial: **Karen Mitie Suguira**
Capa, projeto gráfico e diagramação: **Guilherme V. S. Ribeiro**
Revisão: **Cristiane Maruyama**
Impressão: **Mundial Gráfica**

Dados Internacionais de Catalogação na Publicação (CIP)
(Câmara Brasileira do Livro, SP, Brasil)

Wilson, Thomas Black
  O enigma de Jesus de Nazaré / Thomas Black Wilson. – São Paulo: Escrituras Editora, 2016.

  ISBN 978-85-7531-717-4

  1. Bíblia. N.T. Evangelhos 2. Jesus Cristo – Historicidade 3. Jesus Cristo – Pessoa e missão I. Título.

16-07296   CDD-226.067

Índices para catálogo sistemático:
1. Jesus Cristo: Historicidade   226.067

Impresso no Brasil
Printed in Brazil

Thomas Black Wilson

O ENIGMA DE
JESUS DE NAZARÉ

Prefácio
Carlos Nejar

São Paulo, 2016

SUMÁRIO

Prefácio... 7
Carlos Nejar

Introdução... 13

Capítulo 1
O relato dos Evangelhos................................ 19

Capítulo 2
O propósito dos escritores do Novo Testamento.... 41

Capítulo 3
Quatro facetas de Jesus................................ 57

Capítulo 4
O nascimento de Jesus.................................. 75

Capítulo 5
Os anos "escondidos" de Jesus......................... 91

Capítulo 6
A vida de oração....................................... 101

Capítulo 7
Panorama do ministério................................ 113

Capítulo 8
A oposição... 133

Capítulo 9
O ministério de ensino................................ 149

Capítulo 10
O ministério de fazer o bem........................... 161

Capítulo 11
O ministério de maravilhas, prodígios e sinais.... 183

Capítulo 12
Os dias antes da crucificação......................... 195

Capítulo 13
AS ÚLTIMAS HORAS ANTES DA MORTE 207

Capítulo 14
A CRUCIFICAÇÃO E A MORTE 227

Capítulo 15
A RESSURREIÇÃO 243

Capítulo 16
A ASCENSÃO 261

Capítulo 17
JESUS, O NOSSO EXEMPLO 269

Capítulo 18
AS PROFECIAS CUMPRIDAS 279

Capítulo 19
A SEGUNDA VINDA 293

Capítulo 20
JESUS NO TEMPO PRESENTE 297

Epílogo
A LUZ DO MUNDO 309

REFERÊNCIAS BIBLIOGRÁFICAS 313

SOBRE O AUTOR 317

Prefácio

Muitos escreveram sobre Jesus de Nazaré. A maioria trata de Jesus histórico, raros versam sobre o Cristo, Filho de Deus, e é o caso do renomado autor deste livro, O enigma de Jesus de Nazaré, Thomas Black Wilson, natural de Glasgow, radicado em Portugal, que ora apresento aos leitores. Junta fatos e profecias sobre O Cristo, promanados séculos antes, durante e depois, mostrando quanto se cumpriram em cada ceitil, ou pormenor de Sua divina existência. Ou como assevera o Apocalipse: O nome sob qual se denomina, é "A Palavra de Deus". Tendo a autoridade de assegurar que "o céu e a terra passarão, mas não passará a Sua Palavra". Porque não ficou na morte.

Muitos afirmam ou negam Jesus, sem perceber quanto se revela a seu povo. Mas a luz não refuta a si mesma. Nem precisa defender-se.

Este livro que analisa com clarividência e discernimento o enigma de Jesus de Nazaré é novo e jovem, cheio de surpresas, alegrias, aventuras, não só pelo relato biográfico da melhor criatura humana que já habitou este Planeta, como também pelas descobertas, esclarecimentos, com texto erudito e simples, alcançando a todos os interessados, crentes, descrentes, sábios, letrados, todos os que, no dizer do salmista Davi, "têm sede do Deus vivo". Absoluta sede, que às vezes está tão oculta em nós, que ao ler este livro, repararemos. Outras, tão presente, atinada, que emergirá como uma fonte. Não se expõe ao sensacionalismo ou ocultismo, ou ao processo midiático, tão comum na espécie. Deslumbra e surpreende. Porque verdadeiro.

O enigma de Jesus de Nazaré é o de ser Deus, sendo homem, brotando do ventre de Maria pelo poder do Espírito Santo, com o infinito encerrado no finito. Previsto por Isaías, "era a raiz de uma terra seca sem aparência, nem formosura", de tez escura como tantos outros nazarenos, incapaz de ser distinguido, salvo quando falava como nenhum homem. E foi preciso que Judas, o traidor, guiasse os soldados para prendê-lo e o beijasse, única forma de identificá-lo.

Thomas Wilson adverte ser igualmente o enigma de Jesus a maneira amorosa com que entendeu o coração do homem e como padeceu sua "via dolorosa", assumindo na vida a palavra dos profetas, até a última medida.

León Bloy assinala que "nenhum homem sabe quem é". Só Jesus que sempre soube e saberá. Por ser "a luz do mundo", tendo saído de Deus. "O caminho, a verdade e a vida". Ninguém vindo ao Pai sem Ele (Jo 13:6). Ninguém como Jesus se conhecia, ninguém, como Ele nos conhece e chama pelo nome. Basta que ouçamos a Sua voz. E o que é da verdade a escuta. Quem o reconhece entre os homens, será reconhecido diante de Seu Pai.

Assim, este livro escrito, com doutrina e espírito, não guarda a marca de qualquer preconceito. E os leitores, enquanto o leem, com os pormenores íntimos ou solares, a visão de historiadores e profetas, ou no discorrer dos Evangelhos, ou dos sinais, vão compondo o retrato fiel e íntegro de Jesus de Nazaré. E são os detalhes que iluminam o todo e o todo, seus detalhes.

E verificamos que, através de seu sangue precioso, semeou a Palavra e "o sangue é Espírito", como observava Nietzsche. E ao romper o véu da lei e do templo, deu-nos a eternidade. A entrada do Éden estava fechada com a espada do Anjo e Jesus trouxe o juízo sobre si e abriu para todos, sendo palavra, o jardim do paraíso. Pois, aqui, juízo e vida significam salvação.

Sobretudo, o autor nos demonstra que a obra criadora conduz à morte, dentro de nosso tempo terreno, mas a obra redentora começa a vida eterna, através da fé na Palavra que se desvela em nós. O homem não arrosta a verdade de Deus com seu peso de severa realidade. Mas é a verdade de Deus que levanta o homem. Pois na proporção em que o homem se enroupar com a verdade, a verdade o liberta. Porque a graça cobre a verdade e a justiça vem adiante. A fé é o alcance da justiça. Ou a gratidão: confiança. E vivemos pela fé. Porque só com ela agradamos a Deus. Vencendo com a vestidura do sangue da Palavra. Sabendo que essa fé é dom e deve ser nutrida com compromisso espiritual. A razão é limitada, a fé na obra redentora, ilimitada. Porque o que é impossível aos homens, é possível a Deus. No impossível não há lei, mas graça. E se o descanso do Velho Testamento era físico, Jesus é o nosso descanso eterno. "Vinde a mim, vós todos, que estais oprimidos, que vos aliviarei e darei descanso para as vossas almas."

Sim, os leitores contemplarão neste livro de força e sentido o lúcido prazer do pensamento que se alia ao amor. Porque com amor foi escrito. Como Deus nos amou antes que o conhecêssemos. E se o primeiro Adão achava-se nu, tapou-se de Deus e sofreu espinhos e foi expulso do Éden, o último Adão, o Cristo, assumiu, sendo inocente e justo, a condenação: somos bem-aventurados por causa Dele.

Mas este volume trata, do mesmo modo, de Jesus que ressuscitou no terceiro dia e subiu ao céu, e descerá como um relâmpago do Ocidente ao Oriente, no arrebatamento da Igreja. João no Apocalipse quando pranteou diante dos Sete Selos, dos Sete Espíritos de Deus, ouviu uma voz aconselhando que não chorasse, porque o Leão da Tribo de Judá era o Cordeiro, o único capaz de abrir o selo do Livro da Vida, por ter remido todas as gentes e nações.

Chama-nos atenção o cuidado com que o autor arrola os milagres de Jesus, ressaltando a sua compaixão pelos necessitados. Desprezado, não desprezou, bebeu o cálice da dor. E na cruz, posto ao lado de malfeitores, viu que um deles o alcançou pela revelação, mesmo com rosto salpicado de sangue, percebeu que estava o Rei dos Reis. Ao pedir que o lembrasse, quando no paraíso, a resposta pronta veio: "Hoje mesmo estarás comigo no meu reino". Sendo Sua benignidade eterna. Pois ao ter criado o universo e com os dedos, tecido o firmamento, chamando as estrelas pelo nome, não remenda a criação, faz novas todas as coisas.

Thomas Wilson, por fim, nos alerta que se vislumbrássemos apenas Jesus morto, não teríamos esperança, porque a morte não tem beleza, nem esperança. Mas como Jesus de Nazaré se ergueu da morte, ao estar vazio o túmulo. Quando dois varões, de vestes resplandecentes, afiançaram aos discípulos: "Por que buscais entre os mortos, aquele que é vivo?" (Lc 24:4-5). Ou como o viu João, glorioso, em Ap 1:14-15: "A cabeça e cabelos eram brancos como a branca lã e os seus olhos como chama de fogo e os seus pés semelhantes a latão reluzente, como se tivessem refinados numa fornalha, e a sua voz como voz de muitas águas".

E, leitores, enfatizo: este livro extraordinário, com lucidez e fascinante relato, que se desdobra na grandeza da fé e do conhecimento, versa a respeito de Jesus de Nazaré, "Príncipe da paz, o que é Maravilhoso". O mesmo que, estudioso das Escrituras, ao pregar no templo, entre doutores, leu nelas exatamente o texto que apontava para Ele, mostrando que, ali, se desenhava o estabelecido em Isaías (61: 1): "O Espírito do Senhor Jeová está sobre mim, porque o Senhor me ungiu, para pregar boas novas aos mansos; enviou-me a restaurar os contritos de coração, a proclamar liberdade aos cativos, e a abertura da prisão aos presos."

E era o Cordeiro sem mácula, num caminhar perfeito, tornando-se Bom Pastor, por ser ovelha muda ao matadouro. "Esvaziou-se", no parecer do Apóstolo dos Gentios, Paulo, "assumindo a forma de servo, semelhando-se aos homens" (Fp 2:5-7).

Encontra-se, aliás, neste admirável texto, Jesus, O Nazareno, que por nós é descoberto e nos descobre. E moramos nesse clarão, parafraseando o poeta francês René Char. Ou o clarão reside em nós. Aprendendo que, o que despe a Palavra, recebe juízo; o que com a Palavra se veste, se edifica e eleva. Porque a luz dá cria e não se extingue.

Carlos Nejar
Escritor da Academia Brasileira de Letras e
da Academia Brasileira de Filosofia

Introdução

Nunca houve ninguém como Jesus. Até alguns dos seus inimigos tiveram que admitir que ninguém se comunicava como ele.

Nunca escreveu nenhum livro, não fez nenhuma descoberta importante, não comandou um exército poderoso, mas tem atraído mais atenção do que qualquer outra personalidade ao longo dos séculos. Nunca ninguém teve um efeito tão profundo na humanidade como ele. Ninguém alterou o curso da história mais do que ele. Ninguém nunca impactou tão positivamente o mundo todo. De fato, foi tal o seu impacto na história que a contagem do tempo passou a ser de acordo com a data do seu nascimento: a contagem dos séculos é feita como a.C. (antes de Cristo) e d.C. (depois de Cristo).

Ainda hoje as pessoas falam dele. Entre cristãos, judeus, muçulmanos, budistas, hindus e seguidores de outras religiões Jesus é frequentemente o tema em discussão. Mesmo aqueles que afirmam não ter religião mostram interesse em Jesus. O que acontece é que há uma grande divergência de opiniões acerca desse homem.

Quem foi ele? Alguns consideram-no um profeta extraordinário, outros acham que foi o maior professor de ética que já existiu, enquanto outros se maravilham com os milagres e curas que fez. Muitos consideram-no como o Cristo, o Messias. Algumas pessoas dizem que ele foi um grande psicólogo, outros dizem ainda que foi um revolucionário, ou então um mártir, que sofreu por uma causa. Para alguns, Jesus é o Senhor, enquanto outros chegam até a pôr em dúvida a sua existência. Cada um tem sua própria opinião.

As pessoas opinaram sempre sobre Jesus ao longo da história. Um exemplo é um grupo de pescadores no Mar da Galileia. Estavam desanimados e frustrados, tendo passado uma noite inteira sem conseguir pescar nada quando Jesus deu a ordem a Pedro, o dono do barco, para retornar e deitar as redes ao mar. Pedro, que tinha andado com Jesus, nunca teria questionado o seu ensino, mas pensou que sabia mais do que Jesus no que dizia respeito a pescar, especialmente em águas que conhecia muito bem. Com uma certa relutância, Pedro levou o barco para a água, não muito convencido de que daria resultado. Mas como ficou espantado quando viu a grande quantidade de peixes que tinha apanhado! Eram tantos que as redes começaram a se romper. Chamou logo os colegas de um outro barco para ajudá-lo. A apanha foi tão abundante que ambos os barcos ficaram carregados, a ponto de quase se afundarem. Pedro ficou admirado com a quantidade de peixes, porém mais admirado ficou com o fato de Jesus saber onde encontrá-los, enquanto Pedro e os colegas pescadores não sabiam. Como é que ele sabia?

Naquele tempo os discípulos de Jesus conheceram-no melhor do que qualquer outra pessoa. Foram eles os seus companheiros durante um período de cerca de três anos. Viveram juntos, comeram juntos e viajaram juntos. Estiveram sempre com ele, observando-o cuidadosamente como bons discípulos, ouvindo o seu ensino com atenção e presenciando as curas notáveis, verificando o impacto dele. De vez em quando, por causa dos seus preconceitos judaicos, precisaram modificar a opinião que tinham dele, durante este período em que andaram na sua companhia.

Em uma outra ocasião Jesus estava em um barco com os discípulos no Mar da Galileia, quando se levantou uma tempestade violenta, o que é bastante comum naquele mar. Os pescadores ficaram cheios de medo, ainda que tivessem testemunhado muitas dessas tempestades. Quanto a Jesus, dormia deitado sobre uma almofada, na popa do barco. Por fim, os pescadores acordaram-no para lhe mostrar que corriam um grande perigo. Ele se pôs de pé e repreendeu o vento e as ondas. O vento baixou de imediato e as ondas sossegaram, havendo uma grande calmaria. Todos ficaram espantados. Tinham ouvido os seus ensinamentos, tinham visto milagres e curas, mas esse evento era uma coisa inteiramente nova. Atônitos, perguntaram: "Quem é este, que até aos ventos e à água manda, e lhe obedecem?"

Em outra ocasião, depois de os discípulos terem andado com ele por volta de dois anos, Jesus levou-os à região de Cesareia de Filipe, que tinha sido transformada em um centro de adoração pagã. Ali havia estátuas de vários deuses, em nichos na falésia, e altares onde eram oferecidos sacrifícios humanos. Uma das estátuas era a de Pan, um deus grego, que se dizia ter vindo à terra como um mortal. Hoje em dia, o lugar se chama Paneas. Ali, Jesus perguntou aos discípulos: "Quem dizem os homens que eu sou?" Responderam-lhe que havia várias opiniões. A seguir, Jesus perguntou-lhes o que eles pensavam porque queria esclarecer bem a sua identidade, para que não houvesse confusão.

Os discípulos, todos judeus, pensaram sempre que Jesus era o Messias (*Mashiach*), o que significa "o Ungido". Em Israel os reis, os profetas e os sacerdotes eram ungidos para mostrar que eram especiais e que tinham sido separadas por Deus para uma determinada função. Cada um deles era um ungido. Mas o Messias era o Ungido, aquele de quem todos os profetas tinham falado, a esperança de Israel e o desejado das nações. Contra todos os seus preconceitos, Pedro tinha chegado a um entendimento de Jesus diferente daquele que tinha tido no princípio. Pedro respondeu: "Tu és o Cristo, o Filho do Deus vivo".

O "Cristo" é o mesmo que "Messias", querendo dizer que Jesus era o Messias, o Ungido, aquele que era especial, aquele que tinha sido separado por Deus, para uma função especial e o Filho do Deus vivo. Os discípulos sabiam que há um só Deus, o Criador, e que todos os outros deuses não passam de invenção humana. Não valem nada. Não têm vida e não podem ajudar a ninguém. Mas, como judeu, essa declaração de Pedro foi notável. Contra todos os seus preconceitos, o tempo que passou com Jesus fez com que ele ficasse convencido de que esse homem era, de fato, o Filho do Deus vivo.

Ninguém conhecia Jesus melhor do que os seus discípulos. Foram testemunhas oculares de tudo o que Jesus ensinou e fez. Estiveram lá quando os surpreendeu com as suas declarações que mais nenhum homem ousou fazer. Por exemplo, ouviram Jesus declarar: "Eu sou o Caminho, a Verdade e a Vida. Ninguém vai ao Pai senão por mim". Com essa declaração afirmava que veio de Deus como o Caminho para nos mostrar como chegar a Deus, que veio como a Vida para nos dar a vida eterna e que veio como a Verdade para que tivéssemos a certeza destas coisas.

Mas será que os discípulos se enganaram acerca da identidade de Jesus? Será que foi assim mesmo? Podemos conhecer a verdade sobre Jesus, uma vez que dezenas de séculos se passaram desde que Jesus viveu aqui na terra? Precisamos enfrentar essas e outras questões válidas se quisermos conhecer o verdadeiro Jesus.

Não se pode esquivar de tal situação; é necessário que tomemos uma posição. Neste livro consideraremos o enigma Jesus de Nazaré procurando analisar cuidadosamente as evidências existentes sobre ele e sobre o seu ministério para que aqueles que buscam a verdade com zelo, da mesma maneira que discípulos fizeram, para assim chegarmos a uma conclusão acurada sobre essa personalidade única.

1

O RELATO DOS EVANGELHOS

Jesus está presente em toda a Bíblia. A vinda dele está profetizada no Velho Testamento. No Novo Testamento, a mensagem é que ele já veio. Mas é especialmente no relato dos quatro Evangelhos de Mateus, Marcos, Lucas e João, onde encontramos a maior fonte de informação sobre Jesus. Portanto, os quatro Evangelhos são o melhor lugar para começarmos a nossa busca no sentido de conhecê-lo.

Os Evangelhos e como vieram a ser escritos

Cinquenta dias depois da morte de Jesus os discípulos foram com ousadia para as ruas de Jerusalém, a cidade onde Jesus tinha sido crucificado, para declarar a todos que Jesus, o Messias, estava vivo.

Como tiveram tanta coragem? Um transformação poderosa ocorrera neles em pouco tempo. Quando Jesus foi preso e levado a julgamento, os discípulos o tinham negado e o tinham abandonado. E depois da sua morte esconderam-se, com medo de sofrerem também às mãos das autoridades religiosas, por terem sido testemunhas oculares de tudo o que Jesus tinha feito e ensinado. No entanto, foram transformados pela ressurreição de Jesus e pelo derramamento do

Espírito Santo sobre eles no dia de Pentecostes. Proclamaram ousadamente que Jesus de Nazaré era o Messias que Israel esperava. A seguir, acusaram as autoridades religiosas do crime de terem matado-no. Porém, de imediato explicaram que, ao matar Jesus, as autoridades cumpriram aquilo que Deus tinha determinado para o seu povo. Os discípulos anunciaram que eram testemunhas do fato de Deus ter ressuscitado Jesus, de terem exaltado-no como Senhor e de Jesus agora estar vivo, sentado à direita do Pai, na glória. Proclamaram que Jesus morreu pelos pecados dos homens, para que pudessem ser perdoados e para que pudessem conhecê-lo presente nas suas vidas, através do Espírito Santo (At 2).

Muitos creram em Jesus como resultado dessa pregação e a Igreja começou a crescer rapidamente. Ela se espalhou, em pouco tempo, de Jerusalém para a Judeia, Samaria, Ásia e Europa. Os discípulos, agora chamados apóstolos, foram usados no estabelecimento da Igreja, instruindo os novos convertidos nas doutrinas que precisavam conhecer. À medida que a Igreja crescia, os apóstolos acharam necessário corrigir erros que apareceram em algumas Igrejas e instruir os crentes contra falsas doutrinas que poderiam minar toda a base da fé. Para isso, fizeram visitas e enviaram cartas (epístolas) às Igrejas que estavam espalhadas pelo império romano. Essas cartas foram muito valorizadas e formaram a maior parte do Novo Testamento.

Os apóstolos, que tinham acompanhado Jesus durante o seu ministério, informaram à Igreja sobre as coisas que ele dissera e fizera enquanto estava com eles. Eram testemunhas presenciais de tudo. Um se lembrava de certos pormenores. Outro se lembrava de pormenores adicionais. Assim, a vida e o ministério de Jesus foram transmitidos oralmente para a Igreja primitiva.

No entanto, as testemunhas não viveriam para sempre. Que aconteceria quando elas morressem? Quem lembraria a Igreja dessas coisas? Além disso, com o passar do tempo, algumas pessoas começaram a inventar coisas acerca da vida e do ministério de Jesus. No começo, isso não constituiu problema, pois os apóstolos corrigiam logo os erros. Mas chegou o tempo em que eles compreenderam que era necessário ter um registro mais permanente de tudo. É por essa razão que temos o registro dos Evangelhos. Encontramos neles os relatos das testemunhas oculares, dos apóstolos, acerca daquilo que tinha acontecido na vida de Jesus poucos anos antes.

Temos quatro relatos, quatro Evangelhos, pois não se achou necessário haver um só relato "oficial". Cada um dos escritores dos Evangelhos escreveu acerca da vida e do ministério de Jesus, segundo a sua própria perspectiva. Isso deu origem a quatro relatos da vida e do ministério de Jesus, os quais são diferentes mas se complementam.

Hoje em dia, referimo-nos aos quatro relatos do Evangelho como "os Evangelhos". A forma plural "Evangelhos" não teria sido compreendida na era apostólica. Os apóstolos afirmavam claramente que havia um só Evangelho (Gl 1:8). Os quatro relatos escritos são relatos do mesmo Evangelho de Deus sobre Jesus.

Os relatos do Evangelho estão escritos em um estilo único, que não se conhecia no século I d.C. e que não tem equivalente literário hoje em dia. Não são apenas biografias de Jesus. Mais do que um terço dos relatos dos Evangelhos é dedicado à descrição da morte e da ressurreição de Jesus. Biografia nenhuma dedicaria um terço das suas páginas ao tratamento do assunto da morte. Podemos comparar melhor os Evangelhos a boletins de informação. A palavra grega que significa Evangelho é *Evangelion*. Essa palavra era usada, no tempo do Novo Testamento, para descrever ou anunciar uma notícia muito importante, transmitida por um emissário, que era enviado às cidades e às aldeias de uma certa região. Exemplos seriam a vitória sobre um inimigo ou a visita de um imperador. O Evangelho é uma notícia boa daquilo que Deus fez por nós na pessoa de Jesus.

Entretanto, há quem afirme que a mensagem da Igreja é uma enorme mentira. Dizem que nunca houve ninguém chamado Jesus. Alguns até afirmam: "Se Jesus de Nazaré foi uma figura histórica de fato, porque não é mencionado pelos historiadores da época?" É de admirar como pessoas cultas e geralmente bem informadas por vezes fazem comentários desse tipo. Apenas demonstram seu pouco conhecimento.

A evidência dos historiadores

Na verdade, os historiadores seculares daquela época falam dele. Jesus é efetivamente uma das figuras mais bem relatadas e documentadas da história antiga. Há mais evidência histórica sobre Jesus do que Júlio César, e não se costuma sugerir que Júlio César tivesse sido um mito.

Evidência judaica

A evidência judaica mais importante vem do historiador judaico Flávio Josefo (37-98 d.C.).

Josefo foi o chefe de uma revolta contra o poder romano em 66 d.C. a qual foi esmagada, resultando em Flávio sendo levado prisioneiro. Mas a vida dele foi poupada devido à sua amizade com Vespasiano, o general romano que o venceu e que mais tarde foi imperador. A segunda parte da vida de Josefo foi dedicada a escrever a história dos judeus. Um dos seus livros, *Antiguidades judaicas*, cobre o período em que decorreu o ministério de Jesus. Embora não gostasse dos cristãos e não fosse um admirador de Jesus, registrou, fielmente, os fatos que conhecia. Esse relato chegou até nós em várias formas: a mais fidedigna é uma tradução em árabe, em que lemos:

> Por esta altura surgiu Jesus, um homem sábio, que praticou bons atos [...]. Pilatos condenou-o à crucificação e à morte. Os que tinham sido seus discípulos pregaram a sua doutrina. Contavam que lhes tinha aparecido três dias depois de ter sido crucificado e que estava vivo (Livro 18, *Testimonium Flavianum*).

A *Enciclopédia Judaica* também apresenta evidência. Ela afirma que as lendas em torno de Jesus podem ser lidas no *Talmude* e no *Midrash*, bem como no *Toledot Jeshu* (o Livro da vida de Jesus). O *Talmude* e o *Midrash*, escritos rabínicos judaicos, foram escritos poucos séculos depois do ministério de Jesus, ao passo que o *Toledot Jeshu* foi escrito na Idade Média. A tendência dessas fontes é depreciar Jesus, atribuindo-lhe um nascimento ilegítimo, magia e uma morte vergonhosa (Yeb. iv. 3, B. Simeon ben Azza, Derenbourg in "R. E. J." i. 293).

No *Talmude* há várias referências a Jesus. A referência mais significativa sobre Jesus diz o seguinte:

> Na véspera da Páscoa Yeshu foi crucificado. Durante quarenta dias antes da execução um arauto [...] proclamou: "Ele vai ser apresentado para ser apedrejado porque praticou artes mágicas e tentou Israel a cometer apostasia (*Talmude da Babilônia*, Tradução do autor, da tradução de I. Epstein (London: Soncino, 1935), vol. III, *Sanhedrin* 43a, 281, citado em Habermas, *The Historical Jesus*, 203).

O *Toledot Jeshu* foi escrito para que os judeus pudessem passar a informação contida nele de geração em geração. A palavra hebraica "Jeshu" é uma abreviatura de "Jeshua" ou Yeshua" (que significa "ele salva"). A forma "Jeshu" significa: "que o seu nome seja apagado". A ideia do *Toledot* é que Jesus foi um enganador e um herético, que foi crucificado pelos judeus; que os discípulos roubaram o corpo dele e que enganaram os outros ao proclamar a ressurreição.

Se, por um lado, a pessoa e o ministério de Jesus estão obviamente distorcidos nessas fontes, por outro é interessante o fato de que nunca procuram negar a existência de Jesus de Nazaré. Ao falarem mal dele, estabelecem claramente a sua existência e a sua rejeição por parte do povo judeu.

Não é fácil achar um exemplar do *Toledot Jeshu*. Quando se descobriram esses ensinamentos judaicos sobre Jesus, no princípio do século XVII, houve uma operação de encobrimento. Em 1631, um sínodo judaico na Polônia determinou que as passagens ofensivas fossem expurgadas, e que esses ensinamentos fossem transmitidos oralmente aos jovens pelos rabis e pelos pais. O texto dessa encíclica está em hebraico e está também traduzido, e diz o seguinte:

> É por isso que vos impomos, sob pena de excomunhão máxima, que não imprimais, em edições futuras, nem do Mischna nem do Gemara, nada que se relacione, nem com o bem, nem com o mal dos atos de Jesus, o nazareno, e que o substituais por um círculo assim: O, que servirá para avisar os Rabis e os professores de que devem ensinar essas passagens às crianças e aos jovens somente em voz viva. Devido a esta precaução, os peritos entre os nazarenos (cristãos) não terão mais pretexto de nos atacar quanto a este assunto (Abbe'Chiarini, 1831, p. 45).

EVIDÊNCIA SAMARITANA

O historiador samaritano Talo escreveu em Roma por volta de 52 d.C. sobre Jesus.

Perdeu-se a maior parte dos seus escritos originais, mas sabemos muito daquilo que escreveu através de outros estudiosos posteriores, que o citaram. Em uma das citações lemos o seguinte: "Talo, no terceiro livro das suas histórias, explica a escuridão como um eclipse do sol". Referia-se à morte de Jesus quando houve trevas sobre a terra, desde a hora sexta até à hora nona. A opinião de Talo sobre essas trevas não tem fundamento. Mas o seu comentário acerca da morte de Jesus é interessante.

Evidência pagã

A evidência mais importante é do historiador romano Tácito (55-120 d.C.), que é considerado o maior historiador da Roma antiga.

Nasceu durante o reinado de Nero e veio a ser procônsul da Ásia, sob o imperador Trajano. O seu escrito mais importante é os *Anais*, que registram a história de Roma desde a morte de Augusto (14 d.C.) até ao tempo de Nero. Infelizmente, perdeu-se uma grande parte da sua obra que cobria os anos 29 d.C. a 32 d.C., quando se deu o julgamento de Jesus. No entanto, encontramos uma referência valiosa: registra-se o grande incêndio de Roma em 64 d.C. Segundo se dizia, a culpa do incêndio recaía sobre Nero. Para se desculpar, Nero acusou os cristãos de terem ateado o fogo. Eis o que Tácito escreveu:

> Para acabar com os rumores, Nero acusou e torturou algumas pessoas conhecidas como cristãos. O fundador dessa seita, Cristo, tinha sido mandado matar pelo governador da Judeia, Pôncio Pilatos, quando Tibério era imperador... Cobriram-nos com peles de animais selvagens, foram dilacerados e mortos por cães, crucificados ou queimados, de modo que, quando se fazia noite, eles ardiam como tochas na escuridão (Anais 15.4, tradução do autor).

Plínio, o Moço

Em 112 d.C. Plínio, que era administrador da província da Bitínia, escreveu ao imperador Trajano porque estava a entrar em pânico por causa dos cristãos daquela área. Parece que havia tanta gente a converter-se a Cristo que os templos pagãos estavam a ficar desertos. Eis como descreve esses cristãos:

> Têm o hábito de se reunir em um certo dia antes do amanhecer, cantam [...] um hino a Cristo como se fosse a um deus, e fazem um juramento solene em como não praticarão quaisquer maus atos: nunca cometerão qualquer fraude, roubo ou adultério, nunca falsificarão a sua palavra, nem negarão entregar qualquer bem que lhes foi confiado (Plínio, 1935, apud Habermas, 1996).

Luciano de Samosata

Foi um satirista grego do século II. Escreveu sobre os primeiros cristãos:

> Os cristãos [...] adoram um homem até ao dia de hoje – o personagem distinto que introduziu os rituais novos, e por isso foi crucificado... Foi-lhes ensinado pelo original legislador que eles são todos irmãos, desde o momento que se convertem e negam os deuses da Grécia e adoram o sábio crucificado e vivem pelas leis dele (Luciano, *The Death of Peregrine*, p. 11-3).

Evidência cristã

A evidência mais importante é, obviamente, o relato do Novo Testamento. Além dela, há muitos testemunhos de servos de Deus que se evidenciaram nos primeiros dois séculos. Por exemplo, Justino, o Mártir, por volta de 150 d.C., refere-se ao relatório que Pôncio Pilatos fez do julgamento e da morte de Jesus, o qual estava guardado nos arquivos imperiais. Depois de falar dos detalhes da crucificação de Jesus, diz o seguinte: "Estas coisas aconteceram assim, podeis aprender dos 'Atos' que foram registrados sob Pôncio Pilatos".

Os documentos do Novo Testamento são dignos de confiança?

Algumas pessoas têm questionado se os documentos do Novo Testamento são dignos de confiança. Outros têm procurado fazer uma separação entre aquilo que eles chamam "o Jesus da fé" e "o Jesus da história". Dizem que não podemos saber quem foi Jesus, devido ao fato de vivermos muito tempo depois dos acontecimentos da sua vida e do seu ministério. Afirmam que os eventos aconteceram há tanto tempo que não podemos ter a certeza dos fatos.

Ao avaliarmos se um documento histórico antigo é digno de confiança ou não, precisamos ter várias coisas em mente:

- A data do escrito original.
- A data da cópia mais antiga existente.
- O espaço de tempo entre o escrito original e a cópia mais antiga existente.
- O número de cópias existentes.

Ao considerarmos a evidência dos documentos do Novo Testamento, vemos que podemos ter uma grande confiança neles.

Jesus foi crucificado por volta do ano 30 d.C. e o Evangelho mais antigo, o Evangelho de Marcos, foi escrito apenas no ano 50 d.C. Os quatro Evangelhos foram escritos antes do ano 66 d.C. É por isso que não encontramos referências à grande guerra entre os judeus e os romanos que decorreu entre 66 e 70 d.C. ou a destruição do Templo em Jerusalém naquele tempo. Isto faz que haja um espaço de tempo, de apenas cerca de vinte anos, entre o fim do ministério de Jesus e o primeiro Evangelho a ser escrito.

O eminente estudioso Dr. J. A. T. Robinson concluiu que os Evangelhos foram todos escritos entre o ano 40 d.C. e o ano 60 d.C., isto é, entre dez e trinta anos depois da crucificação de Jesus.

Contrariamente ao que se diz, por vezes, os acontecimentos dos Evangelhos estavam ainda frescos na memória de pessoas que os viveram. Qualquer adulto, rememorando um período de tempo tão curto, poderia reconstituir os acontecimentos principais com facilidade e clareza. Além disso, outras pessoas que viveram os mesmos acontecimentos poderiam facilmente refutar aquilo que estava a ser narrado. Por outro lado, a genealogia de Jesus apresentada por Mateus para estabelecer que Jesus era da linhagem real de Davi, foi feita a partir dos arquivos judaicos oficiais existentes no Templo de Jerusalém algum tempo antes de ele ser destruído pelos romanos no ano 70 d.C., o que fez que houvesse tempo para as pessoas terem a oportunidade de verificar a sua veracidade.

O fragmento mais antigo que se conhece do Novo Testamento é um papiro descoberto nas areias do Egito. Ele traz o texto do Evangelho de João chamado o *Fragmento Rylands*. Data de 130 d.C. O espaço entre este fragmento e o original é de cerca de setenta anos. Só para fazermos uma comparação, o período de tempo que separa o manuscrito original do poeta latino Virgílio e o manuscrito mais antigo é de cerca de trezentos anos. E treze séculos separam Platão dos seus manuscritos mais antigos. Há um espaço de cerca de novecentos anos entre César e a cópia mais antiga da *Guerra da Gália*.

Além do *Fragmento Rylands*, temos o *Papiro Bodmer*, que contém a maior parte do Evangelho de João, com cerca de setenta anos de distância do original, e os *Papiros Chester Beatty* contendo a maioria do Novo Testamento, com um espaço de cerca de cento e dez anos. Há um número espantoso de mais de treze mil manuscritos antigos do Novo Testamento, em grego, quer na sua totalidade, quer em parte. O texto é praticamente o mesmo em todos eles. Como comparação, há apenas nove cópias da *Guerra da Gália* de César.

Esses manuscritos do Novo Testamento estão escritos em papiro (fibras de uma planta), ou em pergaminho (pele de ovelhas, cabras ou vitelas). Podem ser em forma de rolo ou em forma de códex (folhas cosidas umas às outras, semelhante aos livros modernos). Todos foram, obviamente, escritos à mão.

Três dos códices têm uma importância especial. São manuscritos completos do Novo Testamento. São eles o *Códex Vaticanus* e o *Códex Sinaiticus*, do século IV, e o *Códex Alexandrinus*, do século V. Em 1859 o *Códex Sinaiticus* foi descoberto por um arqueólogo chamado Tischendorf em um mosteiro na Península do Sinai. Ele descobriu que uns papéis enrolados e metidos em uma lareira eram partes de um documento do Novo Testamento. Ao procurar por ali conseguiu encontrar o resto do Códex.

Portanto, embora não tenhamos os textos originais, temos cópias excelentes que transmitem fielmente a mensagem original. Podemos confiar plenamente no texto dos Evangelhos.

Os documentos do Velho Testamento: podemos confiar neles?

Os documentos do Velho Testamento foram sempre muito respeitados pelo povo judeu. Quando um manuscrito começava a ficar gasto, os escribas faziam outro para substituí-lo. Tinham a responsabilidade de ver se o texto original era transmitido fielmente. Depois dos escribas, foi um grupo de homens chamados Massoretas que ficou com essa tarefa. O trabalho deles era entregar o texto exatamente igual ao que tinham recebido para copiar. Usavam várias salvaguardas para ter a certeza da transmissão exata do texto. Contavam o número de letras de um livro e determinavam qual a letra do meio. Eles faziam a mesma coisa com as palavras em um livro. Se encontrassem um erro em um manuscrito, queimavam-no. No entanto, uma vez que novos textos estavam continuamente a substituir os textos mais velhos, com o passar dos tempos, todos os textos originais se perderam. Como resultado disto, o texto massorético mais antigo data de cerca de 900 d.C.

Em 1947 uma descoberta extraordinária em Israel confirmou quão cuidadosa tinha sido a transmissão do texto das Escrituras. Um rapaz, pastor de ovelhas, beduíno, entrou por acaso em uma gruta em Qumran, a nordeste do Mar Morto, e encontrou vários manuscritos hebraicos muito antigos. Quando os estudiosos os examinaram, descobriram que faziam parte de uma biblioteca que pertencera a um grupo religioso conhecido como os Essênios.

Os Essênios tinham estabelecido uma comunidade em Qumran composta de pessoas que se retiraram da sociedade judaica como protesto contra as vidas comprometidas que os sacerdotes tinham. Buscavam a vinda do Messias e a restauração do culto no Templo, da forma que Deus tinha mostrado. Viveram em Qumran até 68 d.C., o ano em que os romanos avançaram contra a revolta dos judeus, e em que foram obrigados a abandonar as suas instalações e guardarem os escritos nas cavernas do deserto da Judeia. Isso significa que todos os seus escritos estavam já terminados em 70 d.C.

Quando os beduínos viram que os papiros tinham muito valor, começaram a procurar outros documentos em outras grutas da mesma área. A descoberta mais incrível foi feita na Gruta Quatro em Qumran. Encontraram ali uma biblioteca de manuscritos da Bíblia, que continha exemplares de todos os livros do Velho Testamento, exceto do livro de Ester.

Fazendo uso desses manuscritos, os estudiosos puderam recuar dois mil anos e examinar textos bíblicos que tinham estado ali, sem serem mexidos, naquelas grutas do deserto, durante todos aqueles séculos. Os estudiosos compararam os documentos antigos do Qumran com os textos mais antigos do Velho Testamento dos Massoretas. Essa comparação confirmou o extremo cuidado com que se copiavam os textos bíblicos.

Além disso, a exatidão do texto massorético das Escrituras tem sido confirmada pela comparação com um texto de uma origem completamente independente. Durante mil anos os judeus do Iêmen ficaram separados dos outros judeus do Oriente Médio e da Europa. Durante esse período as cópias dos judeus do Iêmen e dos Massoretas foram feitas isoladamente. Mas, ao compará-las recentemente, descobriu-se que na Torah (o conjunto dos primeiros cinco livros da Bíblia, que têm várias centenas de milhares de letras) apenas nove letras do texto do Iêmen diferiam do texto massorético aceito, e nenhuma dessas letras afetava o significado de uma única palavra.

Tratamos este assunto do Velho Testamento aqui porque eles também testificaram de Jesus (Jo 5,39).

A exatidão dos relatos do Evangelho

Como vimos, os relatos do Evangelho foram todos escritos antes de 66 d.C. Há evidência que nos leva a concluir que o Evangelho de Marcos foi escrito antes de 40 d.C. Isto significa que há um intervalo de menos de dez anos entre a morte e a ressurreição de Jesus e o tempo em que o Evangelho mais antigo foi escrito.

Desse modo não houve tempo suficiente para se formarem mitos e lendas sobre Jesus. Tem-se estudado quanto tempo leva a construir mitos e lendas sobre um acontecimento histórico ou uma personalidade e tem-se calculado que isso requer normalmente centenas de anos. As primeiras biografias de Alexandre Magno foram escritas quatrocentos anos depois da sua morte e, no entanto, os historiadores consideram-nas geralmente como fidedignas. Em outras palavras, durante cerca de quinhentos anos depois da sua morte, a história de Alexandre Magno foi mantida mais ou menos intacta. Os mitos e lendas surgiram após esse período.

Os pormenores da vida e do ministério de Jesus foram transmitidos oralmente pelos apóstolos durante o tempo que decorreu entre a morte de Jesus e a ocasião em que os Evangelhos foram escritos. Também a pregação apostólica falava da vida de Jesus, enfatizando a sua morte e a ressurreição e os seus benefícios.

Há quem ponha em questão a segurança da transmissão oral, uma vez que se baseia na memória humana, que é falível. Mas estudos feitos entre povos de culturas onde não há escrita têm revelado que, quando as tribos não têm escrita, a memória é fenomenal. Essas tribos aprendem a sua história através daquilo que se conta, de geração em geração. Os feitos dos antepassados são transmitidos com toda a exatidão. Quanto mais se valoriza o acontecimento, mais exata é a transmissão, para proveito das gerações futuras. A história de Jesus era relembrada com grande alegria entre os discípulos e contada seguidamente, porque era muitíssimo importante para eles.

Os apóstolos transmitiam oralmente as coisas que Jesus tinha feito. Como é que podiam se esquecer daquilo que tinham visto o Mestre fazer? Lembravam vividamente cada pormenor e falavam frequentemente sobre tudo. Também transmitiam oralmente o que Jesus ensinou. Muitos dos seus ensinamentos tinham sido em uma forma que era fácil guardar na memória. Os rabis judeus costumavam dizer que um bom discípulo é como uma bilha de água, de boa qualidade, que guarda cada gota de água que ali é vertida. O bom discípulo valorizava a palavra do mestre, ouvia-o com atenção e guardava tudo aquilo que ele dizia. Assim não devia surpreender-nos o fato de os discípulos se lembrarem pormenorizadamente de tudo o que Jesus ensinou. Na verdade, é muito provável que, sempre que se reunissem, passassem tempo a recordar, juntos, as coisas que ele costumava dizer.

Os apóstolos transmitiam tudo o que sabiam de um modo cuidadoso. Os rabis tinham uma grande preocupação em passar oralmente informação com o maior rigor, e podemos presumir que os discípulos de Jesus fizessem isso também. A matéria dos Evangelhos foi originalmente transmitida em aramaico, que era a língua que Jesus falava. Isto explica a razão por que às vezes encontramos no texto, que foi escrito em grego, as palavras exatas que Jesus pronunciou em aramaico. Por isso podemos ter a certeza de que aquilo que é apresentado nos Evangelhos é a verdade e digno de confiança.

Os evangelhos gnósticos

De vez em quando esses "evangelhos" gnósticos são trazidos à atenção das pessoas como novidades e apresentados como uma surpreendente nova perspectiva da vida e da obra de Jesus. Também são frequentemente apresentados de um modo enganador que põem em dúvida os Evangelhos do Novo Testamento e tentam minar a fé do povo de Deus. Infelizmente, a crítica que fazem dos Evangelhos não a aplicam aos seus "evangelhos", pois eles não são dignos de confiança, tendo sido escritos com motivos suspeitos muito tempo depois da vida e do ministério de Jesus.

Há alguns anos esses "evangelhos" chamaram novamente a atenção de muitos através da publicação de *O código Da Vinci*, uma novela histórica, escrita por Dan Brown. É uma obra de ficção, mas procura convencer as pessoas de que se baseia em fatos reais.

De que trata esse livro? Não falaremos aqui do enredo. O que nos interessa é mencionar o fato de o livro se basear em uma certa teoria sobre Jesus, que procura destruir insidiosamente o testemunho dos apóstolos. Ele afirma, entre outras coisas, que Jesus ter-se-ia casado com Maria Madalena, que se teria tornado no "apóstolo" principal; Jesus teria tido uma filha com Maria Madalena, chamada Sara; Jesus não era o Filho de Deus; Jesus foi simplesmente um grande profeta; Jesus só teria sido aceite mais tarde como sendo Deus, no Concílio de Niceia, em 325 d.C., quando o imperador Constantino propôs que Jesus assumisse o estatuto de divindade; Jesus teria sido declarado Filho de Deus por uma votação, em quase houve um empate.

O argumento do livro é que os relatos cristãos mais antigos não condizem com os relatos do Evangelho que temos na Bíblia. Afirma que Constantino comissionou e financiou uma Bíblia nova, que omitiu aqueles evangelhos que falavam das características da humanidade de Cristo e que deu ênfase às características que o descreviam como divino. Ainda segundo o livro, Constantino teria rejeitado dezenas de evangelhos e teria mandado escrever novamente os quatro que temos hoje em dia na Bíblia, conferindo-lhes um aspecto mais atraente. O livro de Brown reivindica ainda que a Igreja, ao longo dos séculos, escondeu a verdade sobre Jesus, produzindo, deste modo, a maior mentira da história da humanidade.

O código Da Vinci cita três fontes como sendo os registros mais antigos do Cristianismo. Cita o lendário *Documento Q*, os *Manuscritos do Mar Morto*, encontrados em 1947 e os *Papiros cópticos*, encontrados em 1945 em Nag Hammadi no Egito. Afinal, o que dizem estes documentos?

O *Documento Q* não existe materialmente: é uma fonte hipotética das passagens dos Evangelhos de Mateus, Marcos e Lucas. Conteria principalmente aquilo que Jesus disse. Estudiosos alemães referiam-se a este documento como *Q*, abreviatura de "Quelle" (que significa "fonte" em alemão). No século XX a hipótese do documento *Q* foi a base de muito estudo acerca da origem e do desenvolvimento dos Evangelhos da Bíblia. Também é irrelevante se esse documento jamais existiu ou não, uma vez que não há maneira de saber o que continha. Qualquer referência ao seu conteúdo é pura conjectura.

Os *Manuscritos do Mar Morto*, como vimos, são o que resta de uma biblioteca da comunidade religiosa judaica de Qumran. Entre os pergaminhos foram encontrados livros do Velho Testamento, como o livro de Isaías, e manuscritos muito antigos. Têm alguma informação cultural sobre o tempo do Novo Testamento, mas não podem de maneira alguma ser considerados evangelhos, pois nem sequer se referem a Jesus. Existem traduções desses textos em português. A veracidade das afirmações pode ser verificada facilmente por uma simples leitura.

Os *Papiros cópticos* foram encontrados no Egito por agricultores muçulmanos, quando cavavam a terra na zona do alto Nilo. Estavam em um pote, que continha papiros com manuscritos em copta (a língua falada pelo cristãos do Egito), do século IV. Esses documentos são restos de uma biblioteca gnóstica.

O Gnosticismo era uma filosofia, uma espécie de movimento "Nova Era". Na altura da Igreja primitiva ela atraiu algumas pessoas. Essa filosofia considerava o mundo material como mau. Devido a isso, os que abraçavam o Gnosticismo não conseguiam aceitar que Jesus tivesse um corpo verdadeiramente humano. Diziam que a sua aparência não representava aquilo que ele era de fato. Também não podiam aceitar a sua morte. Rejeitavam igualmente a sua ressurreição física, dizendo que Jesus passou simplesmente desta vida para o mundo dos espíritos. Tal heresia foi fortemente atacada no Novo Testamento (leia-se, por exemplo, 1 Jo 4:1-3; Cl 2: 8-10). Embora estivesse já presente no período da Igreja primitiva, foi só nos séculos II e III que tomou a sua expressão máxima.

O código Da Vinci cita alguns "evangelhos" gnósticos como evidência. Mas esses documentos não são evangelhos. São documentos não históricos e até anti-históricos. Como dissemos, foram escritos muito tempo depois dos fatos. No entanto, dizem conter fatos secretos sobre Jesus. Reivindica-se terem sido escritos pelos apóstolos, o que era impossível, pois eles já tinham morrido há vários séculos. De fato, são fraudes. *O código Da Vinci* foca três desses "evangelhos".

O "evangelho" de Tomé

Este "evangelho" consiste em uma série de ditos e parábolas supostamente de Jesus. Mostram uma das falhas do Gnosticismo: a filosofia dava pouco valor à mulher. Encontramos um diálogo entre Jesus e Pedro, em que Pedro diz a Jesus: "Maria deve deixar-nos, porque as mulheres não são dignas de viver". Depois Jesus diz: "Eu próprio a guiarei para que ela venha a ser homem... pois todas as mulheres que se tornarem homens entrarão no reino dos céus". Este é apenas um exemplo das doutrinas ali contidas, que contradizem abertamente os Evangelhos e tudo o que o resto da Bíblia ensina.

O "evangelho" de Filipe

Nele encontramos vários acontecimentos e ditos atribuídos a Jesus. Este texto que é usado para mostrar que Jesus era casado com Maria Madalena. Mesmo assim ele não afirma que eles eram casados, mas simplesmente que Jesus tinha afeição por ela. É pura fantasia.

O "evangelho" de Maria

Também consiste principalmente em alguns incidentes e ditos de Jesus. Inclui uma conversa entre Pedro e Levi, em que Pedro diz: "O Salvador falou mesmo com uma mulher sem o nosso conhecimento? Vamos ter todos de ouvir o que ela diz?" Levi respondeu: "Se o Senhor a fez digna, quem somos nós para a rejeitar?" Essa é a passagem usada para mostrar que Maria Madalena era o apóstolo principal. Novamente, pura imaginação e contra tudo o que o resto da Bíblia contém.

O código Da Vinci sugere que os "evangelhos" gnósticos foram escritos antes dos documentos do Novo Testamento, o que não é verdade. De fato, o texto de Filipe cita até passagens do livro.

Como dissemos, o romance de Dan Brown afirma que Constantino mandou escrever uma Bíblia nova que deixasse de fora os evangelhos que omitiam a humanidade de Jesus e que embelezasse os evangelhos que o tornavam divino. Também diz que os evangelhos mais antigos foram considerados banidos e fora de lei. Assim, foram reunidos e queimados. Felizmente, alguns desses evangelhos que falam do ministério de Jesus em termos muito humanos sobreviveram ao tempo. De fato, é o oposto que se verifica. São os evangelhos do Novo Testamento que falam das caraterísticas humanas de Jesus. Esses outros "evangelhos" menosprezam a natureza humana de Jesus e procuram fazê-lo mais divino.

Além disso, não é verdade que, antes de 325 d.C. (Concílio de Niceia), ninguém acreditasse que Jesus fosse divino. Os documentos do Novo Testamento estão cheios de evidência de que a Igreja primitiva acreditava que Jesus era o Filho de Deus (Cl 1:15, 16). Até escritores seculares confirmam que essa foi sempre a crença da Igreja, como, por exemplo, Plínio, já citado anteriormente.

O código Da Vinci afirma que Jesus foi declarado Deus no Concílio de Niceia, baseado em uma votação. Isto não é verdade. Constantino reuniu, de fato, mas não foi convocado para discutir se Jesus devia ser aceito como divino. A Igreja nunca duvidou disso. O concílio foi convocado para tratar de uma controvérsia causada pela doutrina ariana que afirmava que Jesus era o Filho de Deus, mas que era um deus menor que o Pai. O Concílio rejeitou, quase por unanimidade, o Arianismo.

Além dos "evangelhos" gnósticos já mencionados, apareceu de novo recentemente em alguns jornais e revistas um outro "evangelho", "o evangelho" de Judas, escrito na língua copta. Trata-se de um manuscrito que foi descoberto na década de 1970 por camponeses egípcios que trabalhavam nas margens do rio Nilo. Consiste em algumas tiras de papiro. Nele se lê que Jesus encorajou Judas a traí-lo para ajudá-lo a cumprir a sua missão. De entre os discípulos só Judas teria entendido essa missão. Jesus assegurou-lhe que seria venerado por gerações futuras pelo seu ato de traição. Esse "evangelho" era conhecido pelos cristãos do século II e foi rejeitado como sendo herético por Ireneu em 180 d.C.

Essas e outras inconsistências não podem, obviamente, constituir obstáculo a que um romancista escreva uma novela que, por definição, é ficção. Mas devem certamente impedir que se lhes atribua um estatuto de verdade histórico idêntico ou superior a dos autênticos Evangelhos.

É sempre bom relembrar que os relatos dos autênticos Evangelhos foram escritos recorrendo à informação transmitida cuidadosa e exatamente pelos apóstolos. Essa informação é digna de confiança e podemos ter a certeza de que o que nos é apresentado nos Evangelhos é, de fato, aquilo que fez e disse aquele Jesus que andou na terra, quando realizou entre nós o seu ministério.

O PROPÓSITO DOS ESCRITORES DO NOVO TESTAMENTO

Os Evangelhos não são simples registros históricos, como seria, por exemplo, a biografia de um explorador famoso. Os escritores dos Evangelhos não eram biógrafos; não fizeram um relato histórico detalhado da vida de Jesus, em uma ordem cronológica. Registram muito pouco sobre certos aspectos da vida dele. Por exemplo, não se menciona quase nada da sua vida antes dos trinta anos, antes do início do seu ministério.

Isto não significa que não estivessem interessados em história. Os Evangelhos não são invenções. Lucas escreve no Prefácio do seu Evangelho que não se poupou a esforços para usar evidência de testemunhas oculares autênticas.

> Tendo, pois, muitas pessoas empreendido pôr em ordem a narração dos fatos que entre nós se cumpriram, segundo nos transmitiram os mesmos que os presenciaram, desde o princípio, e foram ministros da palavra, pareceu-me também a mim conveniente descrevê-los a ti, ó excelente Teófilo, por sua ordem, havendo-me já informado, minuciosamente, de tudo, desde o princípio; para que conheças a certeza das coisas de que já estás informado (Lc 1:1-4).

No entanto, os relatos do Evangelho não foram escritos devido a um interesse acadêmico pela história em si. Foram escritos com um propósito específico: para apresentar Jesus como o Cristo, o Messias, e como o Filho de Deus. Foram escritos para que a Igreja primitiva pudesse receber os ensinamentos de Jesus, exatamente como ele os tinha dado. Mas foram também escritos para que gerações futuras pudessem, por si, conhecer o verdadeiro Jesus. Acima de tudo, foram escritos para que homens e mulheres nas gerações futuras pudessem conhecer os fatos acerca da vida e do ministério de Jesus mas especialmente o significado da sua morte e ressurreição.

Quem é Jesus?

Há quem diga que os discípulos foram influenciados por ideias preconcebidas quando escreveram sobre Jesus. Não negamos essa afirmação.

Os Evangelhos representam Jesus tal como os seus seguidores o viam. Para eles, Jesus não era um homem comum. Era o Senhor, a quem Deus tinha ressuscitado e que estava agora vivo e ativo no céu. Esse era o único Jesus que conheciam. Podem ter tido outras ideias acerca dele antes da ressurreição e mesmo até um pouco depois dela. Mas vieram a conhecê-lo e a crer nele como o Jesus glorificado, através da operação do Espírito Santo.

Há quem diga também que a evidência dos escritores do Evangelho não é digna de confiança porque eles afirmam especificamente que estão a escrever para mostrar quem Jesus é realmente. João, por exemplo, escreve:

> Jesus, pois, operou também, em presença dos seus discípulos, muitos outros sinais, que não estão escritos neste livro. Estes, porém, foram escritos,

> para que creiais que Jesus é o Cristo, o Filho de Deus, e para que, crendo, tenhais vida em seu nome (Jo 20:31).

Mas devemos lembrar-nos de que eles não escreveram baseados em opiniões, mas em fatos reais. Os relatos do Evangelho não podem ser simplesmente descartados, pois são fruto da evidência das testemunhas oculares ou daqueles que investigaram aquilo que foi dito pelas testemunhas, como já afirmamos. É notável o modo como os escritores não tentam disfarçar os seus próprios defeitos de caráter e de comportamento. Contam os fatos tal qual aconteceram. Lucas, que escreveu em nome de Pedro, enfatiza, mais do que qualquer outro evangelista, que foi Pedro quem negou Jesus. Menciona seis vezes o nome de Pedro em apenas oito versículos (Lc 22:54-61). A evidência dos Evangelhos não pode ser posta de parte, sem primeiro a analisá-la cuidadosamente.

Mateus, Marcos, Lucas e João fazem todos os seus próprios relatos dos acontecimentos. Não se imitam uns aos outros. Oferecem-nos variantes mínimas dos mesmos acontecimentos. No entanto, nunca se contradizem uns aos outros, mas se complementam. Notamos que os seus testemunhos soam a verdade. Qualquer jurista nos dirá que as variantes mínimas entre as testemunhas são evidência de verdade e não de mentira.

JESUS, O CRISTO, O MESSIAS

Antes da vinda de Jesus o povo judeu esperava a vinda dessa pessoa chamada o Messias.

Foi no cativeiro na Babilônia que o povo começou a investigar as promessas acerca do Messias contidas nos escritos proféticos. Haviam diversas opiniões. Alguns diziam que seria um grande mestre. Outros, que seria um grande profeta ou um homem cheio do Espírito Santo que curaria muitas pessoas. Outros ainda pensavam que seria um líder político ou militar. Desde esse tempo até os anos antes do nascimento de Jesus o fervor messiânico aumentava. O povo sonhava com o dia em que o Messias viria.

Os rabis judaicos tinham dificuldades com as profecias messiânicas contidas na Bíblia. Uma profecia dizia que ele viria com poder nas nuvens do céu, como rei/governante. Outra dizia que viria montado em um jumento, com humildade. Alguns rabis diziam que o modo como ele viria dependia do estado espiritual do povo: viria em glória para uma geração espiritual, mas viria com humildade para uma geração não espiritual.

O estudioso da Bíblia e judeu messiânico Arnold Fruchtenbaum diz o seguinte:

> Alguém que decide procurar conhecer o que o Velho Testamento diz sobre a vinda do Messias em breve se acha envolvido em um aparente paradoxo. Por vezes até parece que se está perante uma total contradição. Isto porque os profetas judaicos deram uma imagem dupla do Messias que estava para vir. Por um lado, o estudioso encontrará várias profecias acerca do Messias, as quais o retratam como alguém que vai sofrer humilhação, sofrimento físico e finalmente morte de um modo violento. Essa morte era afirmada pelos profetas judeus como sendo uma morte substitutiva pelos pecados do povo judaico. Por outro lado, encontrará que os profetas judaicos falaram também do Messias vindo como um rei vitorioso que destruirá os inimigos de Israel e estabelecerá o reino messiânico de paz e prosperidade.
>
> Esse é o retrato duplo do Messias que os profetas judaicos transmitiram. Durante séculos passados, durante a formulação do *Talmude*, os nossos rabis fizeram estudos sérios acerca das profecias

> messiânicas. Chegaram à seguinte conclusão: os profetas falaram de dois Messias diferentes. O Messias que viria e sofreria ficou a chamar-se o Messias, Filho de José (Mashiach ben Yoseph). O segundo Messias que viria depois do primeiro passou a chamar-se o Messias, Filho de David (Mashiach ben David). Ele ressuscitaria o primeiro Messias e estabeleceria o reino messiânico de paz na terra. Todos os rabis do princípio reconheceram que o Velho Testamento apresenta essas duas linhas de profecia acerca do Messias. O Velho Testamento nunca afirma categoricamente que haveria dois Messias. De fato, muitas das descrições paradoxais encontram-se, lado a lado, nas mesmas passagens, nas quais parece que apenas se referem a uma só pessoa. Mas, quanto aos rabis do princípio, a teoria dos dois Messias pareceu a melhor solução (Tradução do autor).

É fácil entender como os rabis se enganaram. Da perspectiva das pessoas que viveram antes do tempo de Jesus, era difícil ver que a solução do quebra-cabeça das profecias estava não em dois Messias mas em duas vindas de um Messias, com um intervalo de tempo entre elas.

Podemos talvez entender melhor se imaginarmos olhar, de uma certa distância, para duas montanhas com um vale entre elas. Se a pessoa olhar para elas quando elas se encontram em linha, uma à frente da outra, pode parecer que não são duas montanhas mas apenas uma. Do mesmo modo, uma pessoa vivendo antes do tempo de Jesus tinha dificuldade em distinguir as duas vindas do Messias. Daquela perspectiva, a vinda do Messias no futuro parecia uma vinda apenas. Não duas. Não via que o Messias viria na primeira vez em humildade, dando a sua vida como o Cordeiro de Deus em resgate de muitos e na segunda vez viria em grande glória para conquistar e estabelecer o seu reino eterno.

Na atual visão é mais fácil entender essas coisas. A primeira vinda do Messias como o servo sofredor já aconteceu. Jesus cumpriu todas as profecias acerca dessa primeira vinda há dois mil anos. Hoje nós não olhamos para o futuro esperando as duas vindas do Messias: olhamos para a primeira, no passado; e olhamos para o futuro esperando a segunda.

É interessante notar que os manuscritos do Mar Morto, que foram descobertos em meados do século XX e que faziam parte da biblioteca de uma comunidade de Essênios que viveram em Qumram no tempo de Jesus, mostram que eles acreditavam que o Messias era uma pessoa e que viria duas vezes. Um dos manuscritos, chamado *O Messias crucificado 2*, mostra que os Essênios perceberam, por revelação, que, antes que o Messias pudesse reinar, teria que sofrer e ser crucificado.

Mas quando Jesus, o Messias, veio, o conceito do *Moshiach ben Yoseph* (o Filho de José) estava sumariamente esquecido pela maioria dos judeus. Isto aconteceu, em grande parte, pelo fato que Israel vivia dominado pelos romanos e as pessoas ansiavam pela restauração da independência política que tinham gozado sob a chefia dos Macabeus dois séculos antes. Portanto a crença popular no tempo em que Jesus nasceu era que o Messias seria uma figura política que libertaria os judeus do governo cruel e pagão (os romanos) e estabeleceria o governo judaico em todo o mundo. A princípio, até os discípulos de Jesus pensavam assim (Mt 16:20-22).

Embora Jesus fosse o Messias prometido, ele tinha o cuidado de evitar chamar-se a si mesmo "Messias", para que os seus ouvintes não chegassem à conclusão de que ele era o *Mashiach ben David,* que estava ali para retirar o jugo dos romanos sobre Israel. Para evitar este mal-entendido, Jesus costumava referir-se a si próprio como "o Filho do homem". Esse título permitia que as pessoas entendessem o quisessem. Podia simplesmente referir-se ao fato de que ele era um homem como nós, um filho de homem. No entanto, podia significar muito mais; podia significar que era o Messias, o poderoso filho de Deus. O profeta Daniel viu "o Filho do homem" em uma das suas visões:

> E eis que vinha nas nuvens do céu um como o filho do homem, e dirigiu-se ao ancião de dias, e o fizeram chegar até ele; foi-lhe dado o domínio, e a honra e o reino, para que todos os povos e nações e línguas o servissem; o seu domínio é um domínio eterno, que não passará, e o seu reino, o único que não será destruído (Dn 7:13,14).

Jesus, o Messias rejeitado

Muitos judeus do tempo de Jesus reconheceram-no como o Messias, assim como a Igreja primitiva que era inicialmente composta apenas por judeus que acreditavam nele. Apesar disso, a maioria dos judeus rejeitaram-no, mesmo tendo ele cumprido muitas profecias faladas pelos profetas da Bíblia.

Hoje também a maioria dos judeus rejeita Jesus como o Messias. Por quê? Basicamente há duas razões.

O primeiro obstáculo a crerem em Jesus é que não entendem como o Messias podia morrer como um criminoso comum. Não entendem como o Messias podia ser amaldiçoado, uma vez que as Escrituras dizem que aquele que é pendurado em um madeiro é amaldiçoado (Dt 21:22,23; Gl 3:13). Não entendem que foi amaldiçoado por nós, levando sobre si toda a poluição do nosso pecado.

Os apóstolos compreenderam perfeitamente essa dificuldade em aceitar que Jesus pudesse ser o Messias. Também eles eram judeus e também eles tinham considerado a ideia de um Messias crucificado totalmente inaceitável. Isso ia contra tudo o que esperavam do Messias. Quando Jesus lhes revelou que ia ser crucificado não gostaram nada da ideia (Mt 16:21-23). Não fazia sentido nenhum. Mas depois da ressurreição de Jesus os apóstolos acostumaram-se ao conceito de um Messias crucificado. Também confrontaram os outros judeus seus contemporâneos com os fatos da morte e da sua ressurreição. Disseram-lhes que Jesus não foi crucificado por acaso mas que tudo o que lhe aconteceu foi o cumprimento perfeito daquilo que Deus tinha determinado (At 2:23). Portanto a morte dele não foi acidental. Era preciso que ele morresse como o Cordeiro de Deus que tira o pecado do mundo (Jo 1:29). Não havia outra maneira de a humanidade ter a possibilidade de receber o perdão e a vida eterna. Através da pregação apostólica milhares de judeus acreditaram em Jesus, o Messias, incluindo um grande número de sacerdotes judeus (At 6:7).

O segundo obstáculo à fé em Jesus é devido ao entendimento de que a vinda do Messias seria seguida por um período de muita paz, mas depois da vinda de Jesus a cidade de Jerusalém e o Templo foram destruídos; como consequência a nação judaica foi dispersa e humilhada durante séculos, por todo o mundo. Sabemos que não tem havido paz universal desde que Jesus veio. Baseados nesse fato, muitos judeus hoje em dia afirmam que Jesus não é o Messias.

É verdade que os profetas falam sobre um tempo de paz universal quando o Messias vem. Isaías, em particular, fala muito a respeito (Is 2:1-4). Mas isso só vai acontecer quando Jesus voltar em poder e glória. Há uma profecia no livro de Daniel que também afirma que a paz não se seguiria à vinda do Messias. Curiosamente, os judeus não são encorajados a ler as profecias de Daniel hoje em dia. No capítulo 9 do livro de Daniel lemos acerca de uma visão que o profeta teve em resposta à sua intercessão a favor do povo cativo na Babilônia. O Senhor mostrou-lhe que setenta semanas de anos ou seja, setenta "setes" de anos estavam determinados para Israel. A profecia fala claramente da destruição da cidade de Jerusalém, depois de ter sido reconstruída e da destruição do Templo, o santuário. Daniel escreveu: "Depois das sessenta e duas 'semanas' será morto o Ungido (o Messias), e já não estará; e o povo de um príncipe que há de vir (os romanos) destruirá a cidade e o santuário" (Dn 9:26).

Daniel mostra que o Messias seria morto antes de a cidade de Jerusalém e o Templo serem destruídos. O que aconteceu de fato.

Jesus, o Messias, precisava morrer?

Quando lemos os Evangelhos notamos que cerca de um terço do conteúdo é dedicado à narrativa da morte e da ressurreição de Jesus. As biografias não dividem o conteúdo dessa maneira. É que os Evangelhos não foram escritos apenas para nos apresentarem a pessoa de Jesus, por mais importante que fosse. Foram escritos também para que, ao conhecê-lo e ao conhecer o propósito da sua vida e morte tenhamos vida eterna (Jo 20:31). Os escritores dos Evangelhos explicam claramente que Jesus, o Messias, veio como o Cordeiro de Deus para tirar o pecado do mundo (Jo 1:29).

Deus criou o homem para viver na sua presença, para o conhecer, para servi-lo e para ter prazer na sua companhia. E assim foi. O homem gozou a vida na presença de Deus em um jardim maravilhoso que Deus tinha criado por ele.

Contudo, o homem que Deus criou não era um robô. Deus não desejava nem o trabalho forçado de um escravo, nem o louvor de um adorador relutante. Queria a devoção de filhos e de filhas. Por isso deu ao homem a dádiva do livre-arbítrio, da liberdade de escolha. Deixou que o homem escolhesse o que queria. Desse modo o homem podia escolher entre servir a Deus ou agradar a si próprio.

Tudo correu bem entre o homem e Deus até ao dia em que o homem escolheu fazer a sua vontade em vez da vontade de Deus. Logo experimentou a morte espiritual, com todas as suas implicações. Deus deixou de ser o seu companheiro. O homem passou a ter uma vida cheia de remorso, culpa, medo, inveja, frustração, angústia, dor, sofrimento, cansaço, separação e solidão.

No entanto Deus nunca desistiu do homem. A desgraça que aconteceu não apanhou Deus de surpresa. Sabendo o que ia acontecer, Deus já tinha tomado medidas para o restaurar. Sabia que só por intermédio de uma humanidade grata e redimida é que poderia receber a adoração que desejava. Foi assim que Deus Pai traçou o plano da salvação na eternidade, plano que implicava que o seu Filho viesse ao mundo, se tornasse homem, na pessoa de Jesus, e se oferecesse como o Cordeiro de Deus.

O Filho se ofereceu voluntariamente para fazer a sua parte na implementação do grande projeto, mas não veio imediatamente. Houve um período de cerca de quatro mil anos entre a queda do homem e a vinda de Jesus. O Pai, que traçou cuidadosamente o plano da salvação, não queria que nada corresse mal na implementação do seu plano. Era preciso preparar tudo, meticulosamente, para a vinda de Jesus, o Cordeiro de Deus. Assim, antes que ele viesse, era necessário revelar aos homens a necessidade de um cordeiro que, morrendo como sacrifício, tomasse o lugar deles e sofresse as consequências dos pecados, para que Deus pudesse perdoá-los e ter comunhão com eles.

Deus falou com Adão acerca da necessidade de um cordeiro. Mais tarde Abel também soube dessa necessidade. Depois Deus disse a Abraão, quando poupou o seu filho Isaac, que ele proveria o cordeiro. Deus também revelou o mesmo a Moisés. O cordeiro da Páscoa fala disso. Vemos mais tarde que a adoração no Tabernáculo e no Templo focava o cordeiro, que constituía o sacrifício contínuo no altar.

Mas quem seria o Cordeiro? Foram os profetas que mostraram que seria um homem do povo judeu. O Cordeiro seria o próprio Messias.

Por mais incrível que pareça, os profetas mostraram o Messias como o Servo Sofredor que seria rejeitado pelo seu próprio povo. Seria também amaldiçoado por Deus ao tomar sobre si os pecados da humanidade e ao ser responsável por eles perante um Deus que é santo. Tudo isto foi para que os homens pudessem ser perdoados e recebessem a vida eterna. Era preciso que ele desse a sua vida como sacrifício pelos pecados de todos. O profeta Isaías, no capítulo 53 de Isaías, explica cuidadosamente que o Messias levaria sobre si os nossos pecados e sofreria o castigo, que nós merecemos, por não termos honrado o Senhor como devíamos.

Os discípulos vieram a entender, contra os seus preconceitos, que não havia conflito entre os dois retratos do Messias. Entenderam isto finalmente depois da ressurreição, quando o Jesus ressuscitado surpreendeu dois discípulos desanimados, que pensavam que Jesus ainda estava morto e que os planos deles tinham sido destruídos. Jesus disse:

> Ó néscios e tardos de coração para crer tudo o que os profetas disseram! Porventura não convinha que o Cristo (o Messias) padecesse e entrasse na sua glória? E, começando por Moisés, discorrendo por todos os profetas, expunha-lhes o que a seu respeito constava em todas as escrituras (Lc 24:25-27).

JESUS, O FILHO DE DEUS

Os Evangelhos apresentam Jesus como um homem verdadeiramente extraordinário. Era homem mas também era o Filho de Deus. João escreveu: "Porque Deus amou o mundo de tal maneira que deu o seu Filho unigênito, para que todo aquele que nele crê não pereça, mas tenha a vida eterna" (Jo 3:16).

Dele João escreveu também: "Deus nunca foi visto por alguém; o Filho unigênito, que está no seio do Pai (ou seja, aquele que vive com ele e o conhece), esse o fez conhecer" (Jo 1:18). O que João está a dizer é que Jesus é o Filho de Deus e, como tal, é a explicação perfeita de tudo aquilo que Deus é. Se queremos saber como Deus é, só precisamos conhecer Jesus, o seu Filho.

Os muçulmanos reconhecem Jesus como sendo um dos profetas, mas se recusam a aceitá-lo como o Filho de Deus, porque o Alcorão diz que Alá não tem nenhum filho. Alá não tem um filho mas tem três filhas: El-lat, El-uzza e Manat. Ao estudarmos a história vemos que, antes da existência do Islamismo, os sabeus da Arábia adoravam um deus-lua conhecido como Alá. Alá era apenas um dos 360 ídolos na Caaba (templo sagrado do islamismo) em Meca. Maomé conhecia tudo isto. Quando quis criar a sua própria religião, precisou do apoio da sua tribo, que era poderosa, por isso tomou Alá, o deus-lua, que adoravam, e fez dele o único Deus. Portanto Alá não é simplesmente outra maneira de denominar o Deus Criador. Ele é uma divindade pré-islâmica. É por isso que existem, por todo o mundo islâmico, bandeiras com o crescente da lua. Alá pode não ter nenhum filho, mas o Senhor, o Deus de Israel, o Criador do céu e da terra, tem um Filho: esse Filho é Jesus.

Jesus é o Filho de Deus desde a eternidade

Ele existia já na eternidade. Quando João escreve: "No princípio era o Verbo" está a nos explicar que Jesus, como o Filho de Deus, como a Palavra, não começou a existir quando nasceu em Belém. Está a nos dizer que, antes de nascer e de se chamar Jesus, ele tinha uma existência. Só se chamou Jesus quando do seu nascimento.

Ele é antes da Criação. Como Filho de Deus, Jesus não foi criado. Ele foi gerado por Deus Pai na eternidade. Comparando Jesus, o Filho de Deus, com os anjos, seres criados, o autor do livro de Hebreus escreveu: "Pois a qual dos anjos disse jamais: Tu és meu Filho, eu hoje te gerei?" (Hb 1:5). Jesus como o Filho de Deus, foi gerado na eternidade. Por isso ele é o Filho eterno.

O profeta Miqueias escreveu: "E tu, Belém Efrata, posto que pequena entre milhares de Judá, de ti me sairá o que será Senhor em Israel, e cujas saídas são desde os tempos antigos, desde os dias da eternidade" (Mq 5:2). Esse que iria nascer em Belém seria o Messias: nasceria em Belém, mas a sua verdadeira origem é a eternidade.

Ele existia já no princípio. Lemos em Gênesis: "No princípio criou Deus…". Tal como Deus existia antes da Criação, também Jesus, na qualidade de Filho de Deus, a Palavra, existia antes da Criação. Isso é muito importante porque as Testemunhas de Jeová dizem que Jesus existia antes do seu nascimento, mas era um anjo criado.

Por ter sido gerado por Deus Pai, Jesus, como Filho de Deus, tem a mesma natureza divina do Pai. Por isso ele podia afirmar aquilo que nenhum outro profeta ou guia espiritual afirmou: que era Deus. Buda, Moisés e Maomé não afirmaram ser Deus. Jesus declarou que aquele que viu a ele viu o Pai (Jo 14:9). Ele disse que existiu antes de Abraão (Jo 8:58) e que estava em pé de igualdade com o Pai (Jo 5:17,18). Jesus declarou que tinha a autoridade de perdoar pecados (Mc 2:5-7), algo que apenas Deus pode fazer (Is 43:25).

Jesus é a Palavra

João escreveu: "No princípio era o Verbo (a Palavra), e o Verbo (a Palavra) estava com Deus, e o Verbo (a Palavra) era Deus. Ele estava no princípio com Deus" (Jo 1:1). A palavra é um meio de comunicação e a expressão do pensamento.

Deus escolheu revelar-se à humanidade através de palavras. A Palavra de Deus (a Bíblia) é a expressão do pensamento de Deus, transmitida pelos seus profetas. Ela é a revelação escrita de Deus. Jesus é também a Palavra de Deus (o Verbo) mas em carne. Ele é a própria revelação de Deus em pessoa.

O termo "verbo" ou "palavra" é a tradução da palavra grega *logos*. Era um termo muito usado na filosofia grega. A palavra *logos* foi usada, seiscentos anos antes de João, pelo Pai da Dialética, Heráclito, que estava sempre a inquirir a razão das coisas. Usou o termo *logos* para se referir à razão das coisas, ao propósito daquilo que acontecia. Assim, quando estudava a vida, *bio*, procurava o *logos*. Quando estudava os minerais da terra, *geo*, procurava o *logos*. Temos na nossa língua as palavras biologia, biólogo, geologia, geólogo etc. João pegou fez uma analogia e chamou a Jesus o *Logos*, "a Palavra," significando que ele é a razão por detrás de toda a vida.

Ao dizer que Jesus é o Verbo (a Palavra, o *Logos*) João faz duas afirmações: Jesus é o meio pelo qual Deus nos comunica o seu pensamento e a razão por que estamos aqui.

Ele próprio é Deus

Mas os escritores do Evangelho vão mais além do que dizer simplesmente que Jesus é o Filho de Deus. Mostram também que Jesus é, ele próprio, Deus. Como vimos, João escreveu: "No princípio era o Verbo e o Verbo estava com Deus e o Verbo era Deus". A frase "O Verbo (a Palavra) era Deus" é muito importante. As Testemunhas de Jeová e os Mórmons interpretam o texto grego *Theos en ho Logos* erradamente, dizendo que devia ser traduzido como: "O Verbo era um deus". Fazem isto porque não aceitam que Jesus seja verdadeiramente Deus, tal como o Pai é Deus. Consideram-no como um deus menor. Mas não era isso que João queria dizer no seu Evangelho.

Os escritores dos Evangelhos estavam enganados?

Talvez Jesus quisesse dizer algo diferente quando afirmou ser Deus. Alguns sugerem que ele estava apenas a dizer que era parte de Deus como aqueles que hoje em dia creem que dentro de nós há uma semente de divindade. É importante compreender que Jesus fez a afirmação no contexto da fé monoteísta judaica. Nenhum judeu fiel jamais creria que nós todos somos parte de Deus ou creria em mais do que um deus, tal como é comum em algumas religiões. No entanto Jesus reivindicou ser Deus.

Como compreendemos isso? A Bíblia fala de Deus Pai, Deus Filho e Deus, o Espírito Santo. Os três fazem parte da Trindade: um Deus, três pessoas. Assim Jesus era o Filho de Deus, a Palavra, na eternidade e vivia em harmonia com Deus Pai e com Deus Espírito Santo. Ele era o Príncipe da glória, adorado e servido por milhões de anjos obedientes e leais, que cumpriam todas as suas ordens. Ele partilhou com o Pai o ato da criação do mundo. Sem ele, nada do que foi feito se fez (Jo 1:3; Cl 1:16).

Mas não foram apenas os amigos que notaram que ele afirmava ser Deus. Os seus inimigos também notaram. Pode haver hoje alguns que tenham dúvidas quanto àquilo que Jesus disse mas as autoridades religiosas judaicas não tiveram dúvidas. Quando Jesus lhes perguntou porque queriam apedrejá-lo até à morte, responderam, "Não te apedrejamos por alguma obra boa, mas pela blasfêmia; porque sendo tu homem, te fazes Deus a ti mesmo" (Jo 10:33).

Jesus estava enganado?

Havia quem dissesse que Jesus se propôs enganar as pessoas deliberadamente. Noutras palavras, ele foi mentiroso e enganador. Muitos dos seus inimigos afirmavam que ele foi um impostor, mas será que os escritores dos Evangelhos nos teriam informado disso se ele fosse de fato um impostor? Esse rótulo não condiz com o ensino altamente moral e ético de Jesus. Os que o acompanharam sabiam que ele não só falava a verdade mas que era a própria verdade. Além disso, o que ganharia ele com enganar os outros? Mostrou, seguidamente, que não estava interessado em poder político. A única coisa que recebeu ao reivindicar ser Deus foi a rejeição e a morte dolorosa em uma cruz romana.

Mas poderia ele estar enganado pensando que era Deus? Albert Schweitzer, que recebeu o prêmio Nobel da paz em 1952 pelo seu trabalho humanitário, considerava Jesus como um grande mestre de moral mas cria que ele estava deludido ao pensar que era Deus. Mahatma Gandhi tinha também esta opinião. Mas não encontramos nenhuma indicação nos Evangelhos sobre ele estar deludido. Jesus não mostrou as anormalidades e desequilíbrios que acompanham as pessoas deludidas.

C. S. Lewis, um professor cético que a princípio considerava Jesus como um mito, depois de investigar os escritos dos Evangelhos chegou à conclusão que Jesus é de fato Deus. No seu livro *Mere Christianity (Cristianismo básico)*, aceita o desafio de que Jesus era apenas um grande mestre de moral, argumentando que, quando consideramos Jesus, temos uma escolha. Ou concluímos que ele estava enganado, era louco, um enganador, mau ou era mesmo Deus. Não podemos simplesmente dizer que ele foi um grande mestre de moral.

3

QUATRO FACETAS DE JESUS

Os Evangelhos mostram quatro facetas de Jesus. Como vimos, os quatro relatos do Evangelho foram escritos pouco depois da morte de Jesus.

Normalmente, depois da morte de alguém famoso, várias pessoas refletem sobre a sua vida e escrevem o que pensam dela. O que se escreve assume várias formas e ocorre em três fases distintas:

- As primeiras publicações falam normalmente daquilo que a pessoa fez. Isto acontece nos primeiros obituários.
- Algum tempo depois há mais interesse naquilo que a pessoa disse, e começam então a ser publicados discursos e cartas.
- Tempos depois as pessoas querem mais do que simples informação acerca do que ela fez e disse. Querem saber como a pessoa era realmente. Isso leva a uma terceira espécie de publicação, em que se analisa, entre outras coisas, o seu caráter.

Os quatro Evangelhos seguem essas três fases. Marcos interessa-se principalmente por aquilo que Jesus fez, focando as suas ações, os seus milagres, a sua morte e ressurreição. Mateus e Lucas incluem mais daquilo que Jesus disse, mais pormenores sobre o seu ministério de ensino. João não está interessado simplesmente naquilo que Jesus fez ou disse. Preocupa-se com a identidade de Jesus, com quem ele é na realidade.

Mateus, Marcos e Lucas escreveram antes de João e têm muita matéria em comum. Por isso se chamam os Evangelhos Sinóticos. Os três focam o ministério de Jesus na Galileia, tratando apenas do seu ministério na Judeia e em Jerusalém durante sua última ida ali. Mas João foca o ministério de Jesus na Judeia e em Jerusalém, tratando muitas vezes as suas visitas em tempos de festas, e do seu ministério na Galileia em apenas dois capítulos (4 e 6).

Mas por que houve necessidade de vários registros do Evangelho? Não teria sido melhor se houvesse apenas um registro escrito acerca da vida e do ministério de Jesus?

Quando se transmite um jogo de futebol pela televisão colocam-se várias câmeras no campo. O jogo podia ser transmitido por uma câmera apenas mas mostrá-lo-ia de um só ângulo. Várias, colocadas estrategicamente, funcionam melhor, porque mostram o jogo a partir de perspectivas diferentes.

Do mesmo modo, os quatro Evangelhos mostram Jesus a partir de ângulos diferentes. Mateus mostra Jesus de uma perspectiva diferente da de Marcos, por exemplo. Cada Evangelho tem uma visão diferente. O resultado é um retrato mais completo de Jesus. Cada um dos evangelistas foi usado pelo Espírito Santo para escrever, compartilhar os fatos sobre Jesus e podermos conhecê-lo pessoalmente.

No entanto há dez acontecimentos da vida de Cristo que aparecem em todos os quatro Evangelhos. Esse grupo de acontecimentos começa com a unção do Espírito Santo quando Jesus foi batizado por João Batista e termina com a ressurreição do Filho Unigênito por Deus Pai. Os dez acontecimentos são:

- O batismo de Jesus: Mt 3:13-17; Mc 1:9-11; Lc 3:21-22; Jo 1:15-31.
- A multiplicação dos pães: Mt 14:13-21; Mc 6:30-44; Lc 9:10-17; Jo 6:1-15.
- A entrada triunfal: Mt 21:1-11; Mc 11:1-10; Lc 19:29-44; Jo 12:12-19.
- A última ceia: Mt 26:17-30; Mc 14:12-26; Lc 22:7-23; Jo 13:1-35.
- No Jardim de Getsêmani: Mt 26:36-46; Mc 14:32-42; Lc 22:40-46; Jo 18:1.
- A traição de Judas: Mt 26:47-56; Mc 14:43-52; Lc 22:47-53; Jo 18:2-11.
- O julgamento de Pilatos: Mt 27:1-2; Mc 15:1-5; Lc 23:1-6; Jo 18:33-40.
- A crucificação: Mt 27:27-50; Mc 15:16-37; Lc 23:26-46; Jo 19:1-30.
- O sepultamento: Mt 27:57-61; Mc 15:42-47; Lc 23:50-56; Jo 19:38-42.
- A ressurreição: Mt 28:1-10; Mc 16:1-11; Lc 24:1-12; Jo 20:1-18.

Se estes dez acontecimentos fossem a única informação que tivéssemos sobre a vida, a morte e a ressurreição de Jesus, esse conhecimento seria o suficiente para nos levar a conhecer Jesus e a entender a sua morte e ressurreição.

Mas por que quatro?

Trata-se de uma pergunta muito frequente. Há uma razão: cada um dos quatro Evangelhos é o desenvolvimento de uma afirmação exclamatória, encontrada nos profetas do Velho Testamento. Em quatro ocasiões diferentes – e apenas em quatro – no Velho Testamento encontramos uma afirmação exclamatória acerca do Messias, sempre iniciada pela palavra "Eis".

- Eis aí te vem o teu rei, ó filha de Sião! (Zc 9:9).
- Eis aqui o homem! (Zc 6:12).
- Eis que o meu servo! (Is 52:13).
- Eis aqui está o vosso Deus! (Is 40:9).

Essas quatro afirmações estão amplificadas e desenvolvidas nos quatro Evangelhos: No Evangelho de Mateus, Jesus é apresentado especialmente como o Rei; no de Marcos, como o Servo; no de Lucas, como o homem perfeito; no de João, como Deus.

É interessante notar que achamos esses quatro aspectos diferentes de Jesus aludidos já através do Velho Testamento, um fato que não devia surpreender, uma vez que Jesus é o centro do projeto de Deus para a salvação da humanidade.

O que devia nos surpreender é o fato de encontrarmos estes quatro aspectos diferentes aludidos em duas visões dadas a duas pessoas separadas por seiscentos anos. A primeira foi dada ao profeta Ezequiel. Ele teve a visão do trono do Deus todo poderoso em que viu este trono rodeado por quatro criaturas. Todas elas tinham rostos compostos por quatro aspectos: o rosto de um homem, o de um leão, o de um boi e o de uma águia, cada uma das quais tinha quatro aspectos em seu rosto: o rosto de um homem, um leão, um boi e um como o de uma águia (Ez 1:10). O apóstolo João teve também uma visão de quatro seres vivos em volta do trono do Deus todo poderoso. Nela ele viu que estes seres eram semelhantes a quatro animais: o primeiro, um leão, o segundo, um boi; o terceiro, um homem; o quarto, uma águia (Ap 4: 6,7). O leão representa Jesus como rei; o boi representa Jesus como servo; o homem representa Jesus, o homem perfeito; a águia, que sobe às alturas no céu, representa-o como Deus.

Essas quatro facetas de Jesus foram também aludidas nas quatro cores usadas na cortina da entrada do Tabernáculo (a tenda usada para a adoração a Deus pelo povo de Israel, cujo modelo detalhado foi revelado por Deus a Moisés). Essa cortina era feita de linho fino branco bordado com linha azul, púrpura e escarlate (Ex 26:1). A cortina fala de Jesus como a Porta, a única maneira de entrar na presença de Deus. A púrpura fala dele como rei; o escarlate, como servo, dando a sua própria vida; o branco fala da perfeição da sua humanidade e o azul (céu azul) fala dele como Deus.

O Evangelho de Mateus

Mateus escreveu para os judeus, em particular. Isso pode ser visto em certos pormenores do seu Evangelho. Por exemplo, não usa a expressão "reino de Deus" (tal como aparece nos outros Evangelhos); prefere usar a expressão "reino dos céus". Isto foi porque no tempo de Jesus, e mesmo agora, os judeus mostravam uma tal reverência pelo nome de Deus que não o pronunciavam. Mateus usou a expressão mais aceita.

Mateus também se concentra nos dirigentes religiosos judaicos e fornece uma má impressão deles, mostrando a sua obstinação, ao quererem manter as tradições humanas, ao ponto de se oporem à palavra de Deus.

Quando comparamos o Evangelho de Mateus com o de Marcos ou o de Lucas, notamos que eles têm muita matéria em comum. Mas a ordem dos acontecimentos em

Mateus é muitas vezes diferente. Provavelmente porque ele era cobrador de impostos, habituado a listas de nomes e dinheiros, e apresenta a sua matéria em blocos; não dá muita atenção à ordem cronológica dos eventos.

O Evangelho de Mateus é estruturado usando cinco subdivisões, iniciadas com a expressão: "Quando Jesus acabou de proferir estas palavras". Cada uma delas segue-se a uma seção de ensinamentos. Logo depois é apresentado um bloco com narrativa de acontecimentos. Portanto, temos cinco seções de ensinamentos intercalados na narrativa: Narrativa: 1-4; Discurso: 5-7; Narrativa: 8-9; Discurso: 10; Narrativa: 11-12; Discurso: 13; Narrativa: 14-17; Discurso: 18; Narrativa: 19-22; Discurso: 23-25; Narrativa: 26-28.

O tema do seu Evangelho é Jesus, o Rei Messias. Havia um rei prometido a Israel nas Escrituras, o Messias, um rei, cujo reinado seria tão glorioso como o de Davi, o maior rei de Israel. Mateus começa o seu Evangelho afirmando que Jesus é o Cristo (Messias), o filho de Davi. Esclarece, logo no início do seu evangelho, a genealogia de Jesus, mostrando que ele é filho (descendente) de Davi, com direito ao trono do rei Davi. Hoje em dia poderemos achar que as genealogias são entediantes, mas para as pessoas daquele tempo a genealogia era importante porque estabelecia Jesus dentro da história dos judeus, como descendente de Abraão e Davi e muitas outras pessoas bem conhecidas daquele povo. Hoje em dia muitos judeus têm orgulho no fato de Jesus ser judeu.

É interessante que o *Talmude* afirma: "Jesus... era da descendência real..." (SANHEDRIN, fólio 43a). Nos Evangelhos não há nenhuma referência sobre as autoridades religiosas desafiarem esse fato. Até à queda de Jerusalém em 70 d.C., os registros das genealogias estavam intactos e podiam facilmente ser consultados.

No tempo do ministério de Jesus a expressão "filho de David" era um título muito usado para se referirem ao Messias, que Israel esperava. Mateus usa doze vezes o título a respeito de Jesus.

Davi tinha ficado conhecido pela maneira como cuidava do povo. Vivia para o povo e procurava aliviar a sua carga. Era bondoso e misericordioso. O seu reinado beneficiou muito Israel. Jesus foi reconhecido como filho de Davi, não só devido à sua genealogia, mas também devido à bondade e à misericórdia que demonstrou no seu ministério.

Mateus usa vários os argumentos para mostrar que Jesus era realmente o rei Messias. Relata que, depois de nascer, homens sábios do Oriente foram adorar Jesus, perguntando: "Onde está aquele que é nascido rei dos judeus?" Informa-nos que, quando Jesus entrou em Jerusalém montado sobre um jumento, cumpriu as palavras do profeta Zacarias que disse: "Dizei à filha de Sião: Eis que o teu rei aí vem, manso e assentado sobre uma jumenta" (Mt 21:4,5; Zc 9:9). E chama a atenção ao fato que, por cima da cabeça de Jesus, quando foi crucificado, estava um letreiro, escrito pelo governador romano Pilatos, que dizia: "Este é Jesus, rei dos judeus".

O Evangelho de Mateus conta que, depois da ressurreição, Jesus reuniu os discípulos à sua volta, tal como um rei reúne os seus súditos. Informou-os então de que todo o poder no céu e na terra lhe pertencia. Depois deu-lhes uma ordem de ir por todas as nações anunciando a boa nova da salvação em Jesus (Mt 28:18-20).

Portanto Mateus apresenta Jesus como o rei mas deixa claro que Jesus não era como qualquer rei. Não punha os seus próprios interesses à frente dos interesses do povo. Por essa razão ele é o rei-servo. Nasceu para servir. Nasceu para dar a sua vida pelo povo (Mt 1:21). Que outro rei faria isso?

Sempre que pode, Mateus apresenta Jesus como o cumprimento da profecia judaica. Por isso muitas vezes, depois de relatar aquilo que aconteceu, acrescenta: "Isto aconteceu para que se cumprissem o que foi dito por parte do Senhor pelo profeta..., que diz".

O Evangelho de Marcos

O Evangelho de Marcos foi o primeiro a ser escrito

Marcos era amigo do apóstolo Pedro (At 12:12; 1 Pe 5:13) e escreveu as coisas sobre as quais Pedro costumava falar, fornecendo pormenores que os outros escritores não dão. Diz, por exemplo, que Jesus "estava na popa, dormindo sobre uma almofada" no barco de Pedro (Mc 4:38, Lc 5:3,8). Diz-nos também que, depois da ressurreição, o anjo disse às mulheres que tinham ido ao sepulcro: "Ele não está aqui. Ressuscitou. Ide e dizei aos discípulos e a Pedro".

Marcos escreveu para os romanos. Explica certos aspectos da cultura judaica sempre que acha necessário (Mc 7:2-4; 13:3; 14:12).

Tendo escrito o Evangelho em grego, registra algumas das palavras aramaicas que Jesus usou, exatamente como foram ditas. Essas palavras estavam muito vivas na sua memória e escolheu deixá-las assim mesmo, sem as traduzir para grego. Em Marcos 5:41 lemos que Jesus falou à menina, dizendo: *"thalita cum"* que significa "menina, levanta-te". Tanto Mateus como Lucas não mencionam o aramaico. Em Marcos 7:34 lemos que Jesus disse: "ephatha", que significa "abre" a um homem surdo. Mateus conta o episódio mas não usa a palavra aramaica.

Diferentemente dos outros escritores do Evangelho, que tendem a usar o aoristo (tempo passado usado da língua grega) na sua narrativa dos acontecimentos passados,

Marcos fala como um contador de histórias, fazendo tudo para cativar a atenção dos seus ouvintes. Em momentos importantes muda do aoristo para o tempo presente (mais do que 150 vezes) para trazer aquele evento até nós. Assim põe em relevo a ação e dá-nos a sensação de que Jesus está mesmo ali diante de nós. Por exemplo, lemos: "E logo os chamou. E eles... foram após ele. Entram em Cafarnaum." (Mc 1:19-21). Outra vez lemos: "E logo, saindo da sinagoga, foram a casa de Simão. E a sogra de Simão estava deitada, com febre; e logo lhe falam" (Mc 1: 29,30). Infelizmente a maior parte das nossas traduções passam por cima desse uso que Marcos faz do tempo presente, e não nos beneficiamos do impacto das suas palavras.

Marcos mostra Jesus, o rei que se tornou servo, com uma missão a cumprir. Cita as palavras de Jesus: "Porque o Filho do homem não veio para ser servido, mas para servir e dar a sua vida em resgate de muitos" (Mc 10:45). A palavra "muitos" é uma espécie de código que se refere a todos os povos do mundo, não só ao povo de Israel (Is 53:11,12).

Um servo naquele tempo era de fato um escravo. Os romanos conquistaram e escravizaram muitos povos. Calcula-se que havia cerca de cinco milhões de escravos no império romano no tempo de Jesus. Eram muito importantes para a economia. Não recebiam salário. Não tinham direitos. Não podiam dizer o que queriam fazer. Tinham que estar sujeitos em tudo ao seu senhor.

Por Jesus ser um servo, Marcos não registra nada sobre a genealogia ou o início da vida de Jesus. Ninguém se preocupa com o passado de um escravo, quem foi o pai, onde viveu, o que fez, se estudou. O que interessa saber é se trabalha bem.

Os escravos existiam para trabalhar. Por isso Marcos concentra a atenção naquilo que Jesus fez. Portanto, ainda que Marcos mencione os ensinamentos de Jesus, eles tendem a ser secundários em seu Evangelho. Marcos evidencia Jesus como o escravo obediente, executando ordens com prontidão. O Evangelho dele se caracteriza por palavras tais como "imediatamente", "sem demora", "logo". Esse cumprimento imediato de ordens resultou em um Evangelho cheio de ação.

Ele nos mostra um servo ocupado, que se preocupava com as pessoas. Muitas vezes tinha tanto que fazer que não tinha tempo para comer (Mc 3:20; 6:31).

Ele mostra também que Jesus era o servo de todos. Depois de uma pequena introdução (Mc 1:1-13), Marcos relata que Jesus começou o seu ministério à volta do Mar da Galileia. Ali visitava as cidades e pregava nas suas praias. Conta que os primeiros discípulos eram pescadores. Marcos foca quatro travessias específicas que Jesus fez no Mar da Galileia. Essas são as únicas ocasiões em que Marcos usa a expressão "a outra banda". Primeiro atravessou da Galileia para o lado oriental (Mc 4:35-5:1). Jesus voltou para o lado ocidental (Mc 5:21). Foi outra vez para o lado oriental (Mc 6:45-52). Voltou ao lado ocidental de vez (Mc 8:13).

O lado ocidental do mar, a Galileia, era judaico, enquanto o lado oriental, Decápolis, era gentílico. Marcos mostra que aquilo que Jesus fez no lado ocidental do mar também fez no lado oriental. Em ambos, Jesus curou doentes e alimentou multidões com pão (Mc 5:21 a 6:44; 6:54 a 8:9). Ele estrutura o seu Evangelho para mostrar que Jesus veio para ser servo de todos, incluindo os gentios (não judeus). Houve tempestades nas duas travessias para Decápolis (corresponde ao sul da Síria de hoje), porque o adversário não queria que os gentios chegassem a conhecer Jesus (Mc 4:35-41; 6:45-53).

Marcos também relata que Jesus, como escravo, foi traído em troca de dinheiro, pela soma de trinta moedas de prata, que era o preço de um escravo (Ex 21:32).

Mostra a sua submissão como servo quando no Getsêmani entendeu em que ia implicar carregar o pecado do mundo e orou ao Pai: "não seja, porém, o que eu quero, mas o que tu queres" (Mc 14:36). Mas este Evangelho não termina sem uma recompensa para este servo fiel. Depois de registrar a ressurreição, Marcos explica que o servo, Jesus, foi recompensado ao ser levado para o Céu, onde se sentou à destra de Deus Pai.

O Evangelho de Lucas

Lucas não foi um dos doze apóstolos. Era grego, o único escritor da Bíblia que não era judeu. Foi companheiro de Paulo nas suas viagens. Foi meticuloso ao recolher todas as informações que pôde acerca da vida de Jesus, a partir de todas as possíveis fontes de informação fidedignas. Organizou-as em ordem cronológica (Lc 1:1-4).

Parece que, ao escrever o Prólogo, Lucas apresentou uma defesa a favor da Igreja, em uma época em que ela estava a ser cada vez mais caluniada e atacada como sendo perversa. Em vez de argumentar a favor da fé, Lucas concentra-se em contar simplesmente a história, tal como ela aconteceu. Ao fazê-lo, encaixa a vida e o ministério de Jesus Cristo na história do mundo contemporâneo, fornecendo referências históricas (Lc 1:5; 2:1,2; 3:1,2).

Escreveu para os gregos. Sabemos que os gregos eram cultos e gostavam de ouvir discursos longos. O Evangelho de Lucas é o mais longo dos quatro. Ocupa muito espaço com o registro dos ensinamentos de Jesus. Foca vários temas. Por exemplo, acrescenta o que Jesus ensinou sobre a oração (Lc 11:1-13).

Lucas era médico (Cl 4:14), o que o ajudou a escrever para os gregos com sentimento e compreensão, pois eles se interessavam particularmente pela humanidade, por compreender as pessoas e cuidar delas. Ele apresenta Jesus como o homem perfeito.

Logo, tinha que ter uma genealogia. Lucas diz que Jesus foi um descendente de Davi por parte de Maria. Isso significa que Jesus era um príncipe real por dois lados.

A genealogia de Jesus em Lucas é diferente da de Mateus porque ele estava interessado em Jesus como judeu e como rei dos judeus, mas a genealogia de Lucas vai para além de Abraão, recua até Adão, o primeiro homem porque ele pretende estabelecer que Jesus foi um de nós, um descendente de Adão.

Lucas mostra Jesus, um homem frágil, como todos, com limitações, que se cansava e que sentia a sua necessidade de oração. Jesus orava constantemente (Lc 5:16; 6:12,13; 22:41,42; 23:34).

Como homem, Jesus preocupou-se com todos, não só com os judeus. De fato Lucas cita, logo no início do Evangelho, as palavras do idoso Simeão quando tomava o menino Jesus nos seus braços: "Senhor... já os meus olhos viram a tua salvação, a qual tu preparaste perante a face de todos os povos; luz para alumiar as nações (os que não são judeus)" (Lc 2:29-32). Cita igualmente o profeta Isaías, que disse: "também te dei por luz dos gentios, para seres a minha salvação até à extremidade da terra" (Is 49:6).

Lucas apresenta um Jesus cheio de compaixão pelas pessoas, amigo dos que não tinham amigos. Ele revelou o coração de amor do Pai celestial. Lucas chamou a atenção para muitos incidentes em que Jesus mostrou compaixão pelas pessoas. Ele teve compaixão da viúva de Naim (Capítulo 7), do cego de Jericó (Capítulo 18), do cobrador de impostos Zaqueu (Capítulo 19) e do malfeitor arrependido na cruz, conferindo-lhe a certeza da salvação (Capítulo 23).

Lucas também chama a atenção para o fato de Jesus não ter discriminado contra as mulheres, como comum.

Ao longo do livro ele faz questão de mostrar que aquilo que Jesus operou a favor dos homens também fez pelas mulheres. Vemos uma simetria em que esse tema fica em destaque. Um estudo cuidadoso de Lucas mostra, pelo menos, 27 pares de histórias que focam um caso de um homem, no outro uma mulher. Por exemplo, no começo do Evangelho relata como o anjo Gabriel apareceu a Zacarias e a seguir apareceu a Maria. Ele explica que o mesmo anjo disse a Zacarias e a seguir a Maria: "Não temas". O mesmo anjo anunciou a ambos que um filho especial ia nascer. Ele informou Zacarias que o seu filho seria chamado João e a Maria que o seu filho seria chamado Jesus. Ele relata que Zacarias louvou o Senhor e que Maria também o louvou.

Depois de apresentar Jesus como o homem perfeito, Lucas mostra que esse homem é o Salvador (grego *soter*) que todos nós precisamos (Lc 2:11). O título "Salvador" era usado na linguagem corrente do mundo greco-romano para se referir a benfeitores, deuses, imperadores e outros, que trouxessem segurança aos homens.

O versículo-chave no Evangelho de Lucas é: "O filho do homem veio buscar e salvar o que se havia perdido" (Lc 19:10). Jesus fez referência a este aspecto quando contou as parábolas da ovelha perdida, da moeda perdida e do filho perdido. Lucas 15. Ele, e só ele, é o Salvador do mundo (1 Jo 4:14). Só Jesus pode livrar-nos do pecado e dar-nos liberdade para amarmos e servirmos o Deus vivo.

Lucas é o único a contar como Jesus, ressuscitado, encontrou dois discípulos desalentados a caminho de Emaús e como se revelou a eles vivo, em um corpo novo, afirmando que aquilo que lhe tinha acontecido tinha sido tudo profetizado (Lc 24:13-35). Depois Lucas conta como Jesus apareceu aos onze apóstolos e demonstrou, claramente, que ele era um homem, e não apenas um espírito, mas com um corpo físico ao comer peixe (Lc 24:42,43).

O Evangelho de João

O Evangelho de João foi o último a ser escrito. Teve tempo para refletir. Quanto mais os discípulos pensavam em Jesus, mais maravilhoso ele se tornava. Quando Marcos escreveu sobre Jesus, apresentou-o, pela primeira vez, já como homem adulto. Quando Mateus escreveu sobre ele, recuou no tempo até Abraão. Lucas recuou até Adão. Mas João foi até antes do começo do tempo. Ele começa o seu Evangelho dizendo: "No princípio era o Verbo (a Palavra)".

Após o Prólogo (Jo 1:1-18), o livro divide-se em duas partes:

- O ministério público de Jesus (Jo 1:19 a 12:50): esta seção do Evangelho chama-se "o livro dos sinais".
- O ministério particular junto aos discípulos (Jo 13:1 a 21:25): esta seção chama-se "o livro da glória," em que lemos acerca da última ceia e o sermão no cenáculo (Jo 13:1 a 17:26).

O foco de João é sobre "o livro de sinais". Isto se torna óbvio perto do fim deste Evangelho. "Jesus... operou também muitos outros sinais... estes, porém, foram escritos para que creiais que Jesus é o Cristo, o Filho de Deus" (Jo 20:30,31). A sua preocupação é que possamos conhecer Jesus. Por isso dá ênfase ao ministério público de Jesus, quando ele operou muitos destes sinais.

É nesse livro que achamos os "sinais" de que ele fala. Depois de contar que Jesus transformou água em vinho em uma festa de casamento em Caná da Galileia, João acrescenta que este foi o primeiro sinal milagroso que Jesus fez (Jo 2:11). A seguir, depois de curar, à distância, o filho de um oficial do governo, João diz que esse foi o segundo sinal milagroso de Jesus (Jo 4:54). Esses "sinais" são milagres especiais que

Jesus fez. Assim João não relata que Jesus expulsou demônios porque outras pessoas também o faziam.

Jesus não operou os "sinais" porque era Deus, porque quando viveu entre nós não tinha vantagens sobre nós. Os "sinais" foram operados no poder do Espírito Santo.

João foca sete "sinais," ou sete milagres, que mais ninguém podia fazer:

- Transformou água em vinho.
- Curou o filho de um homem nobre à distância, sem ver ou tocá-lo.
- Curou um homem que tinha sido paralítico durante 38 anos.
- Alimentou, com a merenda de um menino, uma multidão de cinco mil homens, além de mulheres e crianças.
- Andou sobre a água.
- Deu vista a um homem cego de nascença.
- Ressuscitou Lázaro, que tinha morrido havia quatro dias.

Esses sete milagres, de entre todos os milagres que Jesus operou, são chamados "sinais" porque apontam para uma realidade espiritual.

Os sinais mostram que Jesus é o Messias, que os judeus esperavam, porque cumpriu tudo aquilo que os profetas falaram dele. Mas é importante notar que os sinais, por si, não confirmam que ele é o Filho do Deus vivo. São as palavras de Jesus que confirmam esse fato.

Os "sinais" que Jesus operou também fez lembrar ao povo os "sinais" que Deus operou a favor da vida do seu povo quando estavam no Egito e imediatamente depois da saída dali (Ex 4:28-30; 7:3; 10:1,2; 14:11-22; Dt 4:34). Deus transformou água em sangue (Ex 7:14-24) e Jesus transformou água em vinho (Ex 2:1-11). Deus alimentou o seu povo com pão, o maná (Ex 16:4-35) e Jesus alimentou a multidão (Ex 6:1-15).

Porém, os "sinais" têm um segundo propósito: Confirmam que as suas palavras eram verdade e dignas de confiança. Por exemplo, depois de alimentar a multidão de cinco mil, Jesus declarou: "Eu sou o pão da vida" (Jo 6:35). Depois de declarar "Eu sou a luz do mundo" (Jo 9:5). Jesus abriu os olhos do homem cego de nascença.

Além de apresentar estes sete sinais no início do livro, ao tratar do ministério público de Jesus, João apresenta também sete declarações que Jesus fez sobre si próprio:

- "Eu sou o pão da vida; aquele que vem a mim não terá fome; e quem crê em mim nunca terá sede" (Jo 6:35).
- "Eu sou a luz do mundo; quem me segue não andará em trevas, mas terá a luz da vida" (Jo 8:12).
- "Eu sou a porta; se alguém entrar por mim, salvar-se-á, e entrará, e sairá, e achará pastagens" (Jo 10:9).
- "Eu sou o bom Pastor; o bom Pastor dá a sua vida pelas ovelhas" (Jo 10:11).
- "Eu sou a ressurreição e a vida; quem crê em mim, ainda que esteja morto, viverá" (Jo 11:25).
- "Eu sou o caminho, a verdade e a vida. Ninguém vem ao Pai senão por mim" (Jo 14:6).
- "Eu sou a videira verdadeira, e meu Pai é o lavrador" (Jo 15:1,2).

Jesus usou a frase "Eu sou" (Jo 4:26; 6:20; 8:24,28,58; 13:19; 18:5-8) propositadamente porque é o nome divino que Deus revelou a Moisés no Monte Sinai pela sarça-ardente (Ex 3:14).

João explica que estas reivindicações de Jesus de ser Deus eram consideradas blasfêmia pelos judeus; relata várias vezes que os judeus procuravam apedrejá-lo por causa disso (Jo 5:18; 8:59; 10:31). Mas João mostra várias vezes que as autoridades não podiam fazer nada porque o seu tempo (de morrer) não tinha chegado (Jo 7:30, 8:20). Jesus soube que o seu tempo tinha chegado quando se juntou com os discípulos para celebrarem a Páscoa (Jo 13:1).

Porém as afirmações extraordinárias de Jesus fez com que houvesse várias opiniões acerca dele (Jo 7:12, 40-44; 10:19-21; 12: 37-43).

João também escreve o seu Evangelho como se Jesus estivesse a ser julgado. Usou expressões como "a testemunha", "a verdade", "a mentira", "o juiz", "o advogado", "o juízo", "a condenação" e "a inocência".

João apresenta sete testemunhas que declaram que Jesus é Deus:

- João Batista;
- Natanael;
- Pedro;
- Marta;
- Tomé;
- João, o evangelista;
- Ele próprio.

Na lei judaica, duas ou três testemunhas bastavam para confirmar uma verdade. João apresenta sete testemunhas no seu Evangelho para mostrar que Jesus é Deus.

O que é admirável é que, no fim do "livro de sinais" lemos: "E, embora tivesse feito tantos sinais... não creram nele" (Jo 12:37). Isto foi exatamente o que o profeta Isaías tinha dito (Jo 12:38-40). Quando vem a revelação e as pessoas a rejeitam, os corações ficam endurecidos, e tornam-se incapazes de aceitar a verdade.

4

O NASCIMENTO DE JESUS

Durante séculos antes do nascimento de Jesus os profetas tinham falado da vinda de alguém especial conhecido como o Messias, que traria uma nova era ao povo judaico. Os judeus esperavam a sua vinda. Nos tempos mais próximos do nascimento de Jesus havia uma grande expetativa entre os judeus em Israel de que este acontecimento estava para breve. Cada menina judia alimentava a esperança de ser ela a mãe do Messias.

Havia uma profecia de que uma virgem daria à luz um filho e que o seu nome seria Emanuel (Deus conosco) (Is 7:14). Então um dia o anjo Gabriel apareceu a uma virgem na Galileia, no norte de Israel, chamada Maria (o nome judaico dela era Miriam). Ela estava noiva de um homem temente a Deus, chamado José. Naqueles dias, especialmente em Israel, as jovens eram sempre castas antes do casamento. O anjo fez que ela ficasse surpreendida quando lhe anunciou que ela ia ser mãe do Messias (Lc 1: 28-33). Mas ele explicou que ela não conceberia de José, mas sim do Espírito Santo (Lc 1:35-37).

Portanto, o que foi diferente sobre Jesus foi a sua concepção, não foi o seu nascimento. Ele nasceu tal como qualquer outro ser humano. No entanto foi concebido sem um pai humano. Foi concebido do Espírito Santo enquanto Maria era ainda virgem.

Que choque tremendo deve ter sido para Maria esse anúncio do anjo! Eram enormes as implicações sociais de ter um filho fora do casamento. Compreendeu que podia perder o noivo, que podiam ridicularizá-la e que havia a possibilidade de ser castigada com apedrejamento até à morte. A lei era muito clara quanto a esse assunto (Dt 22:13-21). Mas, quando o anjo lhe explicou que ela conceberia do Espírito Santo, ela se submeteu humildemente ao Senhor e confiou nele.

No entanto, logo depois disto o Senhor disse a José: "O que nela está gerado é do Espírito Santo; e dará à luz um filho, e chamarás o seu nome Jesus, porque ele salvará o seu povo dos seus pecados." (Mt 1:20,21). Não sentimos o impacto dessas palavras na língua portuguesa mas José entendeu logo o impacto delas. Na língua em que o anjo comunicou (aramaico ou hebraico) o nome de Jesus é ישוע, pronunciado "Yeshua", significando "Deus salva" (Nm 13:16). A palavra "Jesus" vem de *Iesous* em grego, que por sua vez vem de *Yeshua*, portanto o anjo disse: "chamarás o seu nome *Yeshua* (Deus salva) porque ele salvará o seu povo dos seus pecados". Jesus veio para ser o Salvador que nós precisamos. Ele é o único e suficiente Salvador. Jesus veio para nos livrar do vazio da vida, da escravidão do pecado, do medo da morte e da ansiedade do dia de amanhã e para nos oferecer uma vida nova, a vida eterna.

Apenas dois dos quatro Evangelhos nos dão pormenores do nascimento de Jesus. Mateus, que apresenta Jesus como rei, foca eventos ligados à realeza de Jesus enquanto Lucas, que apresenta Jesus como o homem perfeito, conta pormenores mais íntimos da sua família.

Em Belém

Lucas explica que o imperador romano César Augusto mandou fazer um recenseamento que obrigava as pessoas a voltarem à terra natal dos seus antepassados. A família de José era de Belém, a cidade de Davi, no sul de Israel, por isso teve que ir de Nazaré, no norte, até lá, uma viagem de cerca de cem quilômetros. Lucas relata que quando Jesus nasceu em Belém, na Judeia, se cumpriu uma profecia: "E tu, Belém Efrata, posto que pequena entre milhares de Judá, de ti me sairá o que será Senhor em Israel, e cujas saídas são desde os tempos antigos, desde os dias da eternidade" (Mq 5:2).

Ao contrário daquilo que muitas pessoas pensam, José não chegou ali com Maria na véspera do nascimento. Também não foram para um estábulo porque a estalagem onde pensavam em ficar estava cheia. Lucas diz: "Aconteceu que, estando eles ali, se cumpriram os dias em que ela devia dar à luz". Vemos que, em vez de ser um acontecimento à última hora, José e Maria chegaram antes daquele dia. Era prudente. Eles também não precisaram procurar alojamento em uma estalagem em Belém. A família de José era de Belém. José sabia que ali estaria entre familiares e que eles, em especial Maria, seriam calorosamente recebidos, como é normal nas culturas do Médio-Oriente. Sabiam que ali estariam vivendo com familiares que fariam tudo para que estivessem confortáveis e que Maria seria cuidada por tias e primas.

Mas Lucas não escreveu que "não havia lugar para eles na estalagem"? (Lc 2:7). Lemos isso realmente mas, infelizmente a palavra grega *kataluma* usada por Lucas foi mal traduzida por "estalagem". Essa palavra grega não significa "estalagem" mas "quarto/sala/aposento de hóspedes" Lucas usa essa mesma palavra quando narra que, na véspera da última ceia, Jesus disse aos discípulos que fossem perguntar ao pai de família da casa: "Onde está o aposento (*kataluma*) em que hei de comer a páscoa com os meus discípulos?" (Lc 22:11). O único lugar onde Lucas fala de uma verdadeira estalagem é na história do bom samaritano (Lc 10:34) onde ele não usa a palavra *kataluma* mas usa a palavra *pandocheion*. Portanto é errado dizer que José e Maria chegaram a Belém procurando alojamento em uma estalagem.

É útil saber que naquele tempo a maioria das casas rurais tinha apenas um cômodo. Muitas tinham uma sala de hóspedes como anexo. Infelizmente, quando José e Maria chegaram à casa dos parentes, a sala de hóspedes estava ocupada. Embora a casa da família tivesse apenas um cômodo, ele era normalmente dividido em duas partes, sendo uma delas com um desnível um pouco abaixo. A família vivia no nível mais acima e os animais (vaca, cabra e ovelhas) passavam a noite no nível mais baixo. A manjedoura para a vaca estaria no nível ligeiramente acima, junto a onde estava a família, para que a vaca, tendo fome de noite, pudesse pôr-se em pé e comer da manjedoura.

Por isso, quando José e Maria chegaram a Belém foram convidados a partilhar a sala com os familiares na proximidade dos animais, que se encontravam a um nível mais baixo. Foi tudo preparado, com muito cuidado, para o nascimento da criança. A manjedoura foi esvaziada e enchida com palha fresca para se deitar ali o menino. Isso não era nada fora do normal nas casas dos pobres naquele tempo. E quando Jesus nasceu foi envolto em faixas de tecido, como era o costume entre os pobres. Depois foi cuidadosamente deitado na manjedoura, perto da mãe. Para nós, é uma cena um pouco estranha, mas para as pessoas daquele tempo era perfeitamente normal.

Os estudiosos da Bíblia sempre souberam disso, mas, em geral, há pouca aceitação porque as pessoas preferem a versão mais popular de acontecimentos que só apareceu no século 2 d.C. a partir de livros apócrifos, tal como o Protoevangelho de Tiago. Um desses estudiosos foi o espanhol Francisco Sánchez de las Brozas em 1584. Foi acusado e repreendido pela Inquisição, ainda que não o tivessem queimado, torturado ou preso, como alguns teriam gostado. Depois desse episódio, tornou-se difícil sugerir que a versão tradicional estava errada.

Outros estudiosos têm chamado a atenção para o erro da versão tradicional. Por exemplo, William Thomson, missionário presbiteriano no Líbano, Síria e Palestina confirmou no seu livro *The Land and the Book*, que aquela versão era errada quando escreveu em 1857 que o nascimento de Jesus "aconteceu em uma casa vulgar de um camponês comum, e que o menino foi posto em uma das manjedouras, igual às que ainda se veem nas casas dos agricultores desta região" (trad. do autor).

Porque é que a versão tradicional tem persistido por tanto tempo? Em primeiro lugar, temos dificuldade em ler a história no seu contexto cultural e por isso introduzimos os nossos pressupostos: uma vez que a maioria das pessoas guarda os animais não domésticos fora de casa, concluímos que, se Jesus nasceu perto de animais, deve ter nascido longe de pessoas. Em segundo lugar, as ideias tradicionais são muito potentes e difíceis de esquecer, especialmente se forem representadas, seguidamente, em encenações teatrais e fixadas em pinturas de pintores famosos através dos séculos. Há também um certo sentimentalismo que envolve toda a cena tradicional da natividade de Jesus que torna difícil aceitar o que está escrito na Bíblia, e o que realmente aconteceu.

Os pastores

Logo depois do nascimento de Jesus o anjo do Senhor apareceu para os pastores à noite quando estavam nos campos ali perto, guardando os rebanhos. O fato que os pastores estavam no campo naquela noite confirma que Jesus não nasceu em dezembro: qualquer pessoa que tenha visitado Belém em dezembro pode testemunhar que faz muito frio. Os pastores não estariam a guardar os rebanhos nos campos, especialmente à noite.

O mundo celebra o nascimento de Jesus no dia 25 de dezembro. Mas não há um fundamento bíblico para essa dia. Ela foi escolhida quando o imperador Constantino começou a substituir as festas pagãs por festas cristãs. A festa do Solstício de Inverno começava a 17 de dezembro e prolongava-se por uma semana, com o "dia do aniversário" do Sol no dia 25 de dezembro. Constantino tinha adorado o Sol antes de se converter ao cristianismo, então substituiu a festa pagã pelo aniversário de Jesus.

A Bíblia aponta para o outono quando Jesus nasceu, ou seja, no fim de setembro ou no princípio de outubro. Esse cálculo é baseado no fato de que Zacarias, o pai de João Batista, servir no Templo como sacerdote no quarto mês, Isabel concebeu pouco depois disto, e Maria concebeu seis meses a seguir (Lc 1:5, 1 Cr 24:10, Lc 1:36). Este período no ano coincide com a festa dos Tabernáculos que comemorava o tempo quando o Senhor se revelava no Tabernáculo no meio das tendas de Israel no deserto. Era próprio que Jesus, Deus conosco, nascesse e começasse a viver (tabernacular) entre nós naquele tempo.

Estamos tão familiarizados com a ideia de o anjo do Senhor aparecer aos pastores que podemos perder o significado dela. Os pastores em Israel no século I eram banidos da sociedade. Eram considerados ladrões porque muitas vezes roubavam ovelhas e deixavam que os seus rebanhos pastassem em propriedades particulares. Por isso os rabis ensinavam aos judeus ortodoxos a não comprar lã, leite ou cordeiros diretamente aos pastores. Eles estavam no fundo da escala social. Segundo a lei, não podiam ser chamados a depor como testemunhas. Por isso os rabis costumavam dizer: "Não ensines o teu filho a ser pastor".

Pior ainda, o trabalho deles fazia que ficassem cerimonialmente impuros. A ideia de impureza é uma coisa que não conhecemos muito mas que era muito importante na vida dos judeus. A separação entre o puro e o impuro era fundamental para os judeus. A lei ordenava que as pessoas fossem puras fisicamente, ritualmente e cerimonialmente (tendo oferecido os sacrifícios apropriados e tendo feito as cerimônias corretas) e também moralmente. Quando as pessoas ou as coisas ficavam impuras, tinham que ser purificadas/lavadas. A tradição rabínica rotulava os pastores de impuros porque tinham contato diário com carcaças de animais e tinham contato, por vezes não intencional, com animais impuros. Animais considerados impuros eram, por exemplo, as aranhas, as moscas, outros insetos e os ratos (Ao ler as Escrituras vemos que os pastores nem sempre foram considerados impuros antes do tempo de Jesus: Davi era pastor e exalta o Senhor como seu Pastor).

Esses pastores não eram a espécie de gente que a população em geral considerasse dignos de receber anúncios dos anjos. Essas mensagens angelicais, por raciocínio humano, teria ido para homens dignos, como os magos do Oriente. Mas nenhum anjo iria ter com pastores de ovelhas! No entanto, foi a estes pastores desprezados, párias da sociedade, que não tinham direitos civis nem legais, que Deus chamou em primeiro lugar para testemunhar o nascimento de Jesus. O anjo do Senhor apareceu e a glória do Senhor resplandeceu ao redor deles e ficaram assustados. Mas o anjo disse: "Não temais pois hoje vos trago boas-novas de grande alegria que será para todo o povo. Na cidade de Davi vos nasceu hoje um Salvador, que é Cristo (Messias) o Senhor".

Mateus, que apresenta Jesus como rei, não dedica tempo a falar dos pastores na sua narrativa. Interessante, pois é Lucas quem nos dá esta informação. Ele apresenta Jesus como o Salvador do mundo, incluindo os rejeitados pela sociedade.

Depois de anunciar aos pastores sobre o nascimento do Salvador, o anjo não disse aos pastores que tinham que se purificar antes de poder visitar o menino.

O anjo do Senhor disse aos pastores: "Isto vos será por sinal: achareis o menino envolto em panos e deitado em uma manjedoura". Costuma-se pensar que era um sinal para ajudar os pastores a identificar o menino. Mas Belém era um lugar pequeno: um recém-nascido não seria difícil de achar. Toda a gente ali saberia que nascera um bebê naquela noite. Aquele sinal era para encorajamento deles. Era para lhes dizer que este menino tão especial era como eles. O sinal não era sobre eles identificarem o menino mas sobre o menino se identificar com eles. O fato do menino especial estar envolto em faixas de pano e deitado em uma manjedoura significava que ele, por incrível que pareça, era pobre como eles. Foi isto que os fez entrar em Belém e procurar o menino.

Se este Salvador que nascera estivesse vestido em roupas de príncipe e estivesse deitado em um berço em um palácio em Jerusalém, eles nunca teriam tido coragem de ir visitá-lo, porque sabiam que não seriam recebidos. Mas era diferente. O menino estava em uma casa de gente comum. Este Salvador identificava-se com eles.

Com este sinal de encorajamento, os pastores apressaram-se a ir procurar o menino em Belém. Em breve encontraram a casa e receberam boas-vindas sinceras. Acharam o menino como o anjo dissera: envolto em faixas deitado em uma manjedoura (Lc 2:6,7). Que momento deve ter sido para esses pastores! Ali, perante eles, estava o Salvador que Deus tinha providenciado para eles. Que maravilhoso que Deus pensasse em salvá-los. Este é o Deus de graça que se revela aos que sabem que não merecem nada.

Cheios de alegria divulgaram a palavra a respeito do que tinham ouvido do menino maravilhoso: o Salvador, o Messias, o Senhor. Não é de surpreender que as pessoas se maravilhassem com o testemunho deles.

A APRESENTAÇÃO NO TEMPLO

Por vezes esquecemos que Jesus nasceu judeu. Na nossa tentativa de universalizar Jesus, cometemos o erro de isolá-lo do seu contexto cultural. Foi criado no seio de uma família judaica, seguindo as tradições e costumes judaicos. Associado ao nascimento de um primeiro filho varão havia três cerimônias. A mãe e o pai adotivo de Jesus fizeram tudo aquilo que Deus esperava deles.

A primeira cerimônia foi a circuncisão. Assim, quando o filho tinha oito dias de idade, foi circuncidado segundo a lei de Moisés (Lv 12:3) e foi-lhe dado o nome de Jesus, tal como o anjo tinha instruído antes de ele ser concebido (Lc 2:21). Depois tinham que cumprir as outras duas cerimônias mas essas tiveram lugar no Templo em Jerusalém. Isso foi fácil porque, depois do nascimento de Jesus, José e Maria tinham continuado a viver com parentes em Belém, a cerca de nove quilômetros de Jerusalém.

A segunda cerimônia foi a apresentação do filho (o primogênito) no Templo com a idade de um mês. Todos os primeiros filhos varões e todos os primeiros animais machos pertenciam ao Senhor. Os animais eram geralmente oferecidos em sacrifício mas os meninos eram consagrados ao serviço de Deus. Isso começou a acontecer depois do Êxodo quando o Senhor poupou as vidas dos primogênitos do povo de Israel (Ex 13: 2,12). No entanto o Senhor deu instruções para os redimir pois ele tinha escolhido usar os levitas em lugar dos primogênitos para o servirem no Tabernáculo e no Templo (Nm 3:11-13). Por isso, quando o primogênito atingia um mês de idade era levado ao Templo e era redimido pelo pagamento de cinco *shekels* de prata (Nm 18:16). Essa cerimônia consistia na apresentação formal do menino ao sacerdote, seguido pelo pagamento do dinheiro da redenção.

A terceira cerimônia era para a purificação cerimonial da mãe. Todas as mães judias eram consideradas impuras cerimonialmente depois do nascimento de um filho. No caso do nascimento de um menino, a mãe tinha que esperar quarenta dias antes de poder comparecer perante o sacerdote para ser declarada limpa. Era preciso levar um cordeiro para a oferta queimada e uma pomba ou um pombo como oferta pelo pecado. A oferta pelo pecado era para purificação. No entanto Deus permitia que as pessoas pobres levassem apenas duas pombas ou dois pombos. Foi isso que José e Maria levaram (Lv 12:6-8). As mulheres que viviam em terras distantes do Templo podiam ser dispensadas de comparecer em pessoa na cerimônia de purificação. Hoje em dia as mulheres judias ortodoxas não podem oferecer sacrifícios tal como Maria fez porque não há Templo mas elas procuram cumprir, em parte, o ritual da purificação, ficando completamente submersas em um *mikveh* (banho de purificação).

Na prática a apresentação do menino primogênito nunca acontecia antes de terem passado 31 dias depois do nascimento. Assim as duas últimas cerimônias aconteciam geralmente durante a mesma visita ao Templo. Desse modo, Jesus tinha cerca de seis semanas de idade quando os pais percorreram a curta distância até Jerusalém para apresentá-lo no Templo. É a cerimônia da apresentação de Jesus no Templo, que é mais proeminente no relato de Lucas (Lc 2:27).

Enquanto Jesus estava para ser apresentado por Maria e José, duas pessoas idosas aproximaram-se deles.

A primeira foi Simeão, um homem temente a Deus, que esperava a consolação de Israel, isto é, o cumprimento das promessas de Deus acerca da restauração de Israel por meio da vinda do Messias. Tinha-lhe sido revelado que ele não morreria antes que visse o Cristo, o Messias. Este fato dava significado à sua vida. Ele não entrou em crise quando já velho viu que não tinha atingido os alvos que tinha projetado para si próprio. Então, na ocasião exata em que Maria e José levavam o menino ao Templo para apresentá-lo a Deus, o Espírito Santo moveu Simeão a ir ao templo. Outras pessoas presentes ali não reconheceram o menino Jesus como o Messias há muito esperado, mas Simeão reconheceu-o.

Jesus não era especialmente mais atraente que os outros bebês nem tinha uma auréola por cima da cabeça para distingui-lo dos outros meninos que foram apresentados naquele dia. Simeão o reconheceu por revelação. Ao fazê-lo, tomou o menino nos braços e louvou a Deus. Depois de uma vida inteira esperando pelo Messias, mal podemos imaginar a alegria de Simeão naquele momento! As palavras que Simeão usou para louvar a Deus expressam a profunda alegria que sentia naquele momento, uma alegria que enchia tão completamente a sua vida que estava pronto para morrer: "Agora, Senhor despede em paz o teu servo, segundo a tua palavra; pois já os meus olhos viram a tua salvação..." Para dizer "salvação" Simeão usou a palavra *yeshu'ah*, que é a forma feminina do nome de *Yeshua* (Jesus), o Messias. Quão maravilhoso é quando se conhece Jesus pela primeira vez!

Os judeus tinham a tendência de ver a salvação apenas para eles e o julgamento para os gentios, mas os profetas hebraicos não concordavam com isso. Falavam de julgamento e de bênção para ambos, dependendo da submissão dos homens a Deus e ao seu projeto eterno (Sl 98:2,3; Is 42:6-8; 49:6; 60:1-3). Simeão confirmou isto dizendo a seguir:

"salvação, a qual tu preparaste perante a face de todos os povos; luz para alumiar as nações, e para glória do teu povo Israel". Como foi importante para todos os povos a vinda do Messias! Para os gentios seria uma grande revelação do amor de Deus por eles e a sua provisão de salvação no seu Filho. Para o povo de Israel seria a sua grande glória, aquele por quem todas as promessas seriam cumpridas.

Os pais de Jesus sabiam que Jesus era o Salvador do mundo, mas ficaram surpreendidos quando esta pessoa totalmente desconhecida se aproximou deles e proclamou que Jesus era o Messias há muito esperado e o Salvador do mundo.

Enquanto Simeão falava com Maria e com José, foi ter com eles uma mulher idosa e devota, viúva de há muitos anos, profetisa chamada Ana. Tal como Simeão, ela esperava a vinda do Messias. Mas diferentemente de Simeão, que foi levado por revelação ao templo naquele dia, ela estava lá todos os dias jejuando e orando. É interessante notar que a mulher, tendo ficado viúva muito jovem, não ficou amargurada pela experiência mas deixou que as suas circunstâncias a aproximassem mais de Deus. Ela deu graças a Deus e falou sobre o menino a todos os judeus que esperavam a redenção de Israel.

Os magos

Os magos foram o grupo seguinte que conheceu Jesus. Chegaram algum tempo depois de Jesus ter sido apresentado no Templo, enquanto ele e os pais continuavam a viver em Belém.

Mas quem eram esses homens? A tradição diz que eram reis. A Bíblia não diz isso. Diz apenas que eram magos. Também não diz que eram três. Apenas diz que eram uns magos. Também não diz quais os nomes deles. Tem-se pensado que eram astrólogos devido ao fato que hoje mago é aquele que pratica magia. Lembremo-nos que astrologia não é a mesma coisa de astronomia. É pouco provável que fossem astrólogos pois a astrologia é condenada na Bíblia (Dt 18:10-14). Digamos apenas que era um grupo de sábios.

Mas de onde vieram esses homens? A Bíblia diz que vieram do Oriente. Parece que eram gentios. Os pastores eram judeus. Os magos eram gentios. Portanto Deus fez que no nascimento de Jesus, o rei recém-nascido fosse adorado por judeus e gentios.

Esses homens sábios vieram procurando o rei recém-nascido dizendo que tinham visto a sua estrela no Oriente. Na sua busca da verdade, foi-lhes revelado que um rei importante tinha nascido. Uma estrela serviu para chamar a sua atenção a este fato. A mesma estrela conduziu-os a Jesus. Têm sido apresentadas muitas explicações acerca da natureza dessa estrela. Nenhuma satisfaz completamente. A realidade é que a estrela não foi um fenômeno natural, foi uma manifestação sobrenatural. Recebendo essa revelação divina, os sábios deixaram-se conduzir por ela até encontrarem Jesus.

Sem dúvida haviam alguns na sua terra que os achavam loucos ao iniciar uma viagem tão extraordinária. Mas eles não se importaram.

Chegando a Israel, foram diretamente para Jerusalém, a capital, porque parecia óbvio que o novo rei nasceria no palácio. Estavam enganados. A seguir, sem sabedoria, contaram a experiência deles às pessoas em Jerusalém e perguntaram-lhes onde tinha nascido o rei dos judeus. Quando o povo de Jerusalém ouviu que alguns homens sábios do Oriente tinham chegado procurando um novo rei judeu, concluiu que ele devia ser o Messias que esperavam. Logo surgiu uma onda de expectativa messiânica. A polícia secreta do rei Herodes informou-o da presença desses sábios e o que eles buscavam. O rei sentiu-se logo ameaçado e perturbado. Herodes agiu rapidamente. Chamou os líderes religiosos judaicos e perguntou-lhes onde o Messias havia de nascer. Parece que eles não se perceberam da presença dos sábios orientais. Responderam que o Messias havia de nascer em Belém porque havia uma profecia que falava disso. Eles tinham a palavra do Senhor, mas não tinham a mínima noção do momento profético que estavam a viver. Não sabiam que o Messias tinha nascido.

Logo em seguida, Herodes chamou os sábios secretamente. Herodes vivia em um mundo de intrigas. Não querendo agir precipitadamente, encarregou os sábios orientais de ir a Belém para encontrar a criança especial e depois de informá-lo para que também pudesse adorá-lo. Deixando-se conduzir pela profecia, eles chegaram à casa onde Jesus e os seus pais estavam.

Entrando na casa humilde, a mesma onde os pastores tinham entrado alguns meses antes, acharam o menino que procuravam. Ali a sua busca terminou. Encontraram e viram aquele que é Deus manifestado na forma frágil de uma criança. Mas ele era o rei que buscaram. Por isso, prostraram-se e adoraram-no, como lemos em Mateus 2:11.

Notemos que eles não adoraram a mãe, Maria. Corretamente toda a sua adoração foi dirigida a Jesus (1 Tm 2:5).

A seguir os magos apresentaram as suas ofertas. Ofereceram ouro, incenso e mirra. Era o costume não aparecer diante da realeza sem oferecer presentes caros. Os presentes eram um sinal de respeito (1 Sm 9:7,8; 1 Rs 10:2). Por isso faz sentido que os habitantes ricos dessas zonas desérticas trouxessem ouro, incenso e mirra como presentes para o rei recém-nascido. O ouro era o que os reis orientais valorizavam acima de tudo. O incenso produzia um aroma agradável quando queimado e por isso era usado pelos sacerdotes em atos de adoração a Deus. A mirra é uma especiaria muito amarga que produz um aroma agradável quando pisada. Quanto mais pisada é, mais aroma produz.

    Os presentes dos sábios do Oriente eram proféticos. Eles não devem ter percebido a profundidade do significado desses presentes. A mirra amarga fala do ministério profético de Jesus. Os profetas eram sempre rejeitados e sofriam muito. Mas o aroma que dava quando era pisada falava da satisfação que o Senhor Jesus dava ao Pai (Mc 1:11; 9:7). O incenso fala do ministério sacerdotal de Jesus (Sl 110:4). Na hora da sua morte ofereceu como sacerdote a si mesmo pela nossa salvação (Hb 9:14). Como sacerdote intercede por nós (Hb 4:14-16). O ouro fala de Jesus, o rei. Depois da sua morte e ressurreição subiu ao trono à direita de Deus Pai (Sl 110:1; At 2:32-36, Ef 4:7-11).

    Mas os presentes eram também muito práticos. Maria e José não eram ricos. Isso ficou evidente no dia em que apresentaram o Senhor Jesus no Templo. Eles apresentaram a oferta de dois pombinhos que era a oferta mais barata que o Senhor permitia que os mais pobres oferecessem (Lc 2:21-24). Logo depois da visita dos sábios orientais o Senhor revelou a José, em sonho, que devia tomar Maria, sua esposa, e o menino Jesus e fugir para o Egito, porque Herodes, ciumento, ia procurar matar o menino. Uma viagem assim ia custar muito dinheiro. Além disso, teriam que viver no Egito durante um tempo indeterminado. Muito provavelmente seria difícil para José encontrar logo trabalho como carpinteiro. Os presentes dos magos eram valiosos e iam servir para pagar as despesas.

    Depois de encontrar o menino especial, os sábios foram avisados, em sonhos, para não voltar a Herodes, mas para regressar logo para a sua terra por um caminho diferente.

5

OS ANOS "ESCONDIDOS" DE JESUS

Os Evangelhos falam da vida e do ministério de Jesus, focando a última semana que culminou na morte e na sua ressurreição. Porém não excluiu os primeiros anos da sua vida. Por não terem tanta importância como o resto da sua vida teve, esses anos são traçados muito rapidamente. Essa realidade deixa as pessoas mais curiosas, desapontadas. Mas a preocupação dos escritores do Evangelho não é satisfazer a nossa curiosidade.

Os Evangelhos fornecem algumas ideias de como era a vida de Jesus como menino e, mais tarde, como jovem. Porém o único evento registrado nos Evangelhos sobre a vida de Jesus antes do início do seu ministério aos trinta anos é a visita que fez ao Templo aos doze anos de idade. Isso não significa que somos totalmente ignorante de como seria a vida de Jesus nestes anos. As tradições judaicas e a história nos ajudam a preencher muitos pormenores que os escritos dos Evangelhos deixaram fora.

Mas houve pessoas, muito mais tarde, que não ficaram satisfeitas com a informação apresentadas nos Evangelhos e escreveram mais acerca dos anos "escondidos" de Jesus. Infelizmente, a evidência apresentada por esses documentos não é digna de confiança, como uma leitura rápida pode verificar. Exemplos destes documentos são os "Evangelhos da Infância", conhecidos por "Pseudoevangelho de Mateus" e "Pseudoevangelho de Tomás". Eles apresentam o menino Jesus como um "super-herói" cujos truques provocavam a inveja e o terror dos colegas. Relatam que, quando um menino mau o empurrava na rua, ele ficava ressequido logo ali, devido a uma palavra do menino Jesus. Declaram que quando os outros meninos não queriam brincar com ele, transformva-os em cabritos. Contam que ele zombava do professor, por saber mais e que quando o professor o castigava, ele o cegava. Como podemos ver, são histórias resultantes de fantasia, que distorcem totalmente a ideia da criança normal que Jesus foi.

A VIDA EM UM LAR JUDAICO

Quando José, Maria e Jesus voltaram do Egito para a terra de Israel, depois da morte de Herodes, o Grande, eles não voltaram para Belém, onde reinava agora Herodes Arquelau, um dos filhos de Herodes, o Grande. José levou a família para onde viviam antes de Jesus nascer, para uma cidade pequena chamada Nazaré, na província nortenha da Galileia. Nazaré era tão pouco conhecida que não figura entre as 63 cidades mencionadas no documento religioso judaico, conhecido como o *Talmude*.

As pessoas referiram-se mais tarde a Jesus como "Jesus de Nazaré". A palavra em hebraico que significa "de Nazaré" é *naotsri*, que é da família da palavra *neser*, que significa "rebento". Está, portanto associada, profeticamente, com a figura do Messias. Refere-se àquele que seria "o rebento do tronco" de Davi, que brotaria e traria salvação a Israel (Is 11:1).

Foi em Nazaré que Jesus cresceu. Nazaré era muito próxima da cidade estratégica de Megido, que estava situada no cruzamento de duas rotas comerciais muito usadas, ligando Israel às nações vizinhas. Por estar construída sobre um monte, a cidade tinha uma vista panorâmica do vale. Sem dúvida, quando Jesus era menino deve ter ficado interessado em observar os mercadores que viajavam pelas estradas que passavam por ali.

Os Evangelhos acrescentam: "O menino crescia, e se fortalecia em espírito, cheio de sabedoria: e a graça de Deus estava sobre ele" (Lc 2:40). Deste modo aprendemos duas coisas. Primeiro, que o crescimento do menino Jesus era exatamente como qualquer outra criança. Segundo, que, desde pequeno Jesus estava aberto à operação do Espírito Santo na sua vida.

Foi em uma família judaica, com as suas tradições e costumes, que Jesus foi criado. Ter-lhe-iam ensinado sobre Deus, contando-lhe histórias acerca da Criação, do Dilúvio, de Abraão, de Moisés, de Davi e doutras figuras bíblicas. Primeiro, seria a mãe que o ensinou em casa, como era costume. Tantos os meninos como as meninas eram ensinados em casa até à idade de três anos (provavelmente quando eram desmamados). Daí em diante os rapazes eram ensinados pelo pai, que era também responsável por lhes ensinar um ofício.

Quando Jesus tinha seis anos deve ter sido mandado para a escola da sinagoga, como era costume. Ali aprendeu a ler, a escrever e a contar, mas a maioria do ensino incidia sobre a Bíblia. Primeiro ensinava-se o livro de Levítico. Depois era o resto da Torah (os cinco primeiros livros da Bíblia) e os Profetas. Ali Jesus desenvolveu um profundo conhecimento das Escrituras, o que lhe foi muito útil mais tarde, durante o seu ministério. Na escola deram-lhe pequenos rolos de pergaminho com algumas passagens da Bíblia para memorizar.

O "Shema":

> Ouve, ó Israel, o Senhor, nosso Deus, é o único Deus. Amarás, pois, o Senhor, teu Deus, de todo o teu coração, e de toda a tua alma, e de todo o teu poder. E estas palavras que hoje te ordeno estarão no teu coração; E as intimarás aos teus filhos, e delas falarás assentado em tua casa, e andando pelo caminho, e deitando-te, e levantando-te. Também as atarás por sinal na tua mão e te serão por testeiras entre os teus olhos. E as escreverás nos umbrais da tua casa, e nas tuas portas (Dt 6:4-9).

"O Hallel", que significa "louvor". Esta é a seção do Livro dos Salmos que vai do Salmo 113 ao 118.

A Criação do Mundo. A Lei Cerimonial (Lv 1-8)

Desde muito pequeno, Jesus seria levado à sinagoga todos os sábados para adorar o Senhor. Os manuscritos da Bíblia, que eram muito valiosos e preciosos, eram guardados em um baú (em uma arca) à frente na sala da sinagoga. O culto na sinagoga consistia em oração, louvor, leitura da Bíblia e uma curta mensagem.

Aos doze anos de idade

Os Evangelhos registram um incidente quando Jesus tinha doze anos. Naquele tempo os rapazes eram considerados membros plenos da comunidade religiosa a partir dessa idade.

Isso incluía a obrigação de assistir às festas religiosas anuais no Templo em Jerusalém. Estas festas eram: a Páscoa, o Pentecostes e a Festa dos Tabernáculos (Ex 23:14-17). Para poder assistir a estas festas, era preciso fazer uma peregrinação a partir do lugar onde se vivia. Nessas alturas as pessoas acorriam a Jerusalém, vindas de todo o território de Israel. Eram grandes ocasiões. As pessoas costumavam viajar em grupos. Contavam histórias para passar o tempo e, às vezes, cantavam louvores. Os Evangelhos contam que Jesus subiu para a Festa da Páscoa quando tinha doze anos. Não nos diz nada acerca do que aconteceu durante a festa, mas fala daquilo que aconteceu depois.

Nesse tempo as mulheres que queriam celebrar as festas no Templo viajavam separadas dos homens. As mulheres partiam mais cedo. Caminhavam cerca de 25 quilômetros por dia, depois armavam as tendas e cozinhavam a refeição da noite, de modo que estivesse pronta para quando os homens chegassem. O costume era os filhos com menos de doze anos e as filhas viajarem com a mãe e os rapazes com mais de doze anos viajarem com o pai.

Naquela ocasião, como era costume, as mulheres partiram de Jerusalém e os homens seguiram mais tarde. Depois de viajarem durante um dia, os pais notaram que Jesus não estava com eles. Teria sido perfeitamente aceitável viajar para Jerusalém com Maria, como costumava fazer até então, e depois regressar com os homens. Compreende-se que Maria pensasse que Jesus estivesse com José e que José pensasse que ele estava com a mãe. Mas, quando descobriram que estava perdido, voltaram atrás e acharam-no no Templo, ouvindo e interrogando os dirigentes religiosos. A mãe zangou-se com ele. Mas ele explicou o seu comportamento, perguntando: "Não sabeis que me convém tratar dos negócios de meu Pai?" (Lc 2:49). Embora fosse ainda rapaz, já tinha consciência das coisas que eram realmente importantes, ou seja, o projeto de Deus.

Os Evangelhos não nos contam muito sobre esse período da sua vida. No entanto dizem o seguinte: "[…] e foi para Nazaré, e era-lhes [aos pais] sujeito" (Lc 2:51). Assim sabemos que Jesus não foi um jovem rebelde. Foi submisso aos pais.

A vida enquanto jovem

A religião apresenta tradicionalmente um Jesus pálido e fraco fisicamente, mas a evidência dos Evangelhos não confirma. Eles mostram Jesus cheio de força e energia física. Caminhava longas distâncias dias seguidos; dormia ao ar livre; trabalhava de manhã até à noite pregando, ensinando e curando as pessoas. Por isso deve ter sido forte e cheio de vida.

Vemos também isso no fato de Jesus ser carpinteiro em Nazaré, tendo aprendido esse ofício com José. Naquele tempo ser carpinteiro implicava muito esforço, pois o carpinteiro não só trabalhava a madeira na oficina mas também subia ao monte, escolhia as árvores, derrubava e depois carregava-as para a oficina.

De fato é muito provável que o seu ofício abrangesse mais do que carpintaria. A palavra grega traduzida por "carpinteiro" no Novo Testamento é *tekton*, de onde vem a palavra portuguesa "tectônica", como em "placas tectônicas," as placas enormes de rocha da terra. Isso indica que José e Jesus eram mais do que carpinteiros, trabalhando não só com madeira mas com pedras e metais pesados na construção de casas. Sendo assim Jesus teria aprendido a ser mestre na área de construção. Isso faz sentido quando nos lembramos quantas vezes Jesus faz referência à boa construção nos seus ensinamentos.

Para compreender melhor como era a vida de Jesus na juventude em Nazaré temos que recorrer à história e à cultura daquele tempo para preencher lacunas. Até onde sabemos, a sua vida não deve ter sido fácil.

Viveu em uma época em que o ritmo da vida era geralmente mais lento se compararmos com agora. Isso trouxe vantagens e desvantagens. Por não ser tão desenvolvido tecnologicamente, deslocar-se exigia mais esforço:

as pessoas eram geralmente obrigadas a viajar a pé, como os peregrinos faziam. Não havia eletricidade. Os barcos não eram a motor mas à vela ou a remos. A refeição da noite era tomada à luz de candeias a óleo. Os meios de comunicação não eram desenvolvidos. Não havia jornais; as notícias passavam de boca em boca. Os livros eram todos escritos à mão (a imprensa só foi inventada muitos séculos depois). Obviamente não havia televisão, nem internet.

Jesus viveu em uma família pobre, apesar da prosperidade da província onde viviam. Herodes, o Grande, que governava quando Jesus nasceu, fez da Galileia a província mais próspera do país. Ela fornecia a maior parte dos grãos consumidos em Israel. A terra era fértil, contrastando com a província do sul, a Judeia. Era o centro da indústria e do comércio. Contudo, a maioria da riqueza estava nas mãos de um número relativamente pequeno de pessoas, que eram os proprietários da terra. Os camponeses eram pobres e tinham, muitas vezes, dificuldade em sobreviver, sofrendo às mãos dos senhores ricos. A família de Jesus era uma delas.

A tradição informa que quando era jovem Jesus passou a ser o principal ganha-pão da família, sustentando a mãe e os irmãos porque José tinha morrido. Os Evangelhos confirmam esse fato ao mencionarem apenas a mãe de Jesus, os seus quatro irmãos e, pelo menos, duas irmãs durante o período do seu ministério (Mt 12:46; Mt 13:55,56; Jo 7:3-5). Embora Maria fosse virgem quando Jesus foi concebido, é errado pensar que ela continuasse virgem. O Evangelho de Mateus indica que, depois do nascimento de Jesus, ela teve uma vida conjugal normal (Mt 1:25).

Vivendo no norte de Israel, Jesus foi discriminado pelas pessoas da província do sul. A Galileia era a província mais distante de Jerusalém e dos centros da cultura e do ensino. Daí que fosse pouco avançada culturalmente. Os galileus eram pessoas do campo, trabalhadores árduos mas eram considerados incultos pelo povo da Judeia. O aramaico que se falava na Galileia era de qualidade inferior. Liam hebraico tão mal que poucos tinham autorização de ler as Escrituras nas sinagogas. Eram também considerados pouco espirituais. Não se entusiasmavam com discussões sobre pormenores da Lei. Tudo isto não significa que não se interessassem pela Palavra de Deus. Estudos mais recentes trouxeram ao nosso conhecimento um movimento leigo que surgiu nas aldeias quando Jesus era jovem. Em cada aldeia havia um grupo chamado os *Haverim* (os Amigos), que se juntava à noite para ler a Torah (os primeiros cinco livros da Bíblia), estudá-la e discuti-la. É bem provável que Jesus tenha pertencido ao grupo em Nazaré, e que ali, durante a sua juventude, tenha ficado bem informado das ideias que as pessoas tinham e do estilo rabínico de debate.

Na Galileia, Jesus deve ter sofrido juntamente com os outros judeus às mãos de pessoas de diferentes nacionalidades, pois a Galileia era uma região multinacional. Havia cidades gentílicas e uma grande população gentílica. O Mar de Galileia estava rodeado por algumas cidades gregas. Decápolis, que significa em grego "Dez Cidades", estava ao leste do mar. A cidade de Tiberíades, que foi construída em honra do imperador romano Tibério, era do lado sul. Mas vivendo com pessoas de outras nacionalidades trouxe também vantagens. É muito provável que Jesus tenha falado várias línguas. O hebraico era a língua mais usada nas sinagogas e no Templo. O aramaico era a língua usada no cotidiano. Além disso, o latim era a língua do governo e seus documentos oficiais. Finalmente, o grego era a língua da cultura e do comércio, falada por todo o império romano.

Jesus sofreu crescendo em um país ocupado por forças estrangeiras, hostis ao povo judaico. Naquele tempo o território de Israel era dominado pelo império romano. Os judeus perderam a independência como, aliás, muitas outras nações. A nação de Israel, por ter sido hostil à interferência dos romanos, acabou por ser ocupada pelas forças romanas. Para pacificar os judeus, os romanos permitiram que tivessem o seu próprio rei, Herodes, o Grande. Ele foi sucedido por outros reis da mesma dinastia, mas também submetidos aos romanos.

Embora as autoridades judaicas daquele tempo colaborassem com os romanos, tentando manter a paz em Israel, havia sempre distúrbios; havia um ressentimento em ebulição contra a presença romana, que ameaçava constantemente irromper na forma de uma revolta armada. Finalmente, no ano 66 d.C. irrompeu uma revolução que deu origem a uma guerra contínua durante quatro anos e que fez com que os romanos destruíssem Jerusalém e o Templo, única forma de acabar com essa revolta.

A Galileia, em particular, era muito conhecida como um lugar que produzia revolucionários, que procuravam a libertação do jugo dos romanos. O povo sofria muito. Imagine como nos sentiríamos se um cobrador de impostos juntamente com os soldados romanos pilhassem a nossa fazenda, levando a maior parte da colheita! A nossa família teria que passar fome durante mais um inverno, enquanto eles viviam bem à nossa custa. Os galileus eram muito nacionalistas. Por isso, de vez em quando, havia revoltas. Uma dessas revoltas aconteceu no ano 4 a.C. quando um grupo de revolucionários irrompeu pelo arsenal romano em Séforis, a capital de Galileia, pilhou-o e fez dele o quartel-general da revolução. Depois de uma grande luta, os romanos apoderaram-se da cidade, mas nesse processo a cidade foi totalmente incendiada. Devido a este ato e muitos outros o povo odiava os soldados romanos.

Mas a destruição de Séforis provavelmente trouxe alguns benefícios a Jesus. Apenas a cinco quilômetros a norte de Nazaré, Séforis tinha sido uma linda metrópole greco-romana, uma cidade rica, construída sobre um monte, visível de Nazaré. Estava a ser reconstruída durante a juventude de Jesus por trabalhadores daquela área. Havia muita gente a trabalhar na obra. É muito provável que Jesus tenha trabalhado ali também. Ainda hoje se podem visitar as ruínas dessa cidade espantosa, as suas ruas com colunas, um fórum, um palácio para o governador, umas termas e um ginásio, vivendas luxuosas, feitas de pedra branca e de mármore colorido, mosaicos espantosos, que mostram a riqueza e a opulência desta cidade. Em Séforis, Jesus deve também ter tido contato com os costumes romanos.

A presença de soldados romanos em Israel também despertou em muitos o desejo da vinda do Messias prometido, para os livrar daquele jugo e estabelecer o seu reino. A essa altura apareceram muito pseudo-Messias que dirigiram revoltas, para depois serem esmagados implacavelmente pelo exército romano. Um deles, um profeta conhecido como "O Egípcio", atraiu muitos no deserto, onde proclamava que as muralhas de Jerusalém iam cair ao seu mandado, mas foi chacinado pelos romanos, juntamente com os seus quatro mil seguidores.

Mas apesar dessas circunstâncias, a Bíblia informa que Jesus na sua juventude não ficou obcecado com as dificuldades que enfrentava na vida nem ficou endurecido com as suas circunstâncias a ponto de ser indiferente aos problemas dos seus contemporâneos. Pelo contrário, os Evangelhos dão-nos a entender que Jesus na sua juventude era bem positivo quanto à vida e procurava sempre servir aos outros e contribuir para o bem deles. Lemos a respeito dele: "Crescia Jesus em sabedoria, e em estatura, e em graça para com Deus e os homens" (Lc 2:52).

6

A VIDA DE ORAÇÃO

A oração foi uma das caraterísticas mais importantes da vida e do ministério de Jesus. Embora fosse um homem extremamente ativo, trabalhando sem cessar para realizar a obra que o Pai lhe confiou, ela foi muito importante na vida dele; foi o segredo do seu ministério.

Jesus foi um homem que orava constantemente e em todas as circunstâncias. Vivia em uma atmosfera de oração. Orar era a prioridade da sua vida. Por vezes estava tão ocupado que tinha que se levantar de madrugada para orar (Mc 1:35). Era um hábito que cultivava desde a juventude. Estava tão enraizado que, quando os discípulos precisavam encontrá-lo, e não estava em casa, sabiam onde procurá-lo (Mc 1:36,37).

Os fariseus gostavam de fazer as suas rezas em plena praça pública para que todos pudessem ver quão santos eram, mas Jesus não agia assim. Ele preferia deixar a multidão para orar sozinho (Lc 5:16). Muitas vezes subia ao monte, fugindo da multidão para orar. Em algumas ocasiões passou noites inteiras em oração no monte (Lc 6:12).

Para Jesus orar não era um ato mecânico. Não usava repetições vãs, tal como é normal nas religiões, incluindo o judaísmo. Além disso, ele próprio ensinou os discípulos a não fazerem isso (Mt 6:7). Ele considerava a oração um privilégio. Falava com o Pai celestial que o ouvia. Uma vez, em público, Jesus agradeceu ao Pai por ouvi-lo (Jo 11:41,42). Além de saber que o Pai o ouvia, ele sabia também que o Pai gostava de ouvi-lo. Que alegria o Pai tinha ao ouvir o Filho e que alegria Jesus tinha ao falar com o Pai! Por isso as suas orações não eram monótonas e enfadonhas mas vivas e vibrantes.

    A vida de oração de Jesus mostra-nos, que embora sendo Deus, ele estava satisfeito em limitar-se a ser como toda a humanidade, para cumprir o projeto de salvação do Pai. Como homem, sabia que orar era-lhe necessário e indispensável. Ao estudar a vida de Jesus encontramos várias razões para essa atitude.

Orava porque tinha consciência da necessidade dos outros

    Jesus vivia para servir o Pai e os outros. Por causa disto ele entendeu o quanto as pessoas necessitavam que intercedesse por elas.

    Normalmente estas orações a favor dos outros eram feitas a sós com o Pai, mas uma vez fez uma delas em público: "Levaram-lhe algumas crianças para que lhes tocasse e orasse por elas" (Mt 19:13). Outra vez, na semana antes da sua morte, quando estava com os discípulos, orou com eles abertamente (Jo 17:9). Talvez a oração mais conhecida a favor dos outros é a que ele fez quando estava pendurado na cruz. Enquanto os homens lhe faziam o pior que podiam, o Príncipe da glória preocupava-se com eles; por isso clamou: "Pai perdoa-lhes porque não sabem o que fazem" (Lc 23: 34).

Orava porque tinha consciência do quanto tinha sido abençoado e da necessidade de exprimir a sua gratidão

    Já vimos como a vida de Jesus desde cedo não foi fácil, mas tudo isto não o deixou insensível a tudo o que o

Pai fez por ele. Era grato. Também durante o seu ministério enfrentou dificuldades e problemas de várias ordens sem murmurar, nem uma vez. Pelo contrário, notamos nele um espírito de gratidão por todos os benefícios que recebeu (Mt 11:25).

Lemos que os dois discípulos desanimados, que iam a caminho de Emaús depois da morte de Jesus na cruz, o reconheceram quando ele começou a orar, dando graças (Lc 24:30,31). Reconheceram-no pela sua gratidão e pela maneira como a expressou.

ORAVA PORQUE TINHA CONSCIÊNCIA DO SEU PRÓPRIO VAZIO E DA NECESSIDADE DE COMUNHÃO

Como Filho de Deus, vivera sempre na presença do Pai. Tinha tido sempre a alegria da sua companhia, tinha partilhado as mesmas experiências (Pv 8:30).

Quando veio ao mundo entendeu que nada nem ninguém neste mundo podia jamais substituir o Pai. Nada podia jamais saciar a fome e a sede de estar na companhia dele, de gozar a sua doce presença, de ouvir a sua voz, de sentir o seu toque. Estava consciente da necessidade constante de comunhão com o Pai. Procurou a sua companhia. Não podia viver sem ele. Pela oração vivia sempre na sua presença.

É interessante que Jesus usava um termo de intimidade familiar para se referir ao Pai. Usava a palavra *Abba*, que poderíamos traduzir por "Papai". Nunca ninguém se tinha referido a Deus deste modo. Quando Jesus ensinou os discípulos a orar, ensinou-os a dirigirem-se ao Pai como *Abba*.

Apesar da familiaridade com o Pai, Jesus não era irreverente, como muitas são hoje quando falam com o Deus Altíssimo como se fosse igual a eles. Quando ensinou os discípulos a orar disse-lhes: "Nosso Pai que estás no céu, santificado seja o teu nome..." (Mt 6:9). Estava a mostrar-lhes quão importante é ter sempre reverência por Deus quando falamos com ele. Jesus mostrou essa mesma reverência pelo Pai na sua atitude: "Ajoelhou-se para orar" (Lc 22:41). Depois no Getsêmani caiu sobre o rosto e orou (Mt 26:39). Jesus mostrou uma verdadeira humildade e submissão reverente ao Pai.

Orava porque tinha consciência da sua incapacidade de entender as Escrituras sem a iluminação do Espírito Santo

Os escribas e os mestres da lei, os contemporâneos de Jesus, tinham uma grande paixão pelas Escrituras; no entanto o entendimento que tinham delas era deficiente. Isso acontecia porque em vez de confiar no Senhor para lhes dar entendimento, tal como o salmista orou "Desvenda os meus olhos, para que veja as maravilhas da tua lei" (Sl 119: 1), liam as Escrituras através do filtro das tradições religiosas de séculos. Procuravam entendê-las dependendo das tradições orais deles e do seu raciocínio humano.

Mas Jesus não caiu no erro deles. Ele preferiu andar na escola do Pai a andar nas escolas religiosas dos rabis. O Pai tinha dito a Josué que meditasse no Livro da lei de dia e de noite (Js 1:8). Jesus seguiu esse exemplo, lendo e meditando na Palavra de Deus, deixando o Espírito Santo conduzi-lo à verdade.

Isso fez que Ele tivesse um conhecimento e um entendimento das Escrituras muito para além dos seus contemporâneos.

Orava porque tinha consciência das suas limitações e da necessidade de revelação

Como homem, Jesus era limitado aos conhecimentos que tinham os homens da sua época. Não sabia nada sobre física nuclear nem de tecnologia da informação. Foi um homem como os outros homens do seu tempo. Assim Jesus não nasceu conhecendo o plano diário para a sua vida.

Para entender e viver o seu ministério ele precisava conhecer a vontade do Pai. Por isso procurava constantemente a revelação. Orava pedindo revelação e nunca desistia até que a recebesse (Mt 7:7,8; Jo 11:42). Ao orar estava atento à voz do Pai.

Ele acordava cada dia, de madrugada, para ir perante o Pai e aprender dele. O profeta Isaías pôs as palavras na boca do Servo do Senhor que profeticamente falava de Jesus: "Ele desperta-me todas as manhãs, desperta-me o ouvido para que ouça como aqueles que aprendem" (Is 50:4). Jesus não perdeu esse hábito durante toda a vida. Nunca começava um dia sem saber o que o Pai queria que ele fizesse. Mas não apenas isto. Significava que ao longo do dia mantinha comunhão com o Pai para saber, a qualquer momento, o que era requerido dele.

Assim por meio da oração, o Pai mostrava-lhe o que fazer, o que dizer e quando agir.

Pela oração Jesus seguia o seu caminho, mesmo quando muitos o procuravam para serem curados (Mc 1: 35-38).

Pela oração pôde chamar os discípulos a si e escolher doze para ficarem com ele. Esse acontecimento passou-se depois de uma noite orando, no monte. Assim Jesus apenas fez aquilo que o Pai tinha determinado. Escolheu aqueles que o Pai lhe disse que escolhesse (Lc 6:12,13). Através da oração soube que tinha de ir para Jerusalém e dar ali a sua vida. Informou os discípulos quando tomou consciência disso (Luc. 9: 18-22).

Orava porque tinha consciência da sua fraqueza espiritual e da necessidade de poder

Logo no princípio do seu ministério começamos a entender que Jesus, ainda jovem, deve ter tido uma vida regular de oração. Assim, quando apareceu perto do princípio do seu ministério, a oração era já uma parte integrante da sua vida. Vemos este fato nos episódios do seu batismo no rio Jordão e das tentações no deserto.

O BATISMO

Durante centenas de anos antes da vinda de João Batista o povo judeu esperava ansiosamente a vinda do Cristo, o Messias. Os profetas tinham falado extensivamente sobre este assunto. Mas depois do profeta Malaquias houve um período de quatrocentos anos em que Deus não falou com o povo de Israel por meio dos profetas. No entanto, durante todo esse período Deus não estava operando. Por detrás de todas as circunstâncias ele estava criando as condições necessárias para a vinda do Messias. Então, no tempo certo, Deus levantou João Batista como profeta para preparar o povo de Israel para a vinda do Messias (Ml 3:1; Is 40:3; Mc 1:2,3; Lc 1:17).

João veio pregando no deserto de Judeia. Temos a tendência de pensar que o deserto é uma área com muita areia, mas os desertos em Israel não são bem assim. São compostos de terra árida com pouca vegetação e com escassas pastagens.

A mensagem de João foi: "Arrependei-vos porque é chegado o reino de Deus". Ele procurou preparar o povo para a vinda do Messias em breve, chamando-os a arrependerem-se, a mudarem a sua atitude para com Deus, a confessarem os pecados, a desviarem-se dos seus próprios projetos e a buscarem o projeto de Deus para si.

Centenas e depois milhares de pessoas acorreram para ouvir João pregando no deserto. O historiador judeu Josefo confirma essa informação. João era tão dinâmico que as pessoas deixavam as suas casas, os empregos, as famílias e afluíam para ouvir aquele homem invulgar, por vezes viajando de longe. Muitas daquelas pessoas eram gente comum que tinha sido marginalizada pelos líderes religiosos. João dava-lhes uma esperança. Ouviam-no com atenção e ele dizia-lhes que o arrependimento tinha que produzir um fruto verdadeiro neles. Ele tinha que se tornar evidente aos outros através das suas vidas transformadas. A mensagem dele era ponderosa e produziu arrependimento. As pessoas perguntavam: "Que devemos fazer?".

João não apenas pregava a necessidade de arrependimento, mas também batizava no rio Jordão aqueles que vinham a ele. Naquele tempo o batismo (significando "mergulho") era um acontecimento comum na vida da religião judaica. As pessoas entendiam que tinham sempre presente as contaminações do mundo e por isso havia sempre presente a necessidade de purificação cerimonial. Devido a isso, Jerusalém, em particular a área do Templo, tinha muitos lugares para banhos rituais, escavados na rocha, chamados *mikvaot*, onde os adoradores se imergiam antes de entrar no Templo para oferecer um sacrifício. Além disso, todos aqueles que abraçavam a fé judaica eram imersos em um *mikveh* para marcar a clara linha de distinção entre o seu passado gentílico e o seu futuro como judeus.

Então, um dia Jesus, foi da Galileia e pediu para ser batizado. João tentou evitar isso, dizendo: "Eu careço de ser batizado por ti e vens tu a mim?" Que afirmação admirável, uma vez que João não sabia, naquela altura, que Jesus era o Messias. João e Jesus eram primos, mas a vida de Jesus era tão sem pecado que um parente próximo não via a necessidade de ele ser batizado para o arrependimento. O batismo de João era o batismo de arrependimento, por isso ele não viu necessidade de Jesus ser batizado por ele.

A resposta de Jesus foi: "Deixa por agora, porque assim nos convém cumprir toda a justiça". Por que é que Jesus insistiu com João? Porque tinha recebido revelação através da oração. Quando estava na Galileia o Pai disse-lhe que viajasse para o sul para ser batizado por João. É possível que Jesus não compreendesse porque devia ser batizado mas foi, em submissão ao Pai, como sempre.

Ao ser batizado, Jesus se identificou com os pecadores como nós. Identificou-se com o nosso pecado. Isto não significa que tomou sobre si os nossos pecados na hora do batismo. Ele faria isso só na cruz (1 Pe 2:24). Tal como as pessoas que acumulam tantas dívidas que não conseguem pagar, nós cometemos tantos pecados que nunca conseguiríamos pagar. Mas, quando Jesus veio, ele tomou todas essas dívidas que tínhamos e endossou com o seu nome, dizendo assim que tencionava pagar por nós. Portanto o seu batismo foi um ato de identificação conosco no qual prometeu pagar o preço dos nossos pecados.

Logo que Jesus saiu da água, enquanto ainda orava, a sua identidade foi revelada a João, que dissera: "Eu não o conhecia" (Jo 1:31). João sabia que aquele era o seu primo Jesus mas, até aquele momento, não sabia que ele era o Messias. Mas, quando Jesus saiu da água os céus abriram-se. O Espírito de Deus desceu sobre Jesus como uma pomba que pousou sobre ele. Deus Pai declarou então do céu: "Tu és o meu filho amado, em quem me comprazo." (Lc 3:22). Nesse momento João soube que Jesus era o Cristo, o Messias, porque Deus o tinha enviado a batizar, lhe tinha revelado que o Messias seria aquele sobre quem ele visse o Espírito baixar e pousar (Jo 1:32-34).

Naquele momento quando o Espírito Santo veio sobre Jesus ele recebeu o batismo do Espírito Santo e foi equipado com poder para começar o seu ministério.

As tentações

Imediatamente depois do batismo do Espírito Santo, Jesus foi levado, pelo Espírito, ao deserto. Em Israel, os desertos eram lugares onde os servos de Deus o buscavam em oração (Os 2: 14,15). O Espírito Santo levou Jesus até ao deserto para que pudesse ter um tempo de comunhão ininterrupta com o Pai. Ali jejuou. Os servos de Deus nunca jejuavam sem orar ao mesmo tempo. O jejum, sempre acompanhado de oração, é uma maneira de a pessoa poder humilhar-se perante Deus. Quando lemos que Jesus jejuou, sabemos que orou ao mesmo tempo. Jesus jejuou e orou durante quarenta dias no deserto.

O deserto era também um lugar de prova. Jesus ia ser provado aqui no deserto antes de começar o seu ministério. Deus prova sempre os seus servos antes de usá-los. A palavra grega para "prova" é *Peirasmos*, que, curiosamente, pode ser também traduzida por "tentação".

Diante de uma situação em que temos uma escolha, Deus nos prova mas o Diabo nos tenta. Deus, que nos ama, quer sempre o nosso bem mas o Diabo quer nos destruir. Porém é importante lembrar-nos que o Diabo não pode comparar-se, em poder, com o Deus todo poderoso. Ele era um anjo fiel até que se rebelou contra Deus. Deus permite que ele tenha alguma autoridade, mas o mantém dentro de limites severos.

Deus usa uma situação para nos provar, para podermos mostrar que somos servos fiéis, ao passo que o Diabo procura usar a mesma situação para nos tentar a sermos infiéis a Deus. Assim Jesus foi levado ao deserto para ser provado pelo Pai e para ser tentado pelo Diabo. Mas Jesus venceu as tentações porque tinha orado.

A primeira tentação: achar satisfação nas coisas do mundo

O Diabo foi ter com Jesus, ao fim de um jejum de quarenta dias, quando estava com fome, e sugeriu que se poupasse, que parasse o jejum e que transformasse pedras em pão.

Esta tentação está ligada "a concupiscência da carne" ou "os desejos do homem pecador" (1 Jo 2:16). A filosofia do mundo, a sociedade organizada contra Deus e o seu projeto, é: "Vivamos a vida. Sirvamo-nos. Divirtamo-nos. Comamos, bebamos e alegremo-nos".

Essa prova que Jesus enfrentou foi para mostrar que Jesus estava dependente do Pai e que lhe era obediente em tudo. Diante dela Jesus não hesitou, nem por um momento. Logo respondeu: "Está escrito: nem só de pão vive o homem mas de toda a palavra que sai da boca de Deus". Jesus citou Dt 8:3.

Jesus jejuou porque o Pai tinha mandado. Era-lhe obediente e não iria parar o jejum, sem que o Pai lhe dissesse para interromper. Compreendeu que o seu bem-estar dependia da obediência a tudo o que o Pai ordenasse. Cada palavra que proferia, que saía da sua boca, tinha uma grande importância.

A SEGUNDA TENTAÇÃO: VIVER PARA AS COISAS MATERIAIS

O diabo levou-o a um monte muito alto e mostrou-lhe todos os reinos do mundo e o seu esplendor, e depois disse: "Tudo isto te darei se te encurvares e me adorares".

Essa tentação está ligada: "à concupiscência dos olhos" (1 Jo 2:16). É a tentação de viver para as coisas materiais. A filosofia do mundo é: "O que importa é o que vemos. O que vemos é o que existe. O mundo material é a única coisa que existe, portanto não prestem atenção à ideia de um Deus que não podemos ver. Para quê dar atenção à eternidade? O que vemos é que tem valor". A tentação é querer tudo o que vemos.

Jesus não foi enganado pelo Diabo. Respondeu imediatamente: "Está escrito: Ao Senhor teu Deus adorarás e só a Ele servirás" (Mt 4:10; Dt 6:13). Ele era fiel ao Pai.

A TERCEIRA TENTAÇÃO: PROCURAR A APROVAÇÃO DO MUNDO

O Diabo o levou ao pináculo do Templo e sugeriu que fizesse uma grande demonstração da sua divindade, ao saltar do ponto mais alto, na presença de todas as pessoas ali reunidas. Esse pináculo era provavelmente o canto sudeste do Templo, que está a cerca de 130 metros acima do vale de Cédron.

Essa tentação está ligada "à soberba da vida" ou "a vanglória daquilo que temos." (1 João 2:16). A filosofia do mundo é: "Procura ser popular. Arranja tantos amigos quantos puderes, ainda que tenhas de comprá-los".

Para Jesus, ela estava ligada ao seu ministério. O adversário estava a sugerir que Jesus lançasse o seu ministério com um milagre espetacular, que ia chamar a atenção de todos. Quem não ficaria impressionado com alguém que era capaz de fazer um truque tão impressionante?

O Diabo fomentou o seu argumento usando a Palavra de Deus dizendo: "Lança-te daqui abaixo. Pois está escrito: Que aos seus anjos dará ordens a teu respeito, e tomar-te-ão nas mãos, para que nunca tropeces em alguma pedra" (Mt 4:6). Era uma citação do Sl 91:11,12. O único problema é que foi uma citação errada. O Salmo contém uma condição antes desta promessa. Diz o seguinte: "Se fizer do Altíssimo o seu abrigo, do Senhor o seu refúgio, nenhum mal o atingirá" (Sl 91:9,10) (NVI). A proteção que o Senhor oferece é para aqueles que confiam nele. Não podemos presumir fazer aquilo que queremos e contar que Deus nos acuda sempre que falhamos.

Essa prova era para Jesus mostrar que confiava no Pai. Por isso respondeu imediatamente: "Ao Senhor teu Deus não tentarás". Era uma citação de Dt 6:16 Jesus confiava no Pai. Não sabia tudo pelo que teria que passar, mas era suficiente confiar no Pai. Não se preocupava com a aprovação do homem. O Diabo tentou levá-lo a optar por um outro projeto, diferente do projeto do Pai, mas ele orou e o Pai enviou anjos para ministrarem à sua necessidade (Mc 1:13). Jesus venceu porque tinha orado.

     Durante o ministério de Jesus o Diabo voltou a tentá-lo em várias ocasiões mas Jesus venceu sempre porque orava. Houve uma ocasião em que algumas pessoas procuraram fazê-lo rei. Jesus também viu isso como uma tentativa de desvio do projeto do Pai. Por isso retirou-se imediatamente do meio da multidão e foi a um monte, onde orou e recebeu poder para prosseguir (Jo 6:15; Mc 6:46).

     Jesus viveu uma vida de oração. As últimas palavras que pronunciou antes de morrer foram uma oração.

PANORAMA DO MINISTÉRIO

Jesus começou o seu ministério quando tinha cerca de trinta anos de idade (Lc 3:23)

O Evangelho de João menciona que passaram três festas anuais da Páscoa durante o curso do seu ministério: uma em João 2:13, outra em 6:4, e depois a Páscoa da sua crucificação em 11:55-57. Mas João indica uma outra. Em João 4:35 lemos que faltam quatro meses até à colheita, o que indica fevereiro. A seguir, em João 5:1 lemos de uma "festa entre os judeus" que era uma maneira de se referirem à festa dos Tabernáculos, em setembro. A Páscoa foi entre fevereiro e setembro. Baseados nesta informação, podemos dizer que o seu ministério estendeu-se por três anos.

Na primeira fase do seu ministério, Jesus foi muito popular; milhares de pessoas afluíam a ele para serem curadas. Na fase seguinte começou a oposição a ele e, em uma fase final, devido a uma maior oposição, Jesus concentrou-se mais a ensinar os seus doze discípulos.

Ao olharmos mais de perto para o seu ministério, notamos também três divisões geográficas distintas.

O ministério inicial na Judeia

Quando chegou a hora de iniciar o seu ministério, Jesus foi da Galileia, onde tinha vivido, para o deserto da

Judeia para ser batizado por João Batista no rio Jordão. Depois desse acontecimento e do período de tentação, Jesus começou o seu ministério na Judeia (a província a sul). Era naquela província que estava Jerusalém, o Templo e as escolas das autoridades religiosas. Os valores tradicionais da religião judaica eram muito respeitados ali.

Foi durante essa fase, que durou cerca de um ano (Jo 1:15 a 4:2), que Jesus chamou os primeiros cinco dos seus doze discípulos (Jo 1:35-51). Um dos dois discípulos que deixaram de seguir João Batista para seguir Jesus foi André. O outro foi provavelmente João, embora ele esconda, por modéstia, a identidade dele por ser ele próprio o autor deste Evangelho. O ministério de Jesus nesta fase foi apenas semipúblico (não entrou na vida pública por completo até João Batista ser preso).

Embora a Judeia fosse o foco do seu ministério durante esta fase, Jesus visitava a Galileia de vez em quando. Quando Jesus visitava a Galileia, era mais fácil para os primeiros cinco discípulos (André, Pedro, João, Filipe e Natanael) acompanhá-lo porque era ali que moravam. Assim os cinco estiveram com Jesus quando operou o seu primeiro milagre nas bodas em Caná.

Uma das caraterísticas dessa fase na Judeia foi o modo como muitas pessoas foram atraídas a Jesus. Uma dessas pessoas, Nicodemos, um fariseu e membro do Sinédrio, foi falar com Jesus de noite.

O episódio que ficou mais focado nessa fase do ministério de Jesus foi a purificação do Templo.

Quando a festa da Páscoa chegou, Jesus foi para o Templo acompanhado por aqueles cinco discípulos. Naqueles dias Jerusalém estava cheia de peregrinos, vindos de todo o território de Israel mas também de outros países. Vinham para adorar a Deus. Todos os homens judeus tinham que ir ao Templo em Jerusalém uma vez por ano, na Páscoa. Ali pagavam um imposto, que era no valor de meio *shekel* e que não podia ser pago em moedas romanas ou gregas porque elas continham imagens pagãs. Devido a isso, os peregrinos tinham que cambiar a moeda estrangeira para *shekels* judaicos. Além disso, os cordeiros oferecidos para os sacrifícios não podiam ter mancha nem defeito.

Durante muitos séculos o dinheiro era cambiado e os animais vendidos em uma área fora do templo, mas, no tempo de Jesus, a família corrupta do sacerdote Anás mudou tudo. Instalaram lojas no Pátio dos Gentios para vender produtos certificados: ovelhas, bois, pombas, vinho e azeite, tudo o que era necessário para oferecer sacrifícios. Naquelas lojas também se trocava dinheiro aos peregrinos com câmbios inflacionados. Ora, o Pátio dos Gentios era o Pátio mais exterior dos três pátios do Templo, o único onde podiam entrar os gentios que estivessem interessados em conhecer o Deus de Israel e louvá-lo.

Jesus desaprovou esse mercado porque estava a impedir que os gentios viessem a conhecer Deus. Por isso expulsou as ovelhas e o gado, derrubou as mesas dos cambiadores e disse aos que vendiam os pombos: "Tirai daqui estes e não façais da casa de meu Pai casa de venda". Ao agir assim Jesus mostrou o seu zelo pela casa do Senhor, sem deixar de ser sensível aos vendedores dos pombos. Se os tivessem soltado nunca mais teriam sido recuperados.

A mudança para a Galileia

Mas, no tempo em que João Batista foi preso por Herodes, Jesus tomou mais consciência da hostilidade dos fariseus. Os fariseus viam que Jesus estava a tornar-se mais popular do que João Batista. Então Jesus saiu da Judeia e foi para a Galileia para não entrar em confrontos desnecessários com os fariseus, sabendo que não tinha chegado a hora da sua morte (Jo 4:1-3; Mc 1:14). Foi também para preencher o vazio deixado por João Batista que fora preso. Porém é bom notar que Jesus não foi para a Galileia para fugir de Herodes. Este Herodes era o Herodes tetrarca. Ele governava na Pereia (onde prendeu João Batista) e na Galileia (para onde Jesus se dirigiu).

Em vez de ir pela rota que os judeus tomavam, que consistia em atravessar o rio Jordão duas vezes, passando pela Pereia, uma província judaica na margem oriental do rio (hoje em dia parte da Jordânia), Jesus fez aquilo que nenhum outro judeu faria. Passou por Samaria, que fica entre a Judeia e a Galileia. Ali Jesus conheceu e transformou a vida vazia de uma mulher samaritana (Jo 4).

O MINISTÉRIO NA GALILEIA

Aqui Jesus concentrou a maior parte do seu ministério, trabalhando incessantemente durante dezoito meses. O primeiro ano foi de popularidade crescente, chegando ao fim quando a multidão quis fazer dele rei. Seguiu-se um período de cerca de seis meses em que Jesus se retirou para as regiões além da Galileia e se concentrou mais em ensinar os discípulos. Mas, mesmo nessa fase, ajudou muitas pessoas necessitadas.

Jesus voltou a sua atenção à Galileia pelo fato de ali se achar a maior concentração de judeus no território de Israel. Outra razão foi que as pessoas dali, sendo menos legalista e fanáticas, estavam mais abertas a Jesus e à sua mensagem. Ainda outra razão foi que seria dali que Jesus ia despertar o maior número de discípulos que mais tarde fariam parte da Igreja. Depois da sua ressurreição, Jesus se encontrou com mais de quinhentos discípulos da Galileia (1 Cor 15:6).

Por todo esse período vemos as multidões curiosas e fascinadas pelos ensinamentos e milagres de Jesus.

Em contrapartida, as autoridades religiosas, especialmente na Judeia, endureciam a sua determinação contra Jesus, passando da suspeita e do ceticismo para a inveja e o ódio e depois para a conspiração para matá-lo. O relato dos Evangelhos mostra o entrelaçar do entusiamo popular com a hostilidade das autoridades religiosas nessa fase.

Assim que Jesus chegou à Galileia começou a ensinar nas sinagogas.

AS SINAGOGAS

As sinagogas surgiram durante o exílio na Babilônia, depois da destruição do Templo de Jerusalém. O povo hebraico tinha uma paixão pelas Escrituras Sagradas, querendo aprender aquilo que Deus tinha para lhes falar. Precisavam de um lugar onde as Escrituras pudessem ser lidas e ensinadas; por isso criaram as sinagogas. Onde quer que eles estivessem, sempre que houvesse dez homens judeus, um *minyan*, tinha que se formar uma sinagoga. Ali na primeira fila sentavam-se os anciãos, com os homens atrás deles; as mulheres sentavam-se nas áreas laterais contra a parede.

Na adoração na sinagoga um homem, o chefe da sinagoga, administrava os assuntos e coordenava os cultos. Eram lidas duas partes das Escrituras: uma dos livros da Lei e outra dos Profetas. Se estivesse presente alguma pessoa condigna era costume o chefe pedir que lesse das Escrituras e comentasse a respeito.

EM NAZARÉ

Jesus foi para Nazaré, a cidade onde cresceu. Nazaré não é mencionada no Velho Testamento. Depois do exílio na Babilônia, a Galileia (onde era Nazaré), foi povoada por tantos gentios que passou a ser conhecida como "a Galileia dos Gentios". Mas no século II a.C. Aristóbulo, o Macabeu, conquistou a Galileia e judaizou-a. O seu plano era conquistar esta área e passar para lá colonos judeus vindos da Judeia. Nazaré tornou-se uma dessas cidades colonas. Ora os enclaves de colonos tendem a ser bastante nacionalistas.

Nazaré nos dias de Jesus era também um lugar onde as expectativas do Messias eram grandes. Esperavam o Messias que iria libertá-los dos romanos. Uma das profecias que devem ter tido como favorita era Isaías 61:5 a 7:

> E haverá estrangeiros que apascentarão os vossos rebanhos: estranhos serão os vossos lavradores e os vossos vinheiros. Mas vós sereis chamados sacerdotes do Senhor, e vos chamarão ministros do nosso Deus: comereis a abundância das nações, e na sua glória vos gloriareis. Por vossa dupla vergonha, e afronta, exaltarão pela sua parte; pelo que, na sua terra possuirão o dobro, e terão perpétua alegria.

Portanto o povo de Nazaré viu a era de ouro do Messias como um tempo de grande prosperidade, em que os estrangeiros fariam o trabalho para eles, para que eles dedicassem todo o seu tempo a servir o Senhor.

Quando Jesus chegou a Nazaré frequentou o culto de adoração no sábado na sinagoga. Depois de ter sido lida a passagem da Lei, convidaram Jesus a ler uma passagem dos Profetas e a fazer alguns comentários. Ele se pôs de pé e foi-lhe entregue o rolo manuscrito do livro do profeta Isaías. Desenrolando-o, abriu no capítulo 61. Começou a ler:

"O Espírito do Senhor está sobre mim" mas para irritação dos que estavam presentes, parou de ler logo depois das seguintes palavras: "a apregoar o ano aceitável do Senhor" (vers. 2).

Ao fazer isto, Jesus deixou de fora o resto do versículo, que continha as palavras: "e o dia da vingança do nosso Deus". Ao parar aqui ele também deixou por ler os versículos seguintes que falavam da supremacia judaica sobre os gentios, como vimos acima.

Jesus entregou o rolo ao assistente e sentou-se, como faziam os rabis quando ensinavam. A congregação fixou os olhos nele. Para sua surpresa, Jesus disse: "Hoje se cumpriu esta escritura em vossos ouvidos". Lemos que "todos lhe davam testemunho" (em grego, *emartyroun auto*). Estariam a favor dele ou contra ele? Ao lermos o que se seguiu é óbvio que testemunharam contra ele. Como é que ele podia ser de Nazaré e não entender que a esperança dos habitantes da cidade era que um dia Deus se vingasse dos gentios que lhes tinha causado tanto sofrimento? Como podia ele mudar a passagem bíblica favorita deles, uma passagem que falava da vingança contra os gentios para uma passagem de misericórdia para todos? E depois dizer que hoje se cumpriu esta escritura aos vossos ouvidos! Absurdo. Não podia ser. Onde estava a vingança prometida? Onde estava o futuro glorioso que sonhavam?

Como podia ele ser o Messias? Tinha que ser um impostor. Ficaram tão furiosos que tentaram matá-lo quando saíram da sinagoga. Este foi o início da oposição que Jesus sofreu na Galileia.

Em Cafarnaum

Pouco tempo depois Jesus fixou-se na cidade de Cafarnaum nas margens do mar da Galileia. Quando Jesus viveu em Cafarnaum, na área de Zebulom e Naftali, cumpriu uma profecia do profeta Isaías:

"A terra de Zebulom e a terra de Naftali, a Galileia das nações [...] o povo que estava sentado em trevas viu uma grande luz" (Mt 4:12-16; Is 9:1,2).

A Galileia foi muito influenciada por ideias pagãs. Com o passar do tempo, muitos dos judeus que viviam na Galileia perderam a noção de serem o povo do Senhor.

O Deus vivo já não era real nas suas vidas e viviam como os vizinhos gentios, pagãos. Isaías descreveu a condição em que se encontravam quando disse que viviam "em trevas" e "na região da sombra da morte". Viviam sem Deus, sem revelação e sem esperança. Mas "viram uma grande luz" quando Jesus veio e viveu no meio deles. Jesus é a luz do mundo. A luz brilhou no meio do seu povo quando ele veio para viver com eles. Revelou-lhes um Deus que os amava e que aceitava os pecadores arrependidos.

Foi em Cafarnaum e ao seu redor que a maioria do ministério de Jesus se processou (Mt 4:12 a 18:35; Jo 6:1 a 7:9). Foi ali que os discípulos, que tinham conhecido Jesus na Judeia, passaram mais tempo com ele. Era fácil para os pescadores reconciliarem o seu trabalho como pescadores com o serem discípulos de Jesus. De noite pescavam e de dia acompanhavam Jesus. Nesse período ouviram Jesus ensinar e o viram operar muitas curas (Lc 4:14-41).

Mas em uma manhã junto ao Mar da Galileia tudo mudou para eles. Tinham pescado toda a noite mas não apanharam nada. Jesus disse que saíssem para o mar outra vez e que lançassem as redes. Quando fizeram assim, apanharam muito peixe. Foi então que Jesus os chamou a seguirem-no. Deixaram tudo para trás para o seguirem. Isso não foi fácil. Sabemos que Pedro, por exemplo, era casado e tinha responsabilidades familiares.

Tendo Cafarnaum como base, Jesus fez três circuitos de viagem em que visitou as cidades e as aldeias da Galileia durante um período de cerca de dezoito meses, acompanhado pelos discípulos. No primeiro circuito de viagem, logo no início do ministério na Galileia, fez-se acompanhar por poucos discípulos (Mc 1:39). No segundo circuito, alguns meses depois, foi acompanhado pelos doze (Lc 8:1-3). Esse circuito também deve ter durado semanas, até meses. No terceiro, depois de quase um ano na Galileia, enviou os doze à sua frente, em equipes de dois, mas não antes de lhes ter dado as mesmas instruções já fornecidas aos discípulos durante todo o período da Igreja (Mt 10:1-11:1; Mc 6:6-12; Lc 9:1-6).

Durante essas viagens Jesus ensinava nas sinagogas por toda a Galileia (Mt 4:23). Deu também extensos ensinamentos ao ar livre para as grandes multidões que vinham de toda a parte e se apinhavam para o ouvir. As pessoas vinham de toda a Galileia, de toda a Judeia e da área costeira de Tiro e Sidom (Lc 6:17). Falou às multidões no campo e junto ao mar da Galileia. Foi nesse período que pregou "o sermão do monte" (Mt 5:1 a 7:28), "o sermão da planície" (Lc 6:17-49) e o "sermão do mar" (Mc 4:1-33). Através do seu ensino, desafiou as opiniões religiosas das autoridades e ofereceu esperança e significado às vidas de muitas pessoas comuns.

Jesus não apenas ensinou as multidões mas também operou muitos milagres e curas. No entanto, devido à onda de fervor messiânico que tinha a tendência de se gerar ao redor desses acontecimentos, Jesus dizia muitas vezes às pessoas curadas para não divulgarem o que tinha acontecido, como por exemplo, o leproso (Mc 1:43,44). Jesus sabia que a publicidade destes milagres poderia impedir a sua missão e distrair o público, que não prestaria atenção à sua mensagem. Marcos diz que foi exatamente isso que aconteceu. Esse homem ficou tão emocionado com a sua cura milagrosa que desobedeceu à ordem. O resultado foi Jesus ter de deixar de ministrar naquela cidade e ter que ir para os seus arredores (Mc 1:45).

Mas nem todos pensavam que Jesus era o Messias. Jesus era um enigma para as pessoas. Depois de ter ressuscitado o filho da viúva de Naim, as pessoas ficaram com a certeza de que ele era um grande profeta. Alguns sentiram que ele era o Messias mas outros duvidaram. Quando alguns perguntaram: "Pode este ser o Filho de Davi (o Messias)?". Muitos duvidaram.

Depois lemos que chegou a Festa da Páscoa (Jo 6:4), mas o contexto leva a crer que Jesus não subiu a Jerusalém nesta altura porque as autoridades religiosas queriam matá--lo (Jo 7:1). Temiam que uma onda de atividade messiânica, gerada ao redor de Jesus no norte, levasse a uma revolta contra os romanos e que os romanos retaliassem. Até então tinham falhado todas as suas tentativas de extinguir o fervor messiânico. Entenderam que havia apenas uma solução. Ele tinha que morrer. Então conspiraram para lhe tirar a vida. Jesus deixou de ir não por medo, mas porque entendeu que a hora de dar a sua vida em sacrifício ainda não tinha chegado.

Nesses dias Jesus alimentou uma multidão de cinco mil pessoas, usando apenas cinco pãezinhos e dois peixes. Os que estavam presentes declararam: "Este é, verdadei-ramente, o profeta (o Messias) que devia vir ao mundo" (Jo 6: 14). Estavam tão convencidos que até conspiravam fazê-lo rei à força (Jo 6:15). Jesus afastou-se logo porque não estava interessado em ser rei para expulsar os romanos. Sabia que isso não fazia parte do projeto de Deus para ele. Por isso afastou-se da multidão.

Mas o povo o seguiu. No dia seguinte Jesus entrou na sinagoga de Cafarnaum onde estava muita gente. Jesus acusou-os de estarem interessado apenas na comida que lhes tinha oferecido. Ele explicou que o pão que interessa é o pão do céu, não o pão material. De fato disse que ele é o pão da vida (Jo 6:35). A seguir disse que, para ter a vida eterna era preciso comer a sua carne e beber o seu sangue. Os rabis costumavam dizer que comer e beber a carne e o sangue do mestre era dar atenção, mas também obedecer, ao que ele dizia, tanto no exterior como no interior. Esta era uma chamada para se definirem. Muitos que eram discípulos só de aparência ficaram ofendidos e deixaram de segui-lo. A partir daquele momento cada vez menos pessoas o seguiam, mas os doze discípulos ficaram com ele.

Jesus se retirou então com os seus discípulos para as áreas gentílicas (a Fenícia e Decápolis) que rodeavam a Galileia nos meses finais desta fase do seu ministério. Alguns estudiosos têm chegado à conclusão de que Jesus passou quase uma terça parte dos seus três anos de ministério entre os gentios. Esse fato espantoso tem sido obscurecido pela ênfase que se dá ao seu ministério entre os judeus mas mostra quanto Jesus tentou dar aos seus discípulos uma ideia da sua missão entre os gentios para além dos judeus.

Nessa oportunidade, Jesus se retirou para áreas gentílicas por três razões. Primeiro, Herodes, que vivia em Tiberíade (tendo fundado essa cidade e feito dela a capital da Galileia) ouviu falar do grande sucesso do último dos três circuitos feitos por Jesus e pelos seus discípulos, e estava começando a ameaçar. Segundo, Jesus afastou-se por causa do conflito com as autoridades religiosas, a qual tinha intensificado. Terceiro, Jesus saiu de Galileia para dar mais atenção a ensinar os discípulos (Mc 7:24 a 9:50).

Nos últimos dias do seu ministério na Galileia Jesus levou alguns dos seus discípulos a Cesareia de Filipe, onde lhes perguntou quem pensavam que ele era. O discípulo Pedro respondeu: "Tu é o Messias (o Cristo), o filho do Deus vivo". Logo a seguir Jesus revelou, pela primeira vez, que seria rejeitado pelas autoridades religiosas e seria morto mas que ressuscitaria ao terceiro dia (Mc 8:31,32). Pedro não podia aceitar isto. Por quê? Porque, juntamente com quase toda a sua geração, não entendeu o verdadeiro ministério de Jesus. Só mais tarde é que entendeu juntamente com os outros discípulos.

Seis dias depois Jesus subiu a um monte alto com Pedro, Tiago e João. Ali Deus Pai permitiu-lhes verem a glória de Jesus. Mateus, Marcos e Lucas narram este acontecimento. João não fala dele, mas refere-se a ele indiretamente no início do Evangelho, quando escreve: "e vimos a sua glória, como a glória do Unigênito do Pai. Deus nunca foi visto por ninguém; o Filho unigênito, que está no seio do Pai, esse o fez conhecer" (Jo 1:14-18).

Lucas conta então que, quando Jesus orava, o aspecto do seu rosto mudou. Mateus diz que Jesus foi transfigurado na presença daqueles apóstolos. A palavra grega que se traduz para "transfigurar" é *metamorfoo*. Significa uma transformação da forma da essência, procedente de dentro. A sua glória, escondida durante a sua existência como homem, foi mostrada por uns breves momentos (Era a glória *Shekinah* vista no Tabernáculo). Foi tal esta glória na ocasião que a estrutura humana e a roupa de Jesus não puderam escondê-la. O rosto dele brilhou como o sol e as suas vestes se tornaram brancas e resplandecentes como se fossem luz.

Naquele momento apareceram Moisés e Elias, que falaram com Jesus. Lucas diz: "falavam da sua morte (literalmente: 'partida'), a qual havia de cumprir-se em Jerusalém" (Lc 9:31). A palavra "partida" aqui contrasta com a "vinda". A vinda de Jesus ao mundo foi diferente da de todas as outras pessoas. A sua partida também foi diferente. Ela incluiu a morte, mas também a sua ressurreição e ascensão. Tendo cumprido a sua missão, Moisés e Elias preparavam-se para deixá-los mas Pedro sugeriu que fossem feitos três abrigos temporários, para Jesus e para os dois visitantes. Enquanto ainda falava, uma nuvem luminosa envolveu-os e ouviu-se uma voz do céu, que disse: "Este é o meu amado Filho, em quem me comprazo: Escutai-o" (Mt 17:5).

Os discípulos nunca se esqueceram dessa experiência. Mais tarde Pedro escreveu:

> Porque não vos fizemos saber a virtude e a vinda de nosso Senhor Jesus Cristo, seguindo fábulas artificialmente compostas; mas nós mesmos vimos a sua majestade. Porquanto ele recebeu de Deus Pai

> honra e glória, quando da magnífica glória lhe foi dirigida a seguinte voz: Este é o meu Filho amado, em quem me tenho comprazido. E ouvimos esta voz dirigida do céu, estando nós com ele no monte santo (2 Ped 1:16-18).

Esse vislumbre de quem ele era realmente foi dado aos discípulos para fortalecer a sua fé para os dias difíceis que se seguiram.

Imediatamente depois disto, um homem chegou com o filho endemoninhado. Jesus curou-o. A multidão presente ficou atônita mas Jesus voltou-se e falou baixo para os seus discípulos: "Ponde vós estas palavras em vossos ouvidos, porque o Filho do homem será entregue nas mãos dos homens". Os discípulos não entenderam o que ele queria dizer (Lc 9:43,44).

Essa cena marcou o tom dos últimos seis meses do ministério de Jesus. Se, por um lado ensinava muito as multidões, por outro tomava por vezes os doze discípulos à parte para prepará-los para a grande tempestade que estava por vir.

Pouco depois disto Jesus saiu da Galileia.

A ÚLTIMA FASE DO MINISTÉRIO NA JUDEIA E NA PEREIA

A seguir Jesus focou a sua atenção em Jerusalém, onde sabia que ia ser preso, julgado injustamente e condenado à morte para assim poder ser o Cordeiro de Deus, carregando sobre si o pecado da humanidade (Mc 10:1; Lc 9:51).

Mas passariam cerca de seis meses até que isso acontecesse. Durante essa fase Jesus fez sistematicamente um circuito entre a Samaria, a Judeia e a Pereia, que se situava na margem oriental do rio Jordão; a ideia era visitar todas as cidades e aldeias daquela área (Mt 19:1 a 20:34; Mc 10:1-52;

Lc 9:51 a 19:27; Jo 7:2 a 12:11). Ele realizou o seu ministério treinando e enviando 35 equipes de dois discípulos para preparar o caminho para ele (Lc 10:1-24).

Durante essa fase, além de pregar e de ensinar as multidões que se reuniam ao seu redor, ensinava intensivamente os seus discípulos, tentando fazê-los entender quão importante era que ele fosse para Jerusalém para ser morto. Mas foi também nessa fase em que a oposição das autoridades religiosas ficou mais intensa. Desde o princípio opuseram-se a Jesus porque ele expunha a ignorância e hipocrisia deles, mas nessa fase estavam sempre presentes para atacá-lo. Baseados nisso, temos que pensar que a oposição era composta por vários grupos de escribas e fariseus porque era impossível que o mesmo grupo pudesse sofrer tanta humilhação diante do povo e ainda voltar para mais.

Em geral não se tem entendido muito bem essa fase do seu ministério. Os escritores dos Evangelhos contam dois acontecimentos-chave os quais ajudam a definir o seu início e o seu fim. O primeiro é a Transfiguração. O segundo é o encontro com o jovem rico. Ao compararmos Mateus, Marcos e Lucas descobrimos que Lucas dá muito mais informação, dedicando mais de dez capítulos (Lc 9:51 a 19:26).

João diz que Jesus visitou o Templo três vezes durante os últimos seis meses. Primeiro foi durante a festa dos Tabernáculos, depois na festa da Dedicação (Hanukkah) em dezembro e, finalmente, na Páscoa.

Quando Jesus saiu da Galileia era por volta da festa dos Tabernáculos (Jo 7). A viagem da Galileia até Jerusalém demorava geralmente três dias. Jesus escolheu outra vez passar por Samaria. Mas, quando as pessoas se recusaram a dar hospitalidade aos seus discípulos, ele foi para leste, atravessando o Jordão e seguindo a rota normal até Jerusalém. Isso fez que fosse até Betânia, uma aldeia a três quilômetros de Jerusalém, no outro lado do Monte das Oliveiras.

Ali encontrou uma família que o acolheu e que era constituída por Lázaro e as duas irmãs, Marta e Maria. Quando Jesus chegou, Lázaro estava ausente, provavelmente por ter ido para a festa. As mulheres que viviam ali estavam dispensadas de assistir à festa porque estavam ocupadas a tratar dos hóspedes peregrinos. Naquela casa vemos Maria sentada aos pés de Jesus como uma discípula.

Betânia tornou-se para Jesus durante os últimos meses o que Cafarnaum tinha sido durante a sua estadia na Galileia.

Jesus assistiu à festa dos Tabernáculos em Jerusalém. Essa festa era considerada por muitos como a mais importante. Além de celebrar a provisão de Deus quando viveram em tendas no deserto na sua saída da escravidão do Egito, celebrava também a sua provisão nas colheitas de cada ano.

Jesus não tinha assistido a nenhuma festa durante mais de dezoito meses enquanto esteve no norte, porque tinha procurado evitar controvérsia desnecessária. Espalhou-se a notícia de que Jesus vinha à festa, no entanto ele só chegou quando ela estava para terminar. As autoridades religiosas estavam à sua espera. Falava-se muito dele no meio da multidão, mas em voz baixa, com medo das autoridades. Havia quem dissesse que era um homem bom enquanto outros achavam-no um enganador.

Ao chegar Jesus começou logo a ensinar nos pátios do Templo. As pessoas admiravam-se com os seus ensinamentos e em como as autoridades não conseguiam confrontá-lo. Então no último dia da festa Jesus pôs-se de pé e disse em alta voz: "Quem tem sede, venha a mim e beba!" Essas palavras dividiram a multidão. Alguns diziam que ele era um profeta, outros, que era o Messias e outros duvidavam dele. Alguns queriam agarrá-lo mas ninguém lhe pôs a mão.

Jesus continuou a viajar pela Judeia e Pereia depois de terminada a festa. A tensão ao redor dele continuava a aumentar.

Então, entre dois a três meses depois, assistiu à festa da Dedicação (Lc 13:22; Jo 10:22). Nessa festa a nação celebrava o herói nacional Judas Macabeu que tinha libertado o Templo e a cidade de Jerusalém do domínio estrangeiro algumas gerações atrás. Essa festa, mais do que as outras, despertava a esperança da liberdade que o Messias traria. Assim que Jesus apareceu as autoridades religiosas rodearam-no e disseram-lhe: "Se tu és o Cristo (Messias), dize-no-lo abertamente" Jesus respondeu: "Já vo-lo tenho dito, e não o credes. As obras que faço em nome de meu Pai, essas testificam de mim. Mas vós não credes, porque não sois das minhas ovelhas, como já vo-lo tenho dito. As minhas ovelhas ouvem a minha voz, e eu as conheço, e elas me seguem; eu dou-lhes a vida eterna, e nunca hão de perecer, e ninguém as arrebatará da minha mão. Meu Pai, que mas deu, é maior do que todos; e ninguém pode arrebatá-las da mão do meu Pai. Eu e o Pai somos um" (Jo 10: 25-30). Pegaram então em pedras na área do Templo para apedrejá-lo porque ele dizia ser Deus.

Depois desse episódio Jesus retirou-se da cidade e ficou novamente nas áreas da Judeia e da Pereia (Jo 10:40-42). Grandes multidões o seguiam, como tinha acontecido no primeiro ano do seu ministério na Galileia (Lc 14:25).

Algum tempo depois morreu Lázaro, que era amigo de Jesus, em Betânia. Cheio de coragem, Jesus foi até lá, sabendo que as autoridades queriam matá-lo. Ali ressuscitou o defunto que já estava morto havia quatro dias. Esse milagre impressionou muitas pessoas, mas também foi útil como catalisador para finalizar o plano de matar Jesus. Temendo perder as suas posições de poder, os sacerdotes e os fariseus fizeram uma reunião especial do Sinédrio. Nela o sumo sacerdote declarou: "convém que um homem morra pelo povo, e que não pereça toda a nação" (Jo 11:50). João comentou o seguinte no seu Evangelho: "Ora ele não disse isto de si mesmo, mas, sendo o sumo sacerdote naquele ano, profetizou que Jesus devia morrer pela nação" (Jo 11:51,52). Conspiraram definitivamente para lhe tirarem a vida a partir daquele dia.

Por isso pouco tempo depois da ressurreição de Lázaro terminou o ministério na Pereia. Sabendo que ainda não tinha chegado a sua hora, Jesus sabia que não podia andar livremente em público no meio dos judeus. Retirou-se para uma aldeia chamada Efraim, na parte norte da Judeia, onde ficou com os discípulos (Jo 11:54). Dali continuava a ajudar as pessoas necessitadas. Foi nesta altura que curou dez leprosos, que abençoou as crianças que foram levadas até ele e que falou como o jovem dirigente rico (Lc 17:11-19; 18:15-17; 18:18-27).

A seguir Jesus disse aos discípulos que ia de novo para Jerusalém. Aproximava-se a Páscoa. Profetizou que seria traído, zombado, cuspido e morto mas que ressuscitaria ao terceiro dia (Lc 18:31-33). Jesus estava cada vez mais ciente da hora em que ia morrer. Muitas vezes João escreve no seu Evangelho a que "ainda não era a hora", ou que "a hora ainda não tinha chegado" para (Jesus) morrer (Jo 7:8; 8:20). Quando Jesus falava abertamente com os discípulos dessa maneira eles não entendiam o que ele estava a falando.

A caminho de Jerusalém passou por Jericó. Ali curou o cego Bartimeu e salvou o chefe dos cobradores de impostos Zaqueu (Lc 18:35-43; 19:1-10). É espantoso como Jesus, com o conhecimento pleno da sua morte iminente pesando sobre si, se preocupava apenas com aqueles que veio salvar!

Jesus chegou a Betânia, seis dias antes da festa da Páscoa, na casa de Lázaro, que ele tinha ressuscitado. Foi-lhe oferecido um jantar em que Maria mostrou o seu apreço por Jesus, ungindo-o com óleo. No dia seguinte ele entrou em Jerusalém, montado em um jumento, em meio à aclamação de uma grande multidão. Os fariseus entraram em ação quando viram quão popular Jesus se tinha tornado. No dia seguinte, quando os sumo sacerdotes e os fariseus ouviram Jesus falar no Templo, dando ensinamentos contra eles, procuraram uma maneira de prendê-lo, mas tiveram medo do povo porque muitos criam que ele era profeta (Mt 21:46).

Dois dias antes da festa os sumo sacerdotes e os anciãos reuniram-se no palácio do sumo sacerdote principal e conspiraram para prender Jesus e o matar (Mt 26:1-5). Mas não quiseram fazer isso durante a festa porque temiam um tumulto entre o povo. O *timing* é significativo não apenas porque na altura da Páscoa havia uma maior expectativa do Messias, mas também porque a cidade estava cheia de milhares de pessoas com esta expectativa. Uma vez que a Páscoa lembrava o tempo em que Deus levantou um libertador, Moisés, para libertar o povo de Israel da opressão estrangeira, esta festa encorajava sentimentos patrióticos e de antecipação messiânica. Os romanos estavam mais vigilantes e prontos para atacar ao menor sinal de revolta.

Os dirigentes religiosos não queriam matar Jesus durante a Páscoa, mas acabaram por fazê-lo. O plano deles mudou quando Judas se ofereceu para ajudar a prender Jesus discretamente.

Os chefes religiosos não descansaram enquanto não cumpriram o propósito de se livrarem de Jesus. Para tal, colaboraram com o mundo gentílico, representado pelo procurador romano, Pôncio Pilatos, agindo em nome de César. Assim as principais forças sociais e políticas, os saduceus (que eram os sumo sacerdotes e as famílias aristocráticas), os fariseus e os herodianos (que apoiavam Herodes) e Pilatos uniram-se quanto ao propósito de matar Jesus de Nazaré.

O apóstolo Pedro referiu-se a esse fato no dia de Pentecostes quando disse: "a este (Jesus) que vos foi entregue pelo determinado conselho e presciência de Deus, tomando-o vós (a liderança judaica), o crucificastes e matastes pelas mãos de injustos (gentios, romanos)" (At 2:2).

# 8

A OPOSIÇÃO

Durante séculos Deus enviou profetas ao povo de Israel para revelar a sua vontade, mas o povo rejeitou-os, um após outro, maltratando uns e chegando até a matar outros. Mas o Senhor, com muita paciência, não desistiu de amar o seu povo. Mesmo sabendo como tinham rejeitado e maltratado os seus profetas, ele enviou por fim o seu Filho amado.

Deus Pai manteve o Filho junto a si até que chegou o momento exato em que este devia vir à terra. Quando Deus o enviou, foi na plenitude dos tempos (Gl 4:4). Deus faz sempre tudo na hora certa (At 17:26,27). O Filho de Deus veio ao mundo na hora exata, não só do ponto de vista profético, mas até mesmo do ponto de vista histórico. Deus preparou todas as coisas para a vinda de Jesus até ao mínimo pormenor. Por exemplo, Jesus veio em uma época em que o império romano tinha unificado o mundo, o que ia facilitar a divulgação da mensagem do Evangelho. Havia uma língua em comum, o grego. Havia também muitas estradas e a *pax romana*, que facilitava muito a deslocação de pessoas pelo império, o que ia contribuir nos primeiros anos da Igreja apostólica.

Quando o Filho veio não se transferiu simplesmente do céu para o planeta Terra. Aquele que era Deus tornou-se homem, aquilo que nunca havia acontecido antes, enquanto continuava a ser o que tinha sido sempre, o Filho de Deus.

O profeta Isaías disse que o seu nome seria Emanuel, que significa "Deus conosco". Foi isso que aconteceu quando Jesus nasceu. João diz-nos no seu Evangelho: "O Verbo se fez carne e habitou entre nós" (Jo 1:14). Quando João usa a expressão: "e habitou entre nós" usou a palavra grega *skenoun*, derivada da palavra hebraica *mishkan* e que significa "tabernacular". A palavra *mishkan* dá-nos a palavra *shekinah*, que os judeus usavam para se referirem à glória de Deus no Tabernáculo. Portanto, quando João diz que ele habitou entre nós, está a pensar na presença de Deus no Tabernáculo entre o seu povo, no deserto. É por isso que escreve imediatamente a seguir: "Vimos a sua glória, como a glória do unigênito do Pai, cheio de graça e de verdade" (Jo 1:14). Tal como a glória de Deus se revelou no Tabernáculo, também a glória de Deus foi vista na vida de Jesus de uma maneira única e singular.

Mas, por mais incrível que pareça, Israel, que rejeitou os profetas, também rejeitou Jesus, o Filho de Deus. João escreveu: "Estava no mundo, e o mundo foi feio por ele, e o mundo não o conheceu. Veio para o que era seu, e os seus não o receberam" (Jo 1:10,11).

Sabemos que, quando foi a Nazaré, onde foi criado, o povo o rejeitou e quis matá-lo. Apesar disto, quem fez a maior oposição a Jesus não foi o povo de Israel mas sim as autoridades civis e principalmente as religiosas. Para entender melhor esta oposição precisamos estar informados acerca dessas autoridades religiosas.

As autoridades religiosas

Quando o Tabernáculo foi levantado no tempo de Moisés, foram separados sacerdotes para servir a Deus, oferecendo os sacrifícios. Na época do Templo de Salomão os sacerdotes, além de oferecer sacrifícios, ensinavam a Lei de Moisés ao povo.

Durante e depois do cativeiro da Babilônia aconteceram várias mudanças. O Templo tinha sido destruído, por isso não havia sacrifícios para oferecer. Os sacerdotes dedicavam-se ao ensino da Lei. Surgiram neste tempo escribas que copiavam as Escrituras à mão, tomando um cuidado extremo para assegurar cópias perfeitas do texto. Os sacerdotes e os escribas no tempo do regresso do cativeiro eram quase idênticos. Contudo, no século II a. C., no tempo dos Macabeus, eles se dividiram em dois grupos distintos. Os sacerdotes passaram a formar um grupo chamado "os saduceus". Os escribas passaram a ser chamados "os *hasidim*" (os fiéis a Deus). Mas em poucos anos dos *hasidim* saíram mais dois grupos: "os fariseus" (os separados) e os Essênios.

OS ESCRIBAS

Os escribas que copiavam as Escrituras à mão passaram a ser os peritos na Lei. Chamavam-lhes rabis/rabinos que, até ao tempo de Jesus, não era um título, mas apenas um termo de respeito. Eram extremamente zelosos pela Lei e pela sua observância. Naquele tempo era de conhecimento geral que havia 613 mandamentos na Lei ou Torah (os 5 livros escritos por Moisés), embora nem todos fossem muito específicos. Para ter a certeza de que a Lei era seguida corretamente, os rabis deram-lhe interpretações e passaram essas interpretações ao povo como tendo tanta importância como as próprias Escrituras. Devido ao zelo que tinham, aplicavam a Lei a todas as situações possíveis e imaginárias, criando assim centenas de regras minúsculas e ridículas, muito difíceis de cumprir. Essas regras criadas pelo homem eram conhecidas como a Lei Oral.

Podemos ter uma ideia de como a Lei Oral funcionava se repararmos, por exemplo, na lei que regulava o trabalho do sábado (dia de descanso). A lei proibiu o trabalhar ao sábado. Os escribas formaram leis à volta desta lei do sábado, como se fosse uma vedação para a proteger. Por isso perguntavam: "O que é que constitui trabalho?" Depois de muita discussão, chegaram a concordar, mais ou menos, que trabalho era andar mais do que um quilômetro a partir da povoação em que se vivia, carregar um fardo ou até mesmo acender um lume. Quanto ao carregar um fardo, procuravam determinar o que constitui um fardo. Chegaram à conclusão de que um fardo era comida de peso equivalente a um figo seco ou a tinta necessária para escrever duas letras do alfabeto hebraico.

Mas havia sempre áreas de incerteza. Assim, passavam horas intermináveis a debater se era permitido, por exemplo, um alfaiate caminhar um pouco com uma agulha espetada na roupa, ou se era permitido usar próteses dentárias, ou se um pai podia pegar o filho ao colo.

Curar era também considerado trabalho. Era só permitido se a vida da pessoa estivesse em perigo. E, mesmo assim, o tratamento só podia ser para evitar que a pessoa piorasse. Mas, por outro lado e de um modo estranho, insistiam em circuncidar os meninos ao oitavo dia de vida, mesmo que isso acontecesse em um sábado, para poderem cumprir a Lei. Jesus explicou que era ridículo circuncidar no sábado, mas não permitir que um filho fosse totalmente curado nesse dia da semana (Jo 7:21-23).

No tempo de Jesus os rabis já diziam que a lei oral tinha sido recebida na mesma altura da lei escrita. Ou seja, diziam que no monte Sinai, além da Lei escrita, que está na Bíblia, Moisés também recebeu a lei oral que era para ser transmitida oralmente. No século 4 d.C. as leis orais foram reunidas em uma forma escrita e passaram a formar um documento conhecido como o *Misna*. A ele foi acrescentado um comentário conhecido como o *Gemara*. Estes dois volumes juntos constituem o *Talmude*.

Portanto já no tempo de Jesus os rabis aceitavam a lei oral como tendo a mesma importância que as Escrituras Sagradas; em muitos casos era considerada mais importante do que elas. Jesus não aceitava tal coisa. Por isso entrava em conflito com os escribas. O problema com os decretos rabínicos é que a própria Lei de Moisés ordena o seguinte: "Não acrescentareis à palavra que vos mando, nem diminuireis dela" (Dt 4:2). Os decretos rabínicos, fabricados pelo homem, constituem um acrescentar da Lei. Por isso Jesus disse aos escribas: "E assim invalidastes, pela vossa tradição, o mandamento de Deus" (Mt 15:6).

Certa vez os discípulos de Jesus sentaram-se para comer sem lavar as mãos, não seguindo a tradição religiosa daquele tempo. O lavar das mãos era um lavar ritual, de purificação, não era simplesmente por razões de higiene. Os mestres da Lei perguntaram a Jesus porque é que os discípulos não viviam segundo as tradições dos anciãos. Jesus respondeu o seguinte: Bem profetizou Isaías (Is 29:13) acerca de vós, hipócritas, como está escrito:

> Este povo honra-me com os lábios, mas o seu coração está longe de mim; em vão, porém, me honram, ensinando doutrinas, que são mandamentos dos homens. Porque, deixando o mandamento de Deus, retendes as tradições dos homens (Mc 7:6-8).

Deus não tinha ordenado esta tradição/lei oral na Lei escrita. Mas, mesmo hoje em dia, quando os judeus ortodoxos lavam as mãos, pronunciam a seguinte bênção: "Bendito és tu, Senhor, rei do universo, que nos mandaste lavar as mãos." Explicam que a lei oral ordena que se obedeça aos rabis e, ao obedecer aos rabis, estamos a obedecer indiretamente a Deus. Portanto a bênção que pensam que Deus lhes ordenou para quando lavassem as mãos é, de fato, uma declaração da sua obediência à autoridade que creem que Deus deu aos rabis, para decretarem novos mandamentos.

Os rabis, que passavam a vida a debater pontos minúsculos da lei, falavam do "jugo da lei", que o povo de Deus devia ter orgulho em carregar. Mas essa era a lei escrita juntamente com a lei oral, sendo essa última muito mais exigente. A lei oral fez que a lei escrita passasse a ser muito difícil de carregar e tinha a tendência de desanimar as pessoas comuns, a ponto de elas desistirem de tentar obedecer. De fato era impossível cumpri-la e nem mesmo os próprios escribas a cumpriam. Por causa disso Jesus criticou os escribas dizendo: "Ai de vós, também, doutores da lei, que carregais os homens com cargas difíceis de transportar; e, vós mesmos, nem ainda com um dos vossos dedos tocais essas cargas" (Lc 11:46). "Dizem e não praticam" (Mt 23:3).

Mas nem todos os judeus através da história aceitaram a lei oral. De fato há rabis em Israel hoje em dia que afirmam que o entendimento que Jesus tinha da Lei era o correto. Um grupo de judeus, em particular, tentou livrar-se da lei oral, dizendo que toda a tradição era como um colete-de-forças que os impedia de deixarem que as Escrituras lhes falassem livremente. São chamados os Caraítas (A palavra vem do hebraico *Karah*, "ler", por isso queria dizer que voltariam a ler as Escrituras sem a imposição das interpretações dos rabis). A revolta do Caraítas contra os rabis e o talmudismo no século VIII foi semelhante à revolta protestante contra a Igreja católica durante a Reforma, quando os católicos acusaram os protestantes de serem caraítas. O movimento caraíta começou com Anan ben David pelo desejo de regressar à simplicidade da Palavra de Deus e escapar ao peso da lei oral. O movimento foi atacado pelos rabis mas não conseguiram apagá-lo. Ainda hoje há cerca de dois mil caraítas.

Em vez de ter compaixão do povo que sofria com a carga da lei, os escribas criticavam-no. Diziam que Deus rejeitava todos aqueles que não guardavam a lei, tal como eles a entendiam. Uma vez que as pessoas comuns não podiam, como eles, estudar a lei, tanto na forma escrita, como na forma oral. Os escribas diziam que as outras pessoas eram ignorantes daquilo que Deus queria delas e por isso nunca conseguiam agradar a Deus. Por isso desprezavam as pessoas comuns chamando-lhes *am ha'aretz*, uma expressão que se traduz por "o povo da terra" mas que é depreciativo inferindo que era gentalha sem educação e ignorante da lei de Deus. Também lhes chamavam "os pecadores".

Como as pessoas devem ter acolhido, com alívio, a Jesus quando ele as convidou a conhecer a graça de Deus, dizendo-lhes:

> Vinde a mim, todos os que estais cansados e oprimidos, e eu vos aliviarei. Tomai sobre vós o meu jugo (não o jugo pesado da lei oral), e aprendei de mim, que sou manso e humilde de coração; e encontrareis descanso para as vossas almas. Porque o meu jugo é suave e o meu fardo é leve (Mt 11:28-30).

Os fariseus

Os fariseus ("os separados") eram, ao mesmo tempo, uma seita religiosa e um partido político. Já no tempo do ministério de Jesus formavam o grupo religioso mais numeroso em Israel, sendo constituído principalmente por judeus comuns, muitos dos quais eram escribas. Tinham uma grande influência dentro e fora do Sinédrio, que era o supremo tribunal e o corpo legislativo na Judeia durante a ocupação romana. De vez em quando colidiam com as autoridades romanas, mas, em geral, não havia problemas.

Os fariseus acreditavam que o exílio da Babilônia foi causado pela falha de o povo de Israel em obedecer à Torah (a lei de Moisés) e que o obedecer à lei era da responsabilidade do indivíduo e da nação. Por isso eram um grupo religioso fanático que procurava obedecer com rigor e impor a todo o povo a importância de obedecer rigorosamente à lei escrita e também à lei oral, dando uma ênfase especial à observância da lei oral.

Eles desprezavam também o *am ha'aretz*, o povo da terra, e estavam sempre em um estado de hostilidade em relação a eles. Os fariseus chamavam ao povo "pecadores" por estes não darem atenção ao cumprimento da lei oral, porque era um peso que não podiam suportar, por isso desistiam. Jesus, por sua vez, entendia quão pesado era este jugo humano. Ele achava que era totalmente desnecessário. De fato ele desprezava a lei oral e encorajava o povo a não guardá-la, o que criava conflito com os fariseus.

Os fariseus também se preocupavam muito com a limpeza cerimonial. O não cumprimento da lei oral, que era tão exigente, deixava uma pessoa com impureza cerimonial. Muitas vezes a lei era quebrada inconscientemente nos eventos do dia a dia, e não implicava que a pessoa tivesse cometido um grande pecado. Mas ficar com impureza cerimonial implicava que a pessoa não podia ir ao templo para adorar. Para ficar pura a pessoa tinha que passar por um processo, por vezes muito complicado, de purificação (Os Essênios eram ainda mais radicais, acreditando que a pureza ritual só podia ser conseguida pelo afastamento e isolamento da sociedade. Não possuíam nada, renunciavam a tudo o que fosse vida normal, incluindo o casamento. Eram totalmente alheios à vida política). Jesus entrou em conflito também com eles porque a pureza moral era para Jesus muito mais importante do que a pureza cerimonial.

Além de só comerem a comida que Deus aprovava como "limpa", os fariseus tomavam precauções meticulosas quanto ao preparo desses alimentos. O preparo de cada refeição era um acontecimento complicado, com a purificação dos utensílios. Depois havia o assunto de lavar as mãos antes de comer. Não era por motivos de higiene; era o lavar cerimonial das mãos. Procedia-se da seguinte maneira: Despiam-se os braços. Levantava-se um braço e deitava-se água pelos dedos estendidos e virados para cima, de modo que a água corria pela mão e pelo braço. Continuava-se a deitar água até chegar a uma determinada linha marcada no antebraço. Esse braço era então posto com a mão e os dedos virados para baixo. Era deitada água nesse mesmo antebraço começando pelo ponto mesmo antes daquela linha marcada, de modo que a água corria pela mão e escorria pelos dedos. Repetia-se o processo com o outro braço. A isso que os fariseus chamavam lavar as mãos antes de comer. Jesus irritou-os muito ao ignorar tais práticas cerimoniais e ao dizer que o que importa verdadeiramente é o que está no interior do homem:

> Ai de vós, escribas e fariseus, hipócritas! Pois limpais o exterior do copo e do prato, mas o interior está cheio de rapina (avidez) e de iniquidade (satisfação dos próprios desejos). Fariseu cego! Limpa primeiro o interior do copo e do prato, para que também o exterior fique limpo (Mt 23:25,26).

No tempo de Jesus havia entre o povo aqueles que tinham uma grande admiração pelos fariseus devido ao muito zelo que tinham pela lei. Mas nem toda a gente estava assim impressionada. Jesus era um deles. Criticava-os asperamente porque estavam mais preocupados em parecerem boas pessoas do que em obedecer a Deus. Gostavam de ser vistos como homens santos. Procuravam sempre os lugares mais importantes na sinagoga e gostavam que lhes chamassem "rabi" quando eram cumprimentados na rua (Lc 11:43). Faziam um espetáculo da sua oração em público, de manhã e à tarde, certificando-se de que todos reparavam neles. Gostavam que as suas obras fossem vistas por toda a gente. Procuravam chamar a atenção do público usando maquiagem para fazer que os seus rostos parecessem pálidos e fracos durante o tempo em que faziam jejum. Jesus chamou-lhes "hipócritas" (que significa "atores") (Mt 23:13).

É interessante que os rabis, que escreveram o *Talmude* contaram várias caricaturas humorísticas que circulavam entre o povo e que ridicularizavam vários tipos de fariseus. Havia o fariseu "do ombro" que carregava as suas boas obras aos ombros para todos verem. Havia o fariseu "machucado" que, para não olhar para as mulheres, fechava os olhos e embatia contra as paredes. Havia também o fariseu "de almofariz" ou corcunda que caminhava curvado para fingir humildade.

O que era ainda mais triste era que os fariseus, ao tentar agradar a Deus, estavam tão obcecados com o obedecer às interpretações da lei em cada pormenor (pois entendiam que a salvação vinha da obediência perfeita da lei), que ignoraram a mensagem da graça e da misericórdia de Deus. Os fariseus achavam que Deus estava zangado com o *am ha'arets*, os "pecadores", por isso viviam totalmente separados deles e aqueles que eram os cobradores de impostos. Jesus disse que o que era mais importante para Deus era mostrar misericórdia àqueles que não tinham esperança (Mt 23:23; Lc 11:42). Quando os fariseus o criticaram por comer com "pecadores", ele respondeu: "Não necessitam de médico os sãos, mas sim, os doentes. Ide, porém, e aprendei o que significa: Misericórdia quero e não sacrifícios. Porque eu não vim para chamar os justos, mas os pecadores, ao arrependimento" (Mt 9:12,13).

Os fariseus acreditavam em uma tradição judaica que dizia que uma das caraterísticas do Messias seria trazer a lei, tanto a lei escrita com a lei oral, ao povo. Por isso, os fariseus rejeitaram Jesus como o Messias. Mas, além disso, os fariseus diziam que, se o povo de Israel guardasse a lei por apenas um dia, o Messias viria. O rabi Levi disse que "se Israel guardasse o sábado como deve ser, o Filho de Davi (o Messias) viria" (*Talmude Taán* 1.1). Os fariseus não apenas rejeitavam Jesus como o Messias mas viam-no como o maior obstáculo à vinda do Messias que esperavam, por ele ensinar resistência à observância rigorosa da lei.

Mas, se os fariseus colidiam com Jesus sobre a lei oral e a maneira aberta como não cumpria com o sábado, a maior oposição deles a Jesus foi porque ele dizia ser o Filho de Deus. Para eles isso era blasfêmia. Depois de Jesus ter curado, no sábado, um homem que tinha estado doente durante 38 anos, lemos: "procuravam matá-lo, porque fazia essas coisas no sábado" (Jo 5:16). Jesus, então, disse-lhes, "Meu Pai trabalha até agora, e eu trabalho também". Isto enfureceu os fariseus ainda mais. Lemos: "Ainda mais procuravam matá-lo, porque não só quebrava o sábado, mas também dizia que Deus era seu próprio Pai, fazendo-se igual a Deus".

Algum tempo mais tarde, durante a festa de Tabernáculos, eles procuravam matá-lo novamente porque Jesus tinha declarado: "Antes de Abraão existisse, eu sou" (Jo 8:58). Alguns meses depois durante a festa de Dedicação, no inverno, eles perguntaram-lhe se ele era o Messias, ao que Jesus respondeu, "Eu e o Pai somos um" (Jo 10:30). Novamente pegavam em pedras para matá-lo. Quando Jesus perguntou por que queriam matá-lo disseram: "Não te apedrejamos por alguma obra boa, mas pela blasfêmia; porque, sendo tu homem, te fazes Deus a ti próprio" (Jo 10:33).

Os saduceus

Os saduceus era um grupo formado por aristocratas, composta na maioria por sacerdotes descendentes do sumo sacerdote Zadoque do tempo do rei Davi. A função principal deles era supervisionar as ofertas e o funcionamento geral do Templo.

Mas no tempo de Jesus eles eram totalmente ritualistas, fazendo os seus deveres de uma forma mecânica, sem pensarem em Deus. Criam na Lei de Moisés e na pureza levítica, mas não aceitavam a palavra dos Profetas da Bíblia, duvidando das coisas referentes ao Espírito Santo e fechando-se à palavra de profecia. Não acreditavam em anjos, nem em espíritos malignos, nem na ressurreição. João Batista chamou os líderes religiosos de "raça de víboras" e disse-lhes que, se não se arrependessem, não escapariam ao julgamento de Deus (Mt 23:33).

Uma das diferenças entre os escribas e fariseus, por um lado, e os saduceus, por outro, era que os primeiros acrescentavam a tradição à palavra de Deus contida nas Escrituras Sagradas, ao passo que os últimos tiravam partes da Palavra de Deus, rejeitando os Profetas. Jesus entrava em conflito mais vezes com os fariseus do que com os saduceus mas em uma ocasião avisou os discípulos para terem cuidado com o ensino de uns e de outros, dizendo que era o fermento do pão, da Palavra viva, que deixava o pão sem toda a sua nutrição (Mt 16:5-12).

Os saduceus surgiram como grupo organizado no tempo dos Macabeus, vindo de um grupo helenístico, que era a favor da introdução da cultura grega na sociedade israelita. A maior parte deles era constituída por membros das famílias de sacerdotes, muito poderosas, que governavam em Israel naquele tempo. De fato, os sacerdotes desta família tinham desempenhado o papel de reis até que os romanos deram essa posição a Herodes.

Nos cem anos anteriores ao ministério de Jesus, o governo por parte dos sacerdotes em Israel tinha-se tornado extremamente corrupta. O propósito de Deus era escolher cada sumo sacerdote. Mas, devido ao fato de Herodes se sentir ameaçado pelo poder dos sacerdotes, ignorou a diretiva bíblica e nomeou a si próprio sumo sacerdote. Esse ofício foi obtido anos depois graças a subornos pagos por famílias ricas de sacerdotes.

No tempo de Jesus os saduceus ainda tinham um grande poder político, exercido através do Sinédrio. O Sinédrio era composto por setenta membros. Os saduceus e os fariseus, em número igual, constituíam a maioria dos membros. O resto dos lugares era ocupado por escribas e anciãos. Mas os saduceus eram a força dominante nele porque o presidente do Sinédrio era o sumo sacerdote, que era saduceu.

No tempo do ministério de Jesus os sacerdotes em Jerusalém levavam vidas suntuosas, à custa dos impostos do Templo e dos lucros das lojas que tinham no Templo, enquanto o homem judeu comum lutava pela sobrevivência. A arqueologia tem confirmado a riqueza dessas famílias ao descobrir na encosta do monte em frente do Muro Ocidental (também conhecido como o Muro das Lamentações) casas luxuosas que pertenciam às famílias sacerdotais aristocráticas no período herodiano (como, por exemplo, a casa no Wohl Archaeological Museum). Essas casas eram construídas sobre terraços, umas acima das outras naquela encosta, com o telhado de uma casa usado como parte da base de outra, com uma vista panorâmica do Templo.

Para defender as suas posições de poder e o estilo de vida luxuoso, colaboravam plenamente com os romanos para evitarem revoltas armadas e, em troca, receberam concessões que permitiam que continuassem com poder sobre o povo. Para agradar aos romanos, autorizaram um sacrifício diário a César feito no Templo, o que muitos judeus ressentiam (segundo o historiador Josefo). No último conflito romano-judaico o acabar com o sacrifício diário a César foi considerado um ato de guerra que contribuiu para a destruição de Jerusalém no ano 70 d.C.

Também, por procurar proteger a sua vida luxuosa e os privilégios que gozavam, os saduceus, em particular, estavam muito preocupados com o ministério de Jesus e a influência que tinha sobre o povo, que via nele o cumprimento da profecia messiânica. Eles temiam que ele viesse a ser a figura central de uma revolta popular contra Roma. Por esse motivo, depois da ressurreição de Lázaro, temendo perder as suas posições de poder, os saduceus convocaram uma reunião especial do Sinédrio, na qual decidiram matar Jesus.

Quando Jesus chegou a Jerusalém para celebrar a Páscoa, estavam já à espera dele. Planejaram tudo com a ajuda de Judas, um dos discípulos. Depois da Última Ceia com os discípulos, Jesus foi preso e levado a julgamento no Sinédrio judaico. Os discípulos abandonaram-no. O julgamento judaico foi totalmente ilegal, um simulacro de justiça.

Perante o Sinédrio o sumo sacerdote (saduceu) perguntou se ele era o Messias, o Filho de Deus. A resposta de Jesus continha uma citação do livro de Daniel: "Eu o sou, e vereis o Filho do homem, assentado à direita do poder de Deus, e vindo sobre as nuvens do céu" (Mc 14:62). Imediatamente o sumo sacerdote rasgou os seus vestidos, acusou Jesus de blasfêmia e condenou-o à morte.

A seguir deram-no nas mãos dos Romanos para ser crucificado porque, naquele tempo, o Sinédrio tinha perdido a autoridade de passar sentenças de morte. Ao entregar Jesus aos gentios eles estavam rejeitando Jesus como fazendo parte do povo judeu, negando-lhe os seus direitos como cidadão judeu. Assim Jesus veio para o que era seu, e o seu próprio povo o rejeitou.

9

O MINISTÉRIO DE ENSINO

Jesus de Nazaré foi um grande professor.

Quando pensamos em professores tendemos a visualizar alguém em uma sala de aula diante de um grupo de alunos. Não era assim com Jesus. Ele era um professor itinerante que viajava por todo o território de Israel, pregando e ensinando. Mateus diz em seu Evangelho que: "percorria Jesus toda a Galileia, ensinando nas suas sinagogas, e pregando o Evangelho do reino" (Mt 4:23). Ele anunciava as boas-novas do reino de Deus e explicava isso no seu ensino.

Jesus não viajava sozinho. Estava sempre acompanhado por seguidores ou discípulos (*talmidim*). Vemos claramente nos Evangelhos que Jesus tinha também discípulas, o que era muito radical naquela cultura dominada pelos homens. São elas: Maria e Joana (Lc 8). Essas discípulas "sentavam-se aos seus pés" e aprendiam dele como qualquer discípulo. Elas se mostraram ser mais fiéis do que os homens na firmeza com que se identificarem com Jesus e como o seguiram de perto nas suas últimas horas antes da morte na cruz. A presença delas ali junto a ele deve tê-lo consolado muito (Lc 23:27-39). Foi a elas que os anjos apareceram primeiro depois da ressurreição, fazendo delas as primeiras testemunhas desse grande acontecimento (Lc 24:1-11).

Os discípulos chamavam-lhe "rabi". Era um título de honra e estima, significando "mestre"; não era um título formal como hoje. A relação entre o mestre e os discípulos era muito diferente da que existe hoje em dia entre os professores e os alunos. Os alunos estudam com os professores para passarem os exames. Os discípulos acompanhavam os rabis por onde quer que eles fossem. Dedicavam-se a ele e notavam tudo o que ele fazia e dizia para poderem tornar-se como ele.

Jesus escolheu os discípulos entre o povo comum, mas não eram analfabetos, como alguns pensam. Mateus, por exemplo tinha um emprego que exigia estudos. As autoridades religiosas diziam que eram "homens sem letras e indoutos" (At 4:13) mas isso não significa que fossem analfabetos, apenas significava que não tinham estudado nas escolas dos rabis.

Houve muitos rabis, ou mestres, notáveis em Israel no tempo de Jesus, mas nenhum se comparava a ele. O seu ensino era cheio de vivacidade e força, diferente do dos outros rabis. Falava aos corações dos seus ouvintes, tratando dos assuntos que lhes interessava mais. Comunicava o grande amor de Deus pelo seu povo. Trazia palavras de ânimo e esperança. Por isso as pessoas comuns acorriam a ele, vindas de todo o lado, para ouvi-lo e aprender com ele. Quando analisamos o ensino de Jesus, podemos notar algumas características especiais.

Ensinava com revelação

Os profetas de Israel sabiam que, antes de comparecerem perante o povo, tinham que comparecer perante Deus (Jr 23:22). Assim recebiam a palavra de Deus e podiam comunicar o que não eram as palavras deles mas a palavra do Senhor. Era por isso que, quando falavam, podiam começar com as palavras: "Assim diz o Senhor".

Moisés foi um grande profeta mas a ele Deus disse: "eis que lhes suscitarei um profeta no meio de seus irmãos, como tu, e porei as minhas palavras na sua boca, e ele lhes falará tudo o que eu ordenar" (Dt 18:17,18). Esse profeta seria Jesus, o Messias. Por viver sempre na presença do Pai, ele ouvia constantemente tudo o que devia falar ao povo. Não lhe faltava revelação. Devido a isto Jesus ensinava sempre com revelação, que o distinguia dos outros rabis.

Ensinava com sabedoria

As pessoas que ouviam Jesus ensinar notavam como ele ensinava com sabedoria. Perguntavam como é que ele podia falar tão sabiamente, uma vez que não tinha estudado na escola dos rabis (Mt 13:54). Onde é que recebeu tudo aquilo que sabia? Lemos que na sua juventude crescia em sabedoria (Lc 2:40). Jesus aprendeu em casa dos pais e na escola da sinagoga, mas principalmente na escola do Pai celestial onde aprendeu através das Escrituras, à medida que deixava que o Espírito Santo falasse com ele.

Isaías profetizou que o ministério do Messias seria um ministério de sabedoria. Deus revelou-lhe palavras que Jesus, o Messias, diria acerca do seu próprio ministério: "O Senhor Jeová me deu uma língua erudita, para que eu saiba dizer, a seu tempo, uma boa palavra ao que está cansado. Ele desperta-me todas as manhãs, desperta-me o ouvido para que ouça como aqueles que aprendem" (Is 50:4).

Estudos recentes mostram também que, naquele tempo, os estudantes da lei tinham que aprender de cor não apenas alguns textos das Escrituras, mas a sua totalidade, tal como os estudiosos muçulmanos têm que aprender o Alcorão ainda hoje em dia. É pouco provável que, com a idade de dezoito anos, Jesus não tivesse já aprendido de cor as Escrituras na sua totalidade. Isto explica como, durante o Seu ministério, o Espírito Santo lhe trouxe à memória a palavra certa para usar em cada ocasião.

Por ensinar com sabedoria, Jesus falava aquilo que era relevante para as necessidades dos seus ouvintes. Por vezes as pessoas com quem falava nem sequer precisavam de verbalizar o que estavam a pensar. É por isso que, por vezes em diálogos com Jesus, nos Evangelhos, lemos: "e Jesus respondeu" quando não tinha sido feita nenhuma pergunta em voz alta (Jo 3:3).

Jesus demonstrava a sua sabedoria ao adaptar o seu ensino ao tipo de ouvinte com que tratava. Há uma diferença notável entre o estilo do seu ensino às multidões na Galileia e aos intelectuais de Jerusalém. Notamos também a sabedoria no seu ensino no modo como tratava com os argumentos e críticas das autoridades religiosas (Lc 20:20-26, 27-44).

Ensinava com autoridade

Às vezes pensa-se que autoridade significa gritar, fazer ouvir a nossa voz, acima da voz dos outros, mas não é. Quando uma pessoa tem autoridade, não precisa levantar a voz. Os outros a reconhecem e ouvem-na. E é isto que vemos no ministério de Jesus. O profeta Isaías anunciou que seria assim, que o Messias "Não clamará nem se exaltará, nem fará ouvir a sua voz na praça" (Is 42:2).

No tempo de Jesus era costume os rabis citarem outros rabis para apoiar o seu ensino. Os rabis que eram citados eram considerados, por todos, como grandes autoridades no assunto que estava a ser tratado. Agindo assim, eles procuravam acrescentar autoridade às suas palavras mas Jesus não agia dessa maneira. A maior autoridade para ele não era nenhum rabi mas o Pai. Assim Jesus falava com autoridade porque falava aquilo que o Pai lhe tinha mandado falar (Mt 7:29). Por causa disso podia dizer: "Ouvistes que foi dito aos antigos... eu porém vos digo" (Mt 5:21 e 22; 27 e 28; 31 e 32; 33 e 34; 38 e 39; 43 e 44).

Ensinava com simplicidade

Naqueles dias os rabis tinham a tendência de falar sem tomar em conta as limitações intelectuais do povo. Falavam usando uma linguagem teológica, que o povo comum não entendia. Jesus não fazia assim. Não complicava a sua mensagem desnecessariamente. Falava, usando a linguagem do povo. Falava com simplicidade. Falava em termos que toda a gente compreendia. Para facilitar o entendimento falava com o povo em parábolas, usando histórias que eram tiradas do cotidiano, mas que tinham um significado espiritual, deste modo cumprindo uma profecia messiânica: "Abrirei a boca em parábolas" (Sl 78:2).

Através dessas parábolas Jesus chamava a atenção das pessoas. Entre outras coisas falou do filho pródigo e da sua aceitação pelo pai, quando regressou a casa mostrando como Deus Pai está sempre pronto para dar as boas vindas a pecadores arrependidos. Falou-lhes do bom samaritano e de como tratou do viajante assaltado e ferido para mostrar como Jesus ia ariscar tudo e pagar um alto preço para salvar indivíduos que sofrem neste mundo sem qualquer esperança da vida eterna.

Ensinava com ternura

Embora falasse com autoridade, não repreendia o povo. Entendia perfeitamente quanto sofriam às mãos das autoridades religiosas e civis. Entendia como viviam desprezados e ignorados. Entendia porque também ele sofria, também ele era caluniado e desprezado (Is 53:3). Por isso

Jesus falou com ternura para comunicar o amor que Deus tinha por eles. Tinha sempre uma palavra de ternura, de encorajamento, de ânimo. Falava sempre a palavra que os oprimidos e desanimados necessitavam: "boa palavra ao que está cansado" (Is 50:4). Veio para "restaurar os contritos de coração [...] a consolar todos os tristes" (Is 61:1,2).

Assim Jesus não desistiu de pessoas quando outros teriam desistido. Cumpriu a profecia de Isaías a seu respeito: "A cana trilhada não quebrará nem apagará o pavio que fumega" (Is 42:3).

Ensinava com objetividade

Embora curasse as pessoas por compaixão, o seu propósito não era apenas trazer alívio físico mas levar as pessoas ao conhecimento do amor de Deus e do projeto que Deus tinha traçado para as vidas delas. O seu propósito era levar de volta "os perdidos" de Israel e a serem uma luz para os gentios para que toda a gente pudesse receber a alegria da salvação do Senhor (Is 49:5,6). O seu propósito era dar-lhes "o óleo de alegria em vez de tristeza, vestidos de louvor em vez de espírito angustiado" (Is 61:1-3).

O propósito de Jesus não era apenas comunicar informação. Qualquer pessoa pode fazer isto. O seu propósito principal era transformar vidas. Assim, ao falar, Jesus nunca perdeu de vista este propósito. Em conversas, ele não permitia que a pessoa desviasse a conversa para tópicos de menos importância. Procurava sempre conduzir a conversa para aquilo que teria proveito para a pessoa.

Ensinava com poder

A sua palavra era poderosa como uma espada cortante. Jesus tinha consciência disso. Segundo o profeta

Isaías ele disse: "(Meu Pai) fez a minha boca como uma espada aguda [...] e me pôs como uma flecha limpa" (Is 49:2).

Jesus fazia sempre que as pessoas confrontassem a verdade, o que as obrigava a tomar uma decisão: aceitar ou rejeitar a sua palavra. Jesus ensinava que o futuro de cada um dependia dessa decisão. Uma vez ele explicou essa verdade em termos de dois homens que construíram as suas casas, um sobre a rocha e outro sobre a areia. Quem construísse a sua vida sobre a palavra do Senhor, a rocha, venceria todas as dificuldades da vida e permaneceria na presença de Deus para toda a eternidade, enquanto aquele que construísse a sua vida sobre a tradição religiosa e o raciocínio humano, a areia, sofreria derrota e perdição eterna (Mt 7:24-27).

Os que rejeitavam a palavra de Jesus não o faziam porque não a entendessem mas porque não queriam aceitá-la pelas consequências que teriam na vida deles. Jesus explicou: "Se alguém quiser fazer a vontade dele (de Deus), pela mesma doutrina, conhecerá se ela é de Deus ou se eu falo de mim mesmo" (Jo 7:15-17). Estava a dizer que a dificuldade maior do homem em conhecer a verdade não é intelectual mas moral. A maior dificuldade do homem está na área da vontade. Quando uma pessoa não quer crer, e fecha os olhos à luz, não há raciocínio, por mais brilhante que seja, que consiga mudar a sua opinião. Mas quando uma pessoa tem a mente aberta e está disposta a fazer o que Deus quer, o Espírito Santo revela-lhe a verdade e ela tem entendimento.

Ensinava com uma mensagem bem estruturada

A sua mensagem era o evangelho (as boas-novas) do reino de Deus.

O que é o reino de Deus?

O reino de Deus era uma ideia muito judaica. Desde o Velho Testamento até aos manuscritos do Mar Morto os judeus falavam sobre um dia em que Deus destronaria a injustiça e restauraria a ordem no mundo. Quando ansiamos por algo que destrua a confusão no mundo estamos a ansiar por aquilo que os judeus chamavam "o reino de Deus".

Este reino estava relacionado com a vinda do Messias, que eliminaria toda a injustiça e estabeleceria a ordem mundial de justiça e paz. No tempo de Jesus os judeus falavam muito acerca deste reino, focando particularmente o livramento do jugo das nações gentílicas.

Jesus também acreditava em um dia no futuro quando o reino viria em toda a sua plenitude mas, ao contrário de outras pessoas, falava do reino de Deus como sendo uma realidade presente que veio quando ele veio. Pregava que "o reino de Deus está aqui". Pois quando ele, o Messias, o Filho de Davi, o rei, estivesse presente, aí estava o reino de Deus. O que muitos não entenderam era que na sua forma presente o reino é um reino espiritual (Jo 18:36). Portanto, embora esse reino não esteja ainda presente na sua forma final, não deixa de estar presente e pode fazer parte da nossa experiência.

Jesus nos convida a tornar-nos cidadãos do presente reino de Deus.

COMO ENTRAR NO REINO DE DEUS

Em primeiro lugar para se entrar neste reino espiritual, para ser um cidadão, é preciso se arrepender (Mt 4:17). Perdeu-se a noção do arrependimento na Idade Média quando a Igreja o substituiu pela expressão "fazer penitência". Isto significava que as pessoas tinham que fazer sacrifícios para entrar no reino. Daí ensinavam que a salvação era pelas obras, ao passo que Jesus veio ao mundo para nos mostrar, claramente, que a salvação vem da graça de Deus e que é totalmente imerecida por qualquer homem.

A palavra "arrependimento" na língua hebraica vem da palavra *shuv*, que significa "voltar atrás". Portanto o arrependimento implica uma mudança de direção. Fala da necessidade de o homem entender que precisa mudar de direção na vida, de dar uma volta completa e deixar que Deus o dirija. Isso implica a pessoa fazer de Jesus o Senhor da sua vida.

Em segundo lugar, para pertencer a esse reino é necessário nascer do Espírito Santo. Jesus explicou isto a um fariseu chamado Nicodemos:

> Na verdade, na verdade te digo que aquele que não nascer de novo, não pode ver o reino de Deus. Aquele que não nascer da água (da palavra) e do Espírito, não pode entrar no reino de Deus [...] o que é nascido da carne é carne, o que é nascido do Espírito é espírito. Não te maravilhes de te ter dito: Necessário vos é nascer de novo (Jo 3:3-7).

A pessoa nasce de novo, do Espírito Santo, quando permite que Jesus, o rei, opere segundo a sua vontade na vida dela. Isto acontece quando ela deixa que a palavra de Deus tenha um impacto nela. Quando assim faz, o Espírito Santo usa a Palavra para produzir vida espiritual na pessoa (I Pd 1:23).

Em terceiro lugar, para entrar na plenitude do reino de Deus, para ser um cidadão, é necessário construir a vida sobre a Palavra de Deus. Se a pessoa assim fizer, vencerá todas as provas e dificuldades que podem surgir. Jesus disse:

> Todo aquele, pois, que escuta estas minhas palavras e as pratica, assemelhá-lo-ei ao homem prudente, que edificou a sua casa sobre a rocha: E desceu a chuva, e correram rios, e assopraram ventos, e combateram aquela casa, e não caiu, porque estava

edificada sobre a rocha. E aquele que ouve estas minhas palavras, e as não cumpre, compará-lo-ei ao homem insensato, que edificou a sua casa sobre a areia. E desceu a chuva, e correram rios, e assopraram ventos, e combateram aquela casa, e caiu, e foi grande a sua queda (Mt 7: 24-27).

A SUPERIORIDADE DO REINO DE DEUS

Ele é superior a todos os outros porque o seu rei, Jesus, é melhor do que os outros reis. Jesus é o Senhor dos senhores mas é diferente dos outros que governam: não vive para si próprio mas para nos servir (Mt 20:28). Obviamente, isso não nos dá o direito de tratá-lo como nosso servo.

O reino de Deus é superior também porque o estilo de vida neste reino é diferente. Jesus falou deste assunto no chamado "Sermão do monte" (Mt 5-7). Perante a multidão, Jesus sentou-se na encosta como se fosse o seu trono e dali, na qualidade de rei, falou com autoridade sobre o reino de Deus.

Este sermão tem sido muito mal compreendido. Jesus estava a mostrar o estilo de vida que carateriza aqueles que já entraram no reino de Deus. Jesus usou palavras que, à primeira vista, parecem ser contraditórias. "Bem-aventurados (felizes) os pobres de espírito [...] bem-aventurados os que choram [...] bem-aventurados os que têm fome e sede de justiça". Essas contradições aparentes surgem porque Jesus está a contrastar os valores do reino com os valores do mundo. O mundo não conhece nada sobre o reino de Deus. Quer acreditar que o mundo material é tudo o que existe, mas isso não é verdade. O reino de Deus pode ser invisível na sua forma presente, mas não é menos real. De fato é a realidade última. Os seus padrões e valores são muitíssimo superiores aos valores do mundo, apesar de serem desprezados.

Jesus usou a palavra "bem-aventurados" para descrever aqueles que são cidadãos do reino e cujas vidas demonstram um estilo de vida superior. Cada uma das frases que contém o "bem-aventurados" descreve uma das características do estilo de vida dos cidadãos do reino. Todas deviam estar presentes na vida de cada cidadão. Vejamos apenas a primeira das "bem-aventuranças" a título de exemplo: "Bem-aventurados os pobres de espírito" (Mt 5:3).

Jesus não está a dizer que a pobreza material é uma bênção. Jesus fala aqui dos "pobres de espírito". São aqueles que têm consciência da sua necessidade espiritual, que compreendem que nada merecem de bom da parte de Deus e que nada têm a oferecer a Deus, como pagamento do perdão dos seus pecados. São aqueles que abraçam, de boa vontade, o sacrifício que Jesus ofereceu a favor deles. São aqueles que dependem totalmente do Senhor quanto à sua salvação, cuja confiança diária está no Senhor.

O reino de Deus e a Igreja

Jesus não abordou esse assunto com a multidão. Esse foi um ensinamento que deu apenas aos discípulos (Mt 13). Jesus explicou que o reino de Deus estaria presente na Igreja que ele ia edificar e da qual seria a Cabeça.

Normalmente, quando se fala da Igreja, fala-se de uma Igreja comprometida com o mundo e saturada de tradições e rituais. Essa é a Igreja dos homens. A Igreja de Cristo é diferente. É uma Igreja com poder espiritual, que não é derrotada pelo mundo nem pela carne, através da qual o Senhor manifesta a sua sabedoria.

Jesus falou claramente aos discípulos acerca desta Igreja em uma ocasião, em Cesareia de Filipe, quando Pedro disse a Jesus: "Tu és o Cristo, o Filho do Deus vivo". Nessa sequência Jesus fez uma afirmação importante. Disse a Pedro: "Eu te digo que tu és Pedro, e sobre esta pedra edificarei a minha Igreja e as portas do inferno não prevalecerão contra ela" (Mt 16:18).

Alguns acham que Jesus estava a dizer que ia construir a sua Igreja sobre Pedro. Mas, quando olhamos para este texto na língua original, em grego, vemos um contraste nesta frase de Jesus. A palavra "pedra "ou "rocha" em grego é *petra*, enquanto a palavra "Pedro" em grego é *petros*, que significa "um pedaço de rocha." A Igreja de Jesus não é edificada sobre um pedaço de rocha (*petros* = Pedro) mas sobre a rocha completa (*petra*), isto é, sobre as palavras "Tu és o Cristo, o filho do Deus vivo". A Igreja está edificada sobre Jesus Cristo, o Filho do Deus vivo.

Jesus morreu para nos salvar e quando aceitamos o projeto de salvação para nós, deixando Jesus ser o Senhor das nossas vidas e o Espírito Santo operar em nós pela palavra de Deus, somos edificados sobre Jesus, a rocha, a pedra viva, e passamos a fazer parte da sua Igreja (1 Pd 2:4-6).

10

O MINISTÉRIO DE FAZER O BEM

Jesus, o Filho de Deus, veio para nos ajudar na nossa necessidade. Tomou a natureza humana para entender a nossa necessidade. Não era Deus disfarçado de homem. Era realmente humano. Ficava cansado depois de uma longa caminhada ou de um dia ensinando a multidão. Tinha fome e sede como nós. Sentia dor se batesse a mão com um martelo na carpintaria. Sangrava se se cortasse. Suava depois de fazer muito esforço. Não cheirava muito bem se não se lavasse. Isto pode parecer chocante a alguns, mas é a verdade. Ele era tão humano como nós.

Enfrentou os mesmos problemas que nós enfrentamos para entender a nossa necessidade. Já falamos acerca das dificuldades que Jesus enfrentou quando criança e quando jovem e adulto. Embora nunca cedesse à tentação, sabia que podia ser bem forte e como era difícil resistir a ela por vezes. Entendia como as pessoas, devido às suas circunstâncias, acabavam por enganar, mentir, roubar, odiar ou se vingar.

Jesus identificava-se com as pessoas e tinha compaixão delas. Sofria quando elas sofriam. Sentia a sua dor. Devido ao fato de ele se identificar conosco nas nossas necessidades, o profeta Isaías chamou-lhe "um homem de dores" (Is 53). Lemos que chorou junto ao túmulo de um amigo. Chorou também sobre Jerusalém por aquele povo estar cego àquilo que Deus queria fazer por intermédio dele. Por vezes suspirou devido à compaixão e à frustração por causa da dor e do sofrimento que o pecado trouxe para o mundo.

Não lemos que ele tenha rido, mas isso não significa que ele não o tenha feito. A ideia que os Evangelhos nos dão é a de uma pessoa completa e equilibrada. Tomava as crianças nos seus braços e as crianças não gostam de ficar com pessoas que estão sempre sérias e nunca riem. Alguns dos seus comentários eram extremamente divertidos; é difícil imaginar Jesus fazendo-os sem ao menos sorrir. Por exemplo, quando comentou que os fariseus coam um mosquito mas engolem um camelo, isso deve ter provocado risos nos ouvintes, ao tentaram visualizar o camelo deslizando pela garganta abaixo. Mas este Jesus, que viveu entre nós, não veio como comediante, como um palhaço; não veio para se rir das nossas aflições. Veio para fazer diferença.

Olhando para aqueles que se reuniam ao seu redor, viu as suas profundas necessidades; comparou-os a ovelhas sem pastor: desamparados, vulneráveis e necessitados. Desejava ajudá-los. Uma afirmação das mais simples e mais profundas feitas sobre Jesus pelos apóstolos foi feita por Pedro, que disse: "Deus ungiu Jesus de Nazaré com o Espírito Santo e com poder; o qual andou fazendo bem" (At 10:38).

Claro que Jesus não foi a primeira nem a última pessoa a praticar o bem. Mas uma das coisas que o distingue de muitas outras pessoas foi que ele fez tudo isso, sem pensar no que poderia ganhar com as suas ações. Ele era completamente altruísta. Não tinha interesses egocêntricos ao ajudar os outros. Uma vez ele próprio verbalizou esse fato: "O Filho do Homem não veio para ser servido, mas para servir e para dar a sua vida em resgate de muitos." (Mt 20:25-28). Acreditava que era mais abençoado dar do que receber (At 20:35).

Assim Jesus "andou fazendo o bem" porque era uma pessoa boa. Como é que alguém se torna uma pessoa boa? Como é que uma pessoa deixa de viver para si própria e passa a viver pensando no bem dos outros? Jesus não conseguiu isso porque era o Filho de Deus. Conseguiu-o porque, desde a sua infância, ele permitiu que o Espírito Santo moldasse a vida dele para que o fruto do Espírito pudesse ser produzido nele. O fruto do Espírito é: "amor, alegria, paz, longanimidade, benignidade, bondade, fé, mansidão, temperança" (Gl 5:22).

Jesus fez sempre boas ações porque amava as pessoas tal como o Pai as ama. Jesus é de fato a descrição perfeita de quem Deus é (Jo 1:18). Por amar as pessoas, tornou-se amigo dos que não tinham amigos, dos que eram desprezados e dos mais necessitados na sociedade. Os inimigos dele tinham razão quando tentaram difamá-lo dizendo que era "amigo dos publicanos e pecadores" (Lc 7:34).

No tempo de Jesus havia muita gente que sofria discriminação e opressão: as mulheres, as crianças, as viúvas, os mendigos, os cobradores de impostos, os samaritanos e os leprosos. Através do seu ministério vemos Jesus a cuidar dos mais necessitados, comunicando amor, esperança e fé às vidas deles. Ele veio para que tenhamos vida e vida com abundância (Jo 10:10).

Mas Jesus não só se identificava conosco, empatizando conosco; não só tinha compaixão e nos ajudava fazendo o bem; ele não operou à distância. Ele "sujou" as mãos ao fazê-lo. Ele "tocou" em nós para comunicar ainda mais quanto Deus nos ama. Veio para tocar em nós, para nos dar significado e valor.

Marcos no seu Evangelho mostra Jesus que é incansável no seu ministério, indo até às pessoas de todas as idades em diferentes classes: Jesus tocando e curando alguém leproso, no capítulo 1; Jesus tocando alguém morto e dando-lhe vida, no capítulo 5; Jesus tocando alguém surdo-mudo dando-lhe fala, no capítulo 7; Jesus tocando alguém cego e dando-lhe vista, no capítulo 8; Jesus tocando alguém possesso por espíritos malignos e libertando-o, no capítulo 9; Jesus tocando e abraçando as crianças para abençoá-las, no capítulo 10.

JESUS VALORIZAVA AS MULHERES

No tempo de Jesus em Israel as mulheres tinham poucos direitos. Eram consideradas como propriedade dos maridos que podiam tratá-las mal e bater nelas, se quisessem. Podiam divorciar-se delas por qualquer razão trivial. O testemunho delas não era aceito nos tribunais. Não podiam receber instrução nas escolas religiosas porque eram consideradas incapazes de compreender a Lei. O judeu ortodoxo começava o dia agradecendo a Deus por não ter nascido mulher. Os chefes religiosos não falavam, em público, com as esposas nem com as filhas.

Mas Jesus não discriminava as mulheres. Ao ir de aldeia em aldeia, ia acompanhado por um grupo formado por homens e mulheres, que eram reconhecidos como seus discípulos e discípulas. Uma vez em que os familiares de Jesus procuraram falar com ele quando ele estava ensinando, apontou para os seus discípulos que estavam entre os que o ouviam e disse: "Aqui estão a minha mãe e os meus irmãos! Pois todo aquele que faz a vontade de meu Pai do céu esse é meu irmão, e minha irmã e minha mãe." (Mt 12:48-50).

Vemos a discriminação das autoridades religiosas contra as mulheres em um episódio de uma mulher que foi levada a Jesus, por ter sido apanhada no ato de adultério e na atitude de Jesus em relação a ela (Jo 8:3-11). Esse episódio aconteceu seis meses antes de Jesus ser crucificado, durante a festa dos Tabernáculos no Alpendre de Salomão, no Templo em Jerusalém. Era uma área coberta, consistindo em uma fila de colunas e em um teto alto, indo de norte a sul, no Pátio dos Gentios, na extremidade oriental da plataforma do Templo. Os doutores da Lei encontravam-se ali para ouvir e responder a perguntas.

Durante essa festa Jesus tinha ensinado ali todos os dias. Muitos estavam espantados com o ensino deles mas as autoridades religiosas ficaram perturbadas porque as pessoas que eles diziam ser ignorantes da Lei, enganadas e amaldiçoadas, estavam ouvindo o ensino de Jesus. Por isso tentaram prender Jesus, mas não conseguiram (Jo 7:30,44). No dia seguinte, ao amanhecer, depois de ter passado a noite em oração no Monte das Oliveiras, Jesus entrou outra vez nos átrios do Templo para ensinar. As pessoas já se tinham reunido ali para ouvi-lo.

Esse era o oitavo dia da festa, um Sábado especial. Quando as pessoas se aproximavam à roda de Jesus, os mestres da Lei e os fariseus levaram-lhe uma mulher que tinha sido apanhada no ato de adultério. Envergonharam-na, fazendo que ficasse de pé em frente do grupo enquanto contaram a Jesus, e a todos os que estavam presentes, o que ela tinha feito. A seguir disseram a Jesus que a Lei de Moisés mandava que ela fosse apedrejada até à morte (Lv 20:10; Dt 22:22). A Lei era bem clara quanto ao castigo mas, naqueles dias, devido à ocupação romana, as autoridades religiosas não tinham autoridade para implementar essas medidas. Então os mestres da Lei e os fariseus perguntaram a Jesus o que devia acontecer a essa mulher. Devia ser apedrejada ou posta em liberdade? Era uma armadilha muito bem montada.

Se Jesus dissesse que ela devia morrer, corria o risco de ser preso e julgado pelas autoridades romanas como ativista político. Isso era fácil de acontecer porque, durante as festas, os soldados romanos andavam livremente pelo Pátio dos Gentios e pelo Alpendre de Salomão para evitar que se levantassem tumultos. Se dissesse que fosse posta em liberdade, corria o risco de ser levado perante o supremo tribunal judaico, o Sinédrio, e condenado por não honrar a Lei de Moisés.

Que devia fazer? Sabia que ao fazer a acusação contra a mulher, os dirigentes judaicos estavam a violar a Lei de Moisés, que estipula claramente que, tanto o homem como a mulher, deviam ser julgados (Lv 20:10). Eles levaram apenas a mulher. Além disso, a Lei exigia que houvesse, pelo menos, duas testemunhas (Dt 19:15), mas não levaram nenhuma. Jesus podia ter discutido com eles, mas não o fez porque a sua preocupação não era ganhar argumentos em público mas salvar aquela mulher.

Como podia Jesus responder? Sabia que, se respondesse em voz alta corria um grande risco. Normalmente podia ter escrito a resposta em uma tabuleta, mas era Sábado e a Lei Oral dizia que era pecado escrever nem que fossem duas letras do alfabeto. Jesus sabia também que eles só consideravam pecado se fosse escrito em algo permanente e se fosse escrito com tinta. Assim Jesus encurvou-se e escreveu com o dedo sobre a areia do chão do pátio. Como sabia Jesus que devia fazer assim? Tinha estado em oração a noite toda. O Pai tinha-lhe mostrado o que fazer. O que escreveu? O Evangelho não nos diz o que foi, mas podemos quase de certeza afirmar que escreveu: "Culpada. Merece morrer".

Enquanto Jesus escrevia, as autoridades não deixaram de questioná-lo, fazendo-lhe perguntas como: "Uma vez que ela é culpada, não pensas que honraríamos Deus se a levássemos para fora do Templo e a apedrejássemos?" Embora os judeus não tivessem autoridade de tal atitude, por vezes grupos levados por zelo e fanatismo religioso, apedrejavam pessoas. Tentaram fazer o mesmo a Paulo uns anos mais tarde (At 21:30,31). Enquanto escrevia, Jesus estava consciente daquele grupo fanático ficando cada vez mais entusiasmado e perigoso.

Jesus sabia também que as pessoas costumam agir irresponsavelmente em grupo, não se sentindo culpados pela sua parte como indivíduos. Quis que cada um deles tivesse consciência daquilo que estava a pensar. Levantou-se do chão, ficou em pé e disse com toda a autoridade: "Se alguém estiver sem culpa, que lance a primeira pedra". Essas palavras atingiram a todos como uma martelada porque a vergonha domina a cultura no Oriente Médio. Por exemplo, uma criança que age mal é criticada não pelo que fez mas por ter envergonhado a família. Jesus sabia que se alguém no grupo afirmasse estar sem pecado, isso mais tarde seria lembrado com vergonha porque os profetas tinham dito que todos somos pecadores.

Jesus sabia também os mestres da Lei e os fariseus estavam em um aperto. Para não os embaraçar mais, encurvou-se outra vez, não olhando para eles, e continuou a escrever no chão. O que escreveu desta vez? Possivelmente: "O nosso Deus é misericordioso".

Imediatamente os acusadores começaram a ir embora, começando pelos mais velhos. No Oriente Médio, quando tem que se tomar uma decisão dá-se prioridade à pessoa mais velha. Assim o grupo olhava para o mais velho para ver o que faria. Ele desistiu e saiu. Seguiu-se outro e outro até que não ficou nenhum dos acusadores. As pessoas observavam para ver o que Jesus ia fazer. Jesus perguntou-lhe: "Mulher, onde estão os que te acusam? Ninguém te acusa?" Respondendo ela: "Não, Senhor". Jesus disse-lhe: "Eu também não. Vai e deixa de viver em pecado".

Vemos Jesus no seu ministério oferecendo igualdade e dignidade às mulheres. Em nenhuma das suas ações, dos seus sermões ou das suas parábolas vemos algo depreciativo acerca das mulheres, como se encontra facilmente em qualquer dos seus contemporâneos.

Jesus aceitava os samaritanos

Vemos a atitude de Jesus para com os samaritanos em um encontro que ele teve com uma mulher samaritana que tinha tido cinco maridos e estava vivendo com um sexto homem.

Costuma-se descrever essa mulher como imoral, mas cometemos injustiça ao condená-la. Jesus não a condenou. Esquecemos que ela viveu em uma época em que as mulheres não tinham direitos e não podiam pedir o divórcio. Por outro lado, os maridos podiam divorciar-se facilmente por qualquer motivo. Por vezes o homem queria apenas casar-se com uma mulher mais nova. A mulher samaritana tinha sido casada cinco vezes. É pouco provável que todos cinco tivessem morrido. É mais provável que alguns, se não todos, os maridos a rejeitassem. Mas, não vivia agora com outro homem em uma situação imoral? Jesus não chamou atenção para isso. Precisamos entender que as viúvas e divorciadas naquele tempo não tinham maneira de se sustentarem e estavam à misericórdia da comunidade. Algumas que ainda eram bastante jovens ficavam como segundas esposas para terem sustento.

Em vez de acusar a mulher como imoral, podemos vê-la como alguém que fora rejeitada, seguidamente e com uma autoestima muito baixa. Jesus tratou-a com gentileza, mostrando-lhe o amor de Deus que cuida de pessoas fragilizadas como ela.

Jesus encontrou a mulher junto a um poço em Samaria. Os rabis judeus nunca iriam ali. Jesus parou ali ao ir da Judeia para o norte, para a Galileia. Ele escolheu passar por ali, diferentemente dos judeus que, pelo ódio que tinham aos samaritanos, iam por outro caminho, muito mais longo, que implicava atravessar o rio Jordão duas vezes, só para evitar passar por ali.

Qual a razão deste ódio? Os samaritanos eram uma raça mista, resultado do casamento dos israelitas pobres que ficaram na terra depois do cativeiro assírio e os estrangeiros pagãos que foram morar para lá. Davam muito valor aos livros da Lei e esperavam a vinda do Messias mas não aceitavam outro profeta além de Moisés.

Os judeus que voltaram depois do exílio não permitiram que os samaritanos colaborassem na reconstrução do templo em Jerusalém. Mais tarde construíram o seu próprio templo no Monte Gerizim, em Samaria. Servia ali um grupo de sacerdotes rebeldes de Jerusalém, sob a chefia de Manassés, irmão do sumo sacerdote de Jerusalém. Esse templo foi destruído por Yohanan Hyrcanus, sumo sacerdote judeu em 128 a.C. quando pôs cerco a Samaria. Mais tarde, entre 6 e 9 a.C. e durante a Páscoa, um grupo de samaritanos entrou no Templo em Jerusalém por volta da meia-noite e espalhou ali os ossos de um esqueleto. Dali em diante os samaritanos estavam proibidos de entrar no Templo de Jerusalém. Essa animosidade estava bem viva na época de Jesus. Os samaritanos eram considerados pelos judeus como sendo piores do que os gentios por terem abandonado a fé verdadeira.

Mas Jesus não os desprezava. Chegando a Samaria ao meio-dia, cansado, Jesus sentou-se junto a um poço. Veio uma mulher da aldeia para tirar água e reconheceu que ele era judeu pela roupa. Como ficou admirada quando Jesus lhe pediu: "Dá-me de beber". Ao pedir-lhe água, Jesus estava a se humilhar. Ele estava a dar valor a ela pondo-se na posição de pedinte. Ela disse: "Como, sendo tu judeu, me pedes de beber a mim, que sou mulher samaritana?" Pois ela sabia que os judeus nem sequer bebiam dos mesmos recipientes dos samaritanos (Jo 4:9). Soube que Jesus era diferente. Tinha sede e não deixava que a tradição o impedisse de pedir água. Jesus veio para derrubar as barreiras humanas que impedem que os homens possam conhecer o Deus vivo.

Jesus tinha sede mas ele sabia que a mulher tinha uma sede maior, uma sede interior que a água do poço não podia saciar, uma sede que nada neste mundo pode saciar, sede que só Deus pode saciar. Por isso disse-lhe: "Se tu conheceras o dom de Deus e quem é que te diz: Dá-me de beber, tu lhe pedirias, e ele te daria água viva". Tanto judeus como samaritanos pensavam que a Torah, os cinco livros da Lei (os primeiros cinco livros das Escrituras Sagradas) era o maior dom que Deus deu aos homens. Mas o profeta Isaías viu para além dessa dádiva. Em uma passagem ele revela uma conversa em que Deus disse ao Messias prometido: "Te darei por concerto do povo, para luz dos gentios" (Is 42:6). Assim Deus estava a dizer que iria dar o Messias ao povo. Por isso vemos que o dom de Deus não é um livro: a Torah nem a Bíblia inteira, mas uma pessoa: o Messias. Assim Jesus disse que, se ela soubesse quem ele era, se soubesse que ele era o Messias, pedir-lhe-ia água viva para saciar a sua sede interior.

A água viva é melhor do que a água parada de um poço; é água de uma fonte. Jesus é a fonte da água viva, da qual precisamos para saciar a sede das nossas almas. Tal como Jesus não deixou que a tradição o impedisse de lhe pedir água também ela não devia deixar que a tradição a impedisse de pedir a Jesus água para saciar a sua sede interior. Essa mulher samaritana não só saciou a sua sede, mas também disse aos outros samaritanos na aldeia que tinha achado o Messias. Como resultado eles pediram a Jesus que ficasse com eles, o que ele fez durante dois dias, em que muitos se converteram e creram em Jesus, o Messias.

Os judeus odiavam tanto os samaritanos que o pior insulto era chamar "samaritano" a um judeu. Ao fazê-lo, subentendia-se que punha em dúvida quem era o pai dele. Jesus foi caluniado pelas autoridades religiosas quando zombavam dele dizendo que era um samaritano (Jo 8:48). Jesus não teve uma tal animosidade no seu ministério.

Uma vez Jesus contou uma parábola sobre um samaritano para descrever como deve comportar-se um bom vizinho. Nessa parábola um judeu viajava de Jerusalém para Jericó. Todos sabiam que a viagem era perigosa. O homem foi atacado por salteadores; roubaram-lhe tudo, deixando-o ferido e quase à morte. Então um sacerdote e um levita passaram pelo homem mas não o ajudaram. Porque é que esses homens religiosos não o ajudaram? Pensavam, em primeiro lugar, na segurança deles. Também é possível que achassem que o homem estava morto e poderiam ficar contaminados se tocassem nele. Mas depois veio um samaritano. Quando Jesus chegou a esse ponto na história a sua audiência judaica foi despertada para prestar mais atenção. O samaritano teve compaixão do homem quando o viu ferido no chão. Tratou das feridas, aplicando vinho e azeite que levava consigo. Depois levou-o a uma estalagem. No dia seguinte despediu-se, mas não quis se livrar da responsabilidade. Antes de ir embora deu duas moedas ao hospedeiro, dizendo: "cuida dele até que eu volte". Por causa de Jesus ter falado bem dele, passaram a chamar a este homem "o bom samaritano".

JESUS COMIA COM OS PUBLICANOS

No tempo de Jesus as pessoas de Israel dividiam-se, *grosso modo*, em dois grupos: os judeus ortodoxos (chamados fariseus, que observavam rigidamente a Lei e todos os regulamentos mesquinhos inventados pelos homens) e o resto da população que não se interessava por esses regulamentos. Os ortodoxos tratavam o resto das pessoas como cidadãos de segunda classe. Classificavam-nos como publicanos e "pecadores".

Os publicanos (cobradores de impostos) nunca foram populares, muito menos no tempo de Jesus. As pessoas tinham que pagar impostos a Roma, o que não lhes agradava. Os romanos usavam judeus para esse trabalho. O povo desprezava e odiava esses cobradores de impostos por serem colaboradores com o "inimigo", mas também porque eram muito corruptos, enriquecendo à custa deles, fazendo-os pagar muito mais do que estava estipulado. No tempo de Jesus, o termo "publicano" tinha um significado tão pejorativo como "ladrão".

Quanto à expressão "pecadores" a Bíblia diz que, aos olhos de Deus, somos todos pecadores (Rm 3:23). Mas pessoas tendem a chamar "pecadores" àqueles que levam vidas imorais, como por exemplo, as prostitutas. No entanto, os fariseus aplicavam-na de um modo mais genérico para descrever as pessoas que eram descuidadas acerca das suas vidas espirituais, que quebravam a Lei (em especial a Lei Oral, com todas as suas exigências) e que não se interessavam realmente pela cultura e pela vida judaica. Eram considerados pecadores e cerimonialmente impuros pelos fariseus, que os consideravam sob a ira de Deus; criam que o Messias viria para condená-los e destrui-los.

Os fariseus viviam completamente separados dos publicanos e pecadores. Evitavam a sua companhia, recusavam-se a fazer negócio com eles, não davam nem recebiam nada deles, não havia casamentos nem qualquer forma de entretenimento em conjunto. Isto se verificava em especial em festas e refeições. Havia regras rígidas sobre comer com os "imorais" ou não religiosos. O rabi Jesus Ben filho de Sira escreveu em 132 a.C.: "Os justos sejam vossos companheiros à hora de comer. Não convideis qualquer um para vossa casa. O que tem o lobo em comum com o cordeiro? Tanto como o pecador tem com o devoto" (Tradução do autor). Os fariseus nunca pensariam em convidar os publicanos ou pecadores a comer com eles.

Mas Jesus comia e bebia com publicanos e pecadores, o que fez com que as autoridades religiosas ficassem horrorizadas e o criticassem, dizendo que era amigo deles (Lc 15:1). Aos olhos deles de maneira nenhuma Jesus podia ser o Messias. Talvez tivessem entendido a atitude de Jesus como uma maneira de poder pregar-lhes para eles poderem mudar de vida. Talvez até se regozijassem por um pecador ver a luz e se converter da vida pecaminosa que levava. Mas o que os enfurecia era o fato de Jesus não condenar, mas parecer aceitá-los tal como eram e comer com eles, sem exigir que primeiro purificassem a vida.

No Evangelho, Lucas mostra Jesus, acusado pelos fariseus de comer com os pecadores, contando três parábolas a eles: a ovelha perdida, a moeda perdida e o filho perdido (Lc 15) para lhes mostrar o amor que Deus tem pelo pecador perdido e a sua alegria em recebê-lo de volta. Ao contar essas parábolas, Jesus está a dizer que os atos de que o acusavam eram exatamente a razão da sua vinda ao mundo.

Naquela cultura convidar alguém para uma refeição significava conceder-lhe honra, paz, confiança e perdão. Assim as refeições de Jesus com os pecadores não eram apenas acontecimentos sociais ou oportunidades para ele mostrar compaixão dos rejeitados. Representavam a essência da sua missão e mensagem. Cada vez que Jesus comia com os pecadores estava a revelar o reino de Deus, dizendo que Deus tem um lugar para eles à sua mesa. Estava a cumprir a promessa de Isaías em que falou do dia em que todas as pessoas, de todas as nações, seriam bem-vindas à grande festa de Deus (Is 25:6-8).

Quando olhamos para os Evangelhos descobrimos que os avisos mais severos quanto ao julgamento e ao inferno não foram dados aos publicanos e pecadores, mas aos fariseus presunçosos. A eles Jesus disse: "Ai de vós, mestres da lei e fariseus, hipócritas. Fechais o reino na cara do povo" e "Ai de vós mestres [...] viajais [...] para ganhar um convertido [...] fazeis dele duas vezes filho do inferno. Vós, víboras. Como escapareis à condenação do inferno?"

A mensagem dos fariseus para os "publicanos" e "pecadores" era: "Endireitai as vossas vidas e guardai a lei", o que fazia que eles se sentissem excluídos da bênção de Deus por serem incapazes de guardar a Lei farisaica. Jesus, ao comer com eles, tinha uma mensagem diferente: "O reino de Deus pertence-vos; estais incluídos," isto é, também vós podeis agradar a Deus, pois ele vos ama, pode perdoar-vos e quer orientar as vossas vidas.

JESUS TOCAVA NOS LEPROSOS

A lepra é uma doença terrível que afeta ainda muitas pessoas. No tempo de Jesus era considerada uma maldição de Deus. A lepra ataca o sistema nervoso central deixando a pessoa insensível, o que, sem tratamento, resulta em a pessoa ficar desfigurada porque fica sem dedos e com feridas infectadas por todo o corpo. É uma doença que vai destruindo a pessoa lentamente, tirando-lhe a própria identidade. Além disso, o sofrimento físico é imenso.

No tempo de Jesus havia muitos leprosos em Israel. Sendo uma doença altamente contagiosa, a lei exigia que os leprosos vivessem isolados (Lv 13: 45,46). Deste modo eles eram excluídos da vida social, o que também implicava uma proibição de adorar no Templo. Assim viviam em comunidades fora das cidades e quando se aproximavam, tinham que se apresentar com um pano sobre o lábio superior gritando:

"Impuro, impuro!". A Lei dizia que tocar um impuro fazia que a pessoa se tornasse impura. Por isso os leprosos eram "os intocáveis". Se alguém visse um leproso aproximar-se, começava logo atirando pedras para obrigá-lo a afastar-se. Assim eram rejeitados e desprezados.

Era tão terrível o sofrimento dos leprosos que, segundo o estudioso judaico Arnold Fruchtenbaum, a tradição dizia que, quando o Messias viesse, um dos sinais seria que ele provaria a validade da sua reivindicação ao curar leprosos.

Um dia, na Galileia, um leproso foi ter com Jesus (Lc 5:12,13). Ficou de joelhos em frente de Jesus e disse: "Se quiseres, podes purificar-me", reconhecendo que Jesus tinha o poder de cura. Além disso, ele deu autorização a Jesus de curá-lo. O homem também pediu purificação da sua doença. Isso era mais do que ser curado. Queria ser restaurado à comunidade do povo de Deus e ser autorizado a adorar a Deus no Templo.

As pessoas que estavam com Jesus devem ter ficado espantadas, vendo o aspecto repulsivo do homem, cheirando a carne podre e ouvindo a voz áspera mas, ao mesmo tempo, vendo a sua audácia. Muito provavelmente a multidão deve ter ido embora deixando Jesus com os seus discípulos e o homem com uma doença terminal, longe da família e considerado indigno de adorar a Deus.

Jesus não tratou com ele como os outros fizeram. Foi movido de compaixão pelo homem. Estendeu a mão e tocou-lhe. A palavra grega usada significa mais do que um breve contato por acaso. Jesus segurou o homem. Ninguém tinha feito isto desde que adoecera. Talvez o tenha ajudado a se levantar. Jesus não precisava tocar. Podia tê-lo curado assim mesmo. Podia ter falado apenas. Mas entendeu que aquele homem sofria a rejeição e o sentimento de culpa. Tocou-o e, ao fazê-lo, o leproso foi limpo.

Ninguém podia tocar em um leproso sem ficar impuro. Mas Jesus podia. Essa possibilidade estava implícita na Lei. Tudo sobre o que a carcaça de um animal caísse ficava impuro, exceto uma fonte de água corrente (Lv 11:35-37). Jesus, o Messias o Filho de Deus é a Fonte de água viva. Deixou a glória no céu para ser homem e tocar a podridão da humanidade, sem ficar conspurcado. Tocou no que era impuro, que se tornou puro, enquanto ele permanecia puro.

Imediatamente a lepra saiu do homem e ele ficou limpo. Não foi um processo gradual em que houve uma lenta remissão da doença. Foi imediato e repentino. As mãos disformes pelos muitos acidentes causados pela falta de sensibilidade foram restauradas. Começou a sentir as mãos e os pés. Podia agora ficar de pé com estabilidade. Podia agora tocar e ser tocado por outras pessoas. Deve ter abraçado Jesus por gratidão. Como deve ter se sentido maravilhoso! Mas ele não foi apenas curado: foi purificado para poder de novo fazer parte do povo de Deus e juntar-se aos outros na adoração no Templo.

Foi para isso que Jesus veio. Ele nunca ficava satisfeito em apenas curar as pessoas. O seu propósito, ao tratar com cada um individualmente, era sempre de restaurá-lo à integridade e à comunhão com Deus.

Jesus dava atenção aos mendigos

Em Israel havia muitos mendigos. Normalmente tinham um problema físico visível, por exemplo, a falta de um braço ou de uma perna. Isso era considerado essencial para os mendigos profissionais. Mas ser cego era uma deficiência que dava bom lucro.

Numa ocasião em que Jesus ia sair de Jericó, havia um homem cego sentado à beira do caminho a mendigar. Uma multidão que passava atraiu a sua atenção e perguntou o que estava a acontecer. Essa multidão estava com Jesus. Era costume no Oriente Médio, quando uma pessoa importante se dirigia a uma aldeia, que as pessoas dali a honrassem saindo ao encontro dela a uma certa distância da aldeia, lhe dessem as boas vindas e caminhassem com ele até à aldeia. Alguns naquela multidão deve ter viajado com Jesus mas a maioria era de Jericó.

Quando o cego perguntou quem passava, disseram-lhe que era Jesus de Nazaré. Logo ele começou a clamar: "Jesus, filho de Davi, tem piedade de mim!" Isto mostra que aquele homem já tinha ouvido falar de Jesus, já tinha investigado o assunto e já tinha chegado à conclusão que ele era o Messias, o filho de Davi.

As pessoas ordenaram logo que ele se calasse. Não tinham boa opinião desse mendigo, pois tinham-lhe dado o apelido de Bartimeu, que significa "filho da sujeira". De acordo com as pessoas, ele não tinha o direito de esperar alguma coisa de Jesus. Mas Jesus ouviu-o chamar e disse à multidão que o trouxessem até ele.

No Oriente Médio, os mendigos são reconhecidos como parte da comunidade, oferecendo um serviço, pois as pessoas religiosas têm o dever de dar esmolas no entanto só o podem fazer se houver pobres. O mendigo tradicional não diz: "Dê uma esmola ao pobre," mas fica em um lugar público e diz: "Dê a Deus". Quando lhe dão dinheiro, levanta-se e proclama elogios da pessoa que deu a esmola e pede as bênçãos de Deus sobre ele.

Jesus perguntou-lhe então: "Que queres que te faça?" Parece que era óbvio o que ele queria. Mas não era assim tão simples: se o homem fosse curado, já não podia mais continuar a pedir esmola. Uma vez que era cego, não tinha tido a oportunidade de estudar nem de aprender um ofício; por isso não seria fácil achar trabalho. Portanto Jesus lhe dava a oportunidade de escolher: ele queria continuar cego, sendo sustentado por outros ou estava disposto a enfrentar as responsabilidades e desafios de uma vida nova?

Bartimeu não tinha dúvida. Disse logo que queria ver. Jesus curou-o e disse-lhe: "A tua fé te salvou". Ele creu que Jesus era o Messias e, como resultado, foi curado.

Que fez Bartimeu depois? Seguiu a Jesus. A primeira pessoa que ele viu foi Jesus, aquele de quem ele tinha ouvido falar e que ansiava ver. Seguiu a Jesus, glorificando a Deus. Era um homem novo pronto para enfrentar os desafios da vida.

Jesus abraçava as crianças

Os pais judeus tinham o costume de levar os filhos à sinagoga no seu primeiro aniversário para o rabi os abençoar em uma cerimônia especial. Mas nunca os levariam ao rabi quando ele estivesse a ensinar em público. Os rabis não interromperiam o seu ensino para dar atenção a crianças. Jesus não. Diferentemente dos mestres religiosos do seu tempo, Jesus não estava interessado nos debates intermináveis e fúteis acerca deste ou daquele pormenor da Lei. Não estava interessado na verdade abstrata, mas em transmitir o amor de Deus e em falar do reino de Deus onde todos eram bem-vindos.

Naquele tempo as crianças eram discriminadas no Oriente Médio. Tinham uma posição muito baixa na sociedade. Na escala social, primeiro eram os homens, depois as mulheres e depois as crianças. Isso não significa que as crianças não fossem amadas ou tratadas bem. Os pais amavam os filhos. Mas era ensinado a elas o seu status. Não podiam aparecer. Os adultos não lhes davam atenção em público. Mas Jesus deu. Ele não considerava crianças como objetos sem valor em si próprias mas como pessoas que, tal como os adultos, por vezes, se sentiam culpadas, confusas, inseguras e incompreendidas.

Mas quando alguns pais ouviram falar as coisas que Jesus ensinava e viram os milagres que fazia, falaram entre si. Certamente essa pessoa extraordinária que revelava o amor de Deus a todos não se importaria de interromper o seu ensino por uns momentos para abençoar as crianças, embora soubessem que isso ia contra a convenção. A multidão ao redor de Jesus deve tê-los impedido de avançar. Quando conseguiram chegar perto, os discípulos queriam mandá-los embora. Procederam assim porque não tinham as mesmas prioridades de Jesus. Achavam que ele era importante demais e que tinha muito a fazer para perder tempo com crianças.

Quando ele viu o que se passava, ficou zangado com eles e disse: "Deixai vir a mim os pequeninos, e não os impeçais, porque dos tais é o reino de Deus". Via as crianças como elas eram. Via a humildade delas. Não se importavam com o que os outros pensavam. Chegaram tal como estavam, sem fingimentos. Viu a fé simples delas. Foram de boa vontade ter com ele, sem medo, sem fobias, sem complexos, sem preconceitos. Confiavam nele. Jesus viu neles as caraterísticas daqueles que entram no seu reino.

Por causa de sua atitude, o Senhor tomou-as nos seus braços e abençoou-as. Algumas das crianças eram muito pequenas e não iam entender tudo o que Jesus lhes dizia mas podiam entender o seu sorriso e um abraço caloroso. Deste modo sentiam-se seguras nos seus braços. As suas vidas encheram-se de significado.

JESUS TINHA COMPAIXÃO DAS VIÚVAS

No tempo de Jesus as viúvas eram esquecidas. Deus tinha, no entanto, dito ao povo de Israel para ter um cuidado especial das viúvas necessitadas (Dt 24:17-21).

Uma tarde, depois de uma longa viagem, quando Jesus se aproximava da cidade de Naim encontrou-se com uma procissão de funeral ruidosa, que ia a sair da cidade a caminho do cemitério (Lc 7:11-17). Não era costume os defuntos serem transportados dentro de um caixão mas sim sobre um esquife (uma espécie de maca), embrulhados em um pano de linho, com o rosto exposto. Os homens se revezavam para carregar o esquife. As mulheres choravam em voz alta e iam à frente. Seguiam-se normalmente as carpideiras (lamentadoras profissionais). As mulheres iam à frente porque se presumia que eram culpadas pelo pecado, eram culpadas pelo que acontecera. Os homens, sem sentirem responsabilidade, iam atrás.

Nessa ocasião, o defunto era um jovem, filho único de sua mãe, viúva. Naquele tempo era difícil a viúva sobreviver mas, se tivesse filhos, já podiam sustentá-la. Não havia segurança social. Essa viúva sem filhos iria ficar em pobreza extrema. A morte do único filho era um golpe tremendo para ela. O futuro era tenebroso. O povo de Naim percebeu isso e foi na procissão do funeral para apoiá-la.

Quando Jesus viu a mulher caminhando à frente do esquife do filho morto, encheu-se de compaixão por ela. Ele sabia que o único filho dela tinha morrido. Entendeu quão grande era a perda dela. Foi ter com ela e disse-lhe: "Não chores!". Isso deve ter soado estranho àqueles que ali estavam, onde o lamento ruidoso era o costume nos funerais do Oriente Médio como marca de respeito pelo defunto. Além disso, a mulher tinha perdido o seu mais precioso bem. Que mais poderia fazer? As palavras vindas de outra pessoa não fariam sentido. Seriam palavras bem-intencionadas mas sem sentido. Mas não quando pronunciadas pelo Senhor Jesus. Ele veio para limpar as lágrimas e dar uma razão de viver.

Jesus tocou no esquife. Os que o carregavam pararam imediatamente. Pois claro! Nenhum rabi tocaria um morto para que não ficasse impuro cerimonialmente. Mas Jesus fê-lo porque não se importava com a lei cerimonial. Estava preocupado com aquela viúva aflita. Ele não veio para ficar do lado do *establishment*, não veio para falar palavras suaves que não servem para nada. Ele veio para tocar as nossas vidas. Veio para nos dar vida, para enchê-la de significado. Falou então ao defunto, ordenando-lhe que se levantasse. O jovem levantou-se logo e começou a falar. Todos puderam ver que ele estava vivo e que Jesus tinha operado um milagre.

Depois Jesus entregou o filho à mãe. A mulher tinha perdido o filho mas agora estava de novo ao seu lado. A relação perdida tinha sido restaurada por Jesus. Esse ato de entregar o filho à mãe era importante porque fazia as pessoas lembrarem da ocasião em que o profeta Elizeu, muitos anos atrás, tinha ressuscitado o filho de uma mulher em Sunem (a mesma cidade que Naim) e que a tinha entregado à mãe. As pessoas associaram imediatamente estes dois milagres. Por isso declararam: "Um grande profeta se levantou entre nós".

11

O MINISTÉRIO DE MARAVILHAS, PRODÍGIOS E SINAIS

Jesus operou muitos milagres

Os milagres foram todos feitos para o bem dos outros e para levar as pessoas a entender o grande amor que Deus tinham por eles.

Apesar disso, há pessoas que apreciam o ensino de Jesus, considerando-o o mais belo em toda a literatura e valorizam a pessoa de Jesus pelas boas obras que sempre praticava mas que têm dificuldade com os milagres. Dizem que teria sido preferível se os evangelistas tivessem deixado fora os milagres. Essas pessoas tomam tal posição porque, na sua experiência, nunca viram nenhum milagre e entendem que os milagres simplesmente não acontecem.

Espinosa, o filósofo judeu holandês de ascendência portuguesa, exponente importante do racionalismo do século XVII, declarou que nada pode "transgredir as leis naturais da natureza". Ele acreditava na uniformidade mecânica da natureza. Mais tarde o filósofo Hume considerava o milagre como uma "violação das leis da natureza". Mas os argumentos deles são argumentos em ciclo. Se as leis da natureza são definidas como completamente uniformes, então o sobrenatural é logo excluído, e é impossível haver milagres.

Alguns cientistas também entendem que, uma vez que a ciência hoje em dia explica coisas que se pensavam ser milagres, isso significa que essas pessoas só acreditavam nos milagres porque não conheciam as leis da natureza. Mas isso não é verdade. Nos dias de Jesus, toda a gente sabia, tal como nós sabemos hoje, que não é natural um morto ressuscitar. Se eles não tivessem conhecido as leis da natureza, não teriam reconhecido ser um milagre.

Além disso, as leis da natureza a que se referem esses filósofos, não são como as leis da matemática pura, que não podem ser infringidas. São leis descritivas. Descrevem simplesmente o que o homem tem observado. Não fazem que algo aconteça. Se acreditamos em um Deus que criou o universo ordenado, e que o sustenta de uma maneira tão concisa, a ponto de o homem conseguir ver padrões nele, não há nada que impeça este Deus todo poderoso de agir de um modo diferente quando quer. Ele não está preso a leis científicas. Ele é o Senhor. Opera com plena liberdade. Por isso pode operar milagres quando quer.

Os milagres de Jesus são uma parte integrante do seu ministério. Se cortassem os milagres dos Evangelhos ficaríamos com uma noção totalmente diferente daquela que os discípulos quiseram apresentar. Os Evangelhos oferecem a maior evidência quanto aos milagres que Jesus fez. Já explicamos, no capítulo 1, quão digno da nossa confiança é esse testemunho.

Além dos registros dos Evangelhos, encontramos também alguma evidência útil quanto ao ministério de milagres de Jesus em antigos escritos judaicos, não bíblicos. Claro que as autoridades judaicas que escreveram essas informações não simpatizavam com Jesus, o que se reflete no modo como se referem a ele, mas o fato é que registraram alguns desses milagres. Sabemos que por volta do ano 95 d.C. o Rabi Eliezer Ben Hircano falou das "artes mágicas" praticadas por Jesus. Depois, no ano 110 d.C., houve um grande debate que se levantou entre os judeus, em Israel, em que se discutia se as pessoas deviam ter autorização de curar em nome de Jesus. Esse debate pressupõe que as pessoas reconheciam que Jesus tinha curado e feito milagres.

A VARIEDADE DE MILAGRES

É interessante notar que os milagres de Jesus foram tantos que os escritores dos Evangelhos apenas escolheram uma amostra, deixando fora muitos outros (Jo 21:25). Mas nessa amostra falam de uma grande variedade de milagres feitos por Jesus em circunstâncias diferentes. Entre aqueles que os Evangelhos apresentam vemos que Jesus:

- Transformou água em vinho quando assistia a uma festa de casamento em Caná da Galileia, porque o vinho tinha acabado.
- Curou mancos, fez cegos enxergarem e surdos ouvirem.
- Libertou aqueles que estavam possuídos por espíritos malignos.
- Ressuscitou algumas pessoas. Um desses casos foi o do seu amigo Lázaro, que estava no túmulo e que tinha morrido havia quatro dias.
- Em duas ocasiões alimentou, milagrosamente, multidões que tinham estado a ouvi-lo.
- Caminhou sobre a água no Mar da Galileia.
- Acalmou, instantaneamente, uma tempestade violenta.

A MANIFESTAÇÃO DO REINO DE DEUS

Os milagres que Jesus operou podem dividir-se em quatro grupos:

- **Expulsão de espíritos malignos.** Nesses milagres vemos a autoridade de Jesus sobre o mal. Um exemplo disto aconteceu logo no início do seu ministério (Mc 1).
- **Curas.** Nestes milagres vemos a autoridade dele sobre a doença.
- **Milagres sobre a natureza.** Nestes vemos a autoridade dele sobre a natureza. Um exemplo é quando ele andou sobre o Mar de Galileia (Mc 6).
- **Ressurreições.** Nesse caso, vemos a autoridade dele sobre a morte. Jesus ressuscitou três pessoas da morte: ressuscitou a filha de Jairo (Mc 5), o filho da viúva de Naim (Lc 7) e o seu amigo Lázaro (Jo 11).

Esse quatro tipos de milagres mostram que os milagres de Jesus não foram apenas atos em que Jesus operou para o benefício de outros. Eles foram manifestações do reino de Deus no mundo. Mostraram como o mundo vai ser no futuro, quando o mal da era presente tiver sido substituído pelo perfeito reino de Deus. Naquele dia não haverá mais sofrimento nem dor porque o mal não existirá, a doença estará ausente, a natureza jamais será contrária e não haverá morte.

A fé e os milagres

Os Evangelhos mostram que onde havia fé Jesus podia fazer curas sem impedimento. O leproso que foi ter com Jesus foi curado porque creu (Mc 1:40-45). O homem paralítico que foi carregado por quatro amigos foi curado porque eles tinham fé (Mc 2:1-12). A mulher como o fluxo de sangue creu e foi curada (Mc 5:32). O cego Bartimeu foi curado porque creu (Mc 10:52). Em Genesaré a fé estava presente em todos porque todos os que tocaram nele foram curados (Mc 6:53-56). Mas onde havia falta de fé Jesus foi impedido de curar. Embora quisesse curar não podia. Em Nazaré, onde tinha sido criado, por causa da falta da fé, Jesus não podia fazer ali obras maravilhosas, apenas curando alguns (Mt 13:58; Mc 6:5). De igual modo, em Cafarnaum, trouxeram-lhe todos que estavam enfermos mas Jesus apenas curou alguns (Mc 1:32-34).

Maravilhas, prodígios e sinais

No dia de Pentecostes, cinquenta dias depois da crucificação de Jesus, o apóstolo Pedro proclamou ao povo o Senhor Jesus vivo, dizendo-lhes: "Varões israelitas escutai estas palavras: A Jesus nazareno, varão aprovado por Deus entre vós, com maravilhas, prodígios e sinais, que Deus, por ele, fez no meio de vós, como vós mesmos bem sabeis" (At 2:22).

Nesta frase Pedro usou três palavras gregas para descrever os milagres que Jesus fez. As palavras são *dunamis*, que está traduzido por "maravilhas" mas que, de fato, significa "poder", *teras*, traduzido por "prodígios" e *semeion*, traduzido por "sinais".

Maravilhas (demonstrações de poder)

Em primeiro lugar, os milagres que Jesus operou eram demonstrações de poder (*dunamis*). Devemos sublinhar aqui que Jesus não fez milagres nem curou pessoas devido ao fato de ser Deus. Os milagres não foram feitos pelo seu divino poder. Como Filho de Deus, tinha poder para fazer todos os milagres e mais. Afinal, foi por ele que o universo foi criado. Sendo Deus, não há nada que ele não possa fazer.

Mas quando veio viver no nosso meio, Jesus optou por não ter qualquer vantagem sobre nós. Limitou-se aos recursos que todos nós temos. Portanto, a origem dos seus milagres não estava no fato de ser divino.

Jesus operou os milagres pelo poder do Espírito Santo. O seu ministério só começou depois de ter sido batizado com o Espírito Santo, no rio Jordão. Antes disso Jesus não operou nenhum milagre, apesar daquilo que alguns pensam. A partir do seu batismo e durante todo o seu ministério, o Espírito Santo esteve sobre ele, dando-lhe poder para fazer milagres. Por ter sido batizado com o Espírito Santo, Jesus tinha o dom de maravilhas e o dom de curas.

Mas, mesmo estando cheio do Espírito Santo, Jesus não fazia milagres quando lhe apetecia. Viveu em comunhão com o Pai em cada momento do seu ministério. Procurou fazer constantemente as coisas que agradavam ao Pai. O Espírito Santo revelou-lhe, a cada momento do ministério, aquilo que o Pai queria que ele fizesse. O próprio Jesus disse: "Nada faço por mim mesmo, faço sempre o que lhe agrada" (Jo 8:28,29).

Devido ao fato de os milagres que Jesus operou serem feitos no poder do Espírito Santo, conforme as revelações que recebia do Pai, ele não seguia um método, ou uma técnica, ao curar as pessoas.

Por isso não tratava as pessoas como dados estatísticos. Tratava com cada pessoa como indivíduo e com dignidade. Dedicava a cada um o tempo que fosse necessário, a ponto de arriscar a sua vida. Um exemplo é o caso do homem que tinha nascido cego. Lemos acerca dele no início do capítulo 9 do Evangelho de João. No fim do capítulo 8 Jesus tinha acabado de escapar das autoridades religiosas no Templo, onde tinham tentado apedrejá-lo. O capítulo 9 de João começa com as seguintes palavras: "E, passando Jesus, viu um homem cego".

Entre os milagres que se mencionam durante o ministério de Jesus foi a expulsão de espíritos malignos. A maneira racional de ver isto é explicar que isso foi o resultado da ignorância naqueles dias. Mas é impossível classificar todos os que Jesus libertou como esquizofrênicos. Os Evangelhos mostram que eles não estavam doentes fisicamente, mas estavam possuídos por espíritos malignos com o intento de se oporem a Jesus e ao seu ministério (Mc 1:23-27). Esses livramentos foram um sinal visível do poder do Espírito Santo operando através de Jesus.

Os milagres eram realizado através da sua palavra de autoridade. O centurião romano que procurou Jesus para curar o seu servo que estava doente entendeu isto. Por isso disse-lhe: "Fala a palavra e o meu servo será curado" (Mt 8:8,9). Isto contrastava com a prática naquele tempo onde pessoas procuravam curas através de amuletos com inscrições e feitiços. As pessoas viviam com terror das doenças e faziam as coisas mais ridículas para serem curadas. O ministério de Jesus era muito diferente. Não admira que muitos o procurassem. Bastava ele falar e a pessoa ficava curada.

Prodígios

Em segundo lugar, os milagres, especialmente as curas, que Jesus fez eram prodígios (*teras*), que provocavam grande espanto entre as pessoas. Em uma ocasião, quando Jesus curou um paralítico, o povo ficou admirado e louvou a Deus, dizendo: "Nunca vimos nada como isto." (Mc 2:12).

Porém é importante notar que Jesus nunca operou um milagre para impressionar o público. Logo no princípio do seu ministério o Diabo levou-o ao pináculo do templo, sugerindo que se atirasse dali e operasse um milagre para a admiração de todos. Jesus rejeitou esta tentação e nunca cedeu a operar desta maneira durante o seu ministério (Mt 4:1-7).

Os profetas tinham escrito que um ministério de curas seria uma caraterística do ministério do Messias. Por exemplo, Isaías escreveu: "Esforçai-vos, não temais: Eis que o vosso Deus virá... então os olhos dos cegos serão abertos, e os ouvidos dos surdos se abrirão. Então os coxos saltarão como os cervos, e a língua dos mudos cantará" (Is 35:4-6).

As curas e os atos de misericórdia que fez eram feitos em resposta à necessidade humana. Sempre que Jesus curava alguém era por compaixão. A palavra grega usada é *splanchnizomai*. Traduz-se por "ter compaixão, mostrar misericórdia, sentir empatia". A raiz dessa palavra vem de *splanchnon* que significa "entranhas". É um sentimento vindo de dentro, entranhável.

A grande preocupação de Jesus em ajudar e curar era de restaurar as pessoas completamente, fisicamente, socialmente (porque pessoas que sofriam de lepra e pessoas que eram possessas de espíritos malignos eram consideradas impuras cerimonialmente e, portanto, cortadas de todo o contato humano, não podendo assistir aos cultos na sinagoga ou ir as festas no Templo) e espiritualmente.

Jesus não curava para fazer sensação. De fato muitas vezes após operar uma cura, Jesus avisou a pessoa seriamente a não contar a ninguém. Por exemplo quando curou o leproso (Mt 8:4). Em uma ocasião, em que "todos o buscavam", porque ele tinha curado muitos, Jesus retirou-se dali e foi às aldeias vizinhas (Mc 1:37-39). E quando o rei Herodes quis ver um milagre realizado por ele, Jesus não o satisfez (Lc 23:8,9).

Sinais

Em terceiro lugar, os milagres que fazia eram sinais (*semeion*). Um sinal é como um selo do rei em uma proclamação real. O selo confirmava a legalidade do documento, mas a declaração era a coisa que tinha mais importância. A declaração podia ser o perdão das dívidas, por exemplo. O selo só provava que a declaração era genuína. Seria louca a pessoa que não se importasse com a declaração e ficasse só a olhar para o selo real! Os milagres de Jesus são sinais dados para confirmar a sua palavra.

Por vezes os milagres de Jesus foram sinais da bondade de Deus para com o povo. Muitos judeus naquele tempo pensavam que, devido à desobediência do povo, ainda estavam debaixo da maldição de Deus, profetizada por Moisés (Dt 28). As curas que Jesus realizou mostravam claramente que Deus não estava contra o povo mas pronto a abençoá-lo, como os profetas anunciaram.

Por vezes os milagres foram sinais para confirmar que ele era o Messias prometido, aquele do qual os profetas falaram (Is 61:1). Segundo o estudioso judeu Arnold Fruchtenbaum, a tradição judaica afirmava que, quando o Messias viesse, faria três sinais-chave para provar a validade da sua reivindicação:

- Ressuscitaria alguém que estivesse morto mais do que três dias.
- Purificaria leprosos.
- Curaria cegos e mudos.

Jesus fez tudo isso. Os Evangelhos mostram que Jesus ressuscitou Lázaro depois de este ter morrido havia quatro dias (Jo 11:39). Também nos informam que, em várias ocasiões, ele curou leprosos (Mt 8:2-4; Lc 5:12-16). A Lei continha regras sobre a cura de um leproso (Lv 14) mas toda a gente sabia que aquela doença era incurável e que só Deus podia curar. Lucas relata que Jesus disse ao leproso, depois de o curar, que fosse mostrar-se aos sacerdotes "como testemunha" para os confrontar com os fatos, porque não acreditavam nele (Lc 5;12-16). Mateus conta que foi levado a Jesus um homem cego e mudo e que Jesus o curou (Mt 12:22). As pessoas ficaram espantadas e perguntaram se Jesus era o Messias.

Quando João Baptista enviou os seus discípulos a perguntar a Jesus se ele era o Messias que Israel esperava ele respondeu usando a profecia de Isaías: "os cegos veem, e os coxos andam; os leprosos são limpos, e os surdos ouvem; os mortos são ressuscitados, e aos pobres é anunciado o evangelho" (Mt 11:5).

Por vezes os milagres foram sinais para confirmar as afirmações que Jesus fez sobre si mesmo. Depois de ter alimentado os cinco mil, Jesus declarou: "Eu sou o pão da vida; aquele que vem a mim não terá fome" (Jo 6:35). Algum tempo depois declarou no Templo: "Eu sou a luz do mundo. Quem me segue não andará em trevas, mas terá a luz da vida" (Jo 8:12). Ao sair do Templo trouxe a luz a um homem cego. Também mesmo antes de ressuscitar Lázaro, Jesus declarou: "Eu sou a ressurreição e a vida; quem crê em mim, ainda que esteja morto, viverá. E todo aquele que vive, e crê em mim, nunca morrerá" (Jo 11: 25).

Mas, por vezes, os milagres chamavam a atenção para outra realidade. A grande preocupação de Jesus era a salvação das pessoas. Cuidava da saúde física das pessoas mas entendia que aquilo que importava mais era a saúde espiritual. Jesus curava por compaixão mas cada cura era também um sinal para a pessoa curada. Ele queria que a pessoa entendesse que Deus tinha um projeto para a sua vida, que lhe traria ainda uma bênção maior do que aquela cura física.

Como os discípulos reagiram ao ministério de Jesus

As coisas que Jesus disse e fez afetaram profundamente os seus discípulos. Eles eram testemunhas não só das suas palavras e dos seus atos poderosos, mas também da totalidade da sua pessoa. Como resultado, o seu ministério os convenceu, contra os preconceitos que tinham tido como judeus devotos, de que Jesus era de fato o Messias, o Filho do Deus vivo. O apóstolo João expressa isto nas seguintes palavras:

> O que era desde o princípio, o que ouvimos, o que vimos com os nossos olhos, o que temos contemplado, e as nossas mãos tocaram da Palavra da vida (Porque a vida foi manifestada e nós a vimos, e testificamos dele, e vos anunciamos a vida eterna, que estava com o Pai, e nos foi manifestada); O que vimos e ouvimos, isso vos anunciamos, para que também tenhais comunhão connosco; e a nossa comunhão é com o Pai e com seu Filho, Jesus Cristo (1 Jo 1:1-3).

Não pode ser mais clara a ênfase que o apóstolo dá ao impacto que Jesus teve sobre ele e os outros discípulos. Estão envolvidos o olho, o ouvido e o toque. Quão maravilhosa era esta pessoa que eles tiveram o privilégio de conhecer!

12

OS DIAS ANTES DA CRUCIFICAÇÃO

A ENTRADA TRIUNFAL EM JERUSALÉM

Cinco dias antes da festa da Páscoa, no dia 10 do mês de Nissan, Jesus entrou em Jerusalém montado sobre um jumento (Jo 12:1,12). Não foi por acaso que Jesus entrou na cidade precisamente nesse dia.

Era no dia 10 de Nissan que os cordeiros que iam ser sacrificados na Páscoa eram levados para a cidade de Jerusalém. A seguir eles eram inspecionados durante cinco dias até ao dia 14 daquele mês. Só podiam ser oferecidos os cordeiros que fossem perfeitos (Ex 12). Assim, no dia 10 de Nissan, Jesus, o Cordeiro da Páscoa, apresentou-se a Israel para "ser inspecionado". No fim daquele tempo Deus usou um governador romano para declarar perante todo o Israel: "Não acho nele crime algum". Ele foi, de fato, o Cordeiro de Deus sem defeito algum.

Daniel tinha profetizado isso mesmo, falando de um período de setenta semanas, ou setenta setes, ou 490 anos, que Israel passaria antes de receber a bênção plena de Deus (Dn 9). Essas setenta semanas estão divididas em três períodos: um período de sete semanas, um de 62 semanas e um de uma semana. Daniel disse: "Desde a saída da ordem para restaurar e para edificar Jerusalém, até ao Messias, o Príncipe, sete semanas e 62 semanas" (Dn 9:25).

Quando foi decretada esta ordem? Em 444 a.C. (Ne 2). Desde esta data até que o Messias se apresentasse seriam sete semanas mais 62 semanas, isto é, 69 semanas de anos. Este período consiste em 483 anos (69 vezes 7), anos proféticos de 360 dias (anos lunares), desde o decreto para reconstruir Jerusalém até à entrada triunfal de Jesus em Jerusalém. Este dia coincidiu exatamente com o dia 10 de Nissan do ano em que Jesus entrou em Jerusalém. Portanto a profecia estava sendo cumprida quando Jesus entrou em Jerusalém naquele dia.

Teve também significado o fato de Jesus ter entrado em Jerusalém montado em um jumento. Jesus tinha provavelmente caminhado a pé sempre que, até então, entrava em Jerusalém. Mas nesta ocasião tinha que entrar montado. O profeta Zacarias tinha profetizado acerca disto: "Alegra-te muito, ó filha de Sião; exulta ó filha de Jerusalém: Eis que o teu rei virá a ti, justo e Salvador, pobre, e montado sobre um jumento, sobre um asninho, filho de jumenta" (Zc 9:9).

Sem dúvida, o Pai revelou a Jesus que devia apresentar-se a Israel montado em um jumento. Naqueles dias os reis montavam cavalos quando iam para a guerra, mas montavam jumentos quando iam em paz. Era apropriado que o Príncipe da Paz se apresentasse assim.

Ao passar o cortejo em que Jesus ia, as pessoas estendiam roupas ao longo do caminho, formando como que uma passadeira para o rei. À medida que Jesus caminhava para a cidade, muitos peregrinos juntaram-se a ele e o acompanharam. Alguns foram à frente e anunciaram a chegada dele, contando sem dúvida como Jesus tinha ressuscitado Lázaro, curado o cego Bartimeu e tudo o que tinham visto (Jo 12:12-18). Como consequência, uma grande multidão saiu de Jerusalém para ir ao encontro dele.

Ao aproximar-se da cidade, Jesus viu outra multidão, que vinha dar-lhe as boas vindas, trazendo ramos de palmeira.

A forma tradicional de mostrar que um rei ou um libertador era bem-vindo era agitar ramos de palmeira no ar. Ora, segundo a tradição do povo judeu, as pessoas de Jerusalém saíam para receber os peregrinos que chegavam em ocasiões festivas. Ao fazê-lo, cantavam os versículos 25 a 28 do Salmo 118. Cantavam a primeira parte de cada versículo e os peregrinos, que estavam a chegar, respondiam, cantando a segunda parte de cada versículo. Portanto as pessoas de Jerusalém cantavam: "Oh! Salva-nos Senhor, nós te pedimos". Os que estavam chegando respondiam: "Ó Senhor, nós te pedimos, prospera". Depois o grupo que vinha dar as boas-vindas cantava: "Bendito aquele que vem em nome do Senhor".

A frase "Oh! Salva-nos Senhor", cantada pelas pessoas de Jerusalém é *hoshah-na* em hebraico. Esta frase está relacionada com a palavra *Yeshua*, que era o nome de Jesus em hebraico e que significa "ele salvará". Portanto a frase "Oh! Salva-nos Senhor" era um apelo ao Senhor para que pudesse operar a favor do povo.

A frase *hoshah-na* passou a ser a palavra *hosana* na língua grega e em outras línguas. Portanto o povo recebeu o Senhor Jesus com as palavras "hosana" e "bendito aquele que vem em nome do Senhor", como era costume cantar-se para todos os peregrinos. Mas não ficaram por aí. Também cantaram: "Hosana ao Filho de Davi" e "Bendito o rei de Israel". Com estas palavras declararam que Jesus era o Messias, que os iria libertar dos romanos e inaugurar o seu reino.

Normalmente, acabava ali a troca de palavras entre os peregrinos e aqueles que os recebiam. Mas, neste dia, os dois grupos não cessaram de cantar e louvar ao Senhor, à medida que se dirigiram, juntos, para a cidade (Mt 21:9). Marcos usa um tempo verbal que mostra que eles continuaram a clamar "hosana".

Alguns dos fariseus, que se encontravam entre a multidão, pediram a Jesus que controlasse o zelo dos discípulos. Mas ele respondeu: "Se estes se calarem, as próprias pedras clamarão" (Lc 19:39,40). Outros fariseus estavam preocupados com a recepção que Jesus estava a ter, pois punha em perigo a posição deles na sociedade. Compreendiam que a ação que tinham tomado para combatê-lo não tinha sido suficiente até então e que tinham que tomar medidas, se quisessem pará-lo. Disseram entre si: "Vedes que nada aproveitais? Eis que toda a gente vai após ele" (Jo 12:19).

No entanto, Jesus não ficou emocionado com o aplauso da multidão. Ao olhar para a cidade, viu profeticamente as desgraças que estavam para vir sobre Jerusalém depois de rejeitarem Jesus. Chorou sobre a cidade e disse: "Ah! Se tu conhecesses também, ao menos neste teu dia, o que à tua paz pertence! Mas agora isto está encoberto aos teus olhos. Porque dias virão sobre ti, em que os teus inimigos te cercarão de trincheiras, e te sitiarão... e te derribarão... pois não conheceste o tempo da tua visitação" (Lc 19:41-44).

A palavra grega que se traduz aqui por "chorar" é diferente da que foi usada sobre quando Jesus chorou por Lázaro quando ele morreu. A palavra usada aqui significa "um profundo lamento em voz alta". Como é importante reconhecermos as oportunidades que Deus nos dá!

O ensino de Jesus no Templo

Depois da entrada triunfal em Jerusalém, Jesus foi ao Templo. Olhou para tudo à sua volta, mas, uma vez que já era tarde, dirigiu-se a Betânia com os discípulos (Mc 11:11).

O historiador Josefo diz que cerca de três milhões de judeus costumavam estar presentes na festa da Páscoa. Só ficavam na cidade aqueles que conseguiam alojamento. Os outros passavam as noites em cidades e aldeias próximas.

Nos dias que antecederam a Páscoa, Jesus passou as noites em Betânia, nos arredores de Jerusalém.

Na manhã seguinte Jesus voltou ao Templo.

O Templo consistia no Lugar Santíssimo (ou Santo dos Santos) e no Lugar Santo, rodeados por três pátios. O pátio interior era o Pátio de Israel, onde só podiam entrar os homens israelitas. Para entrar nele passava-se pelo Pátio das Mulheres, que não se destinava ao uso exclusivo das mulheres, mas era para determinar que as mulheres não podiam passar para lá daquele pátio. Rodeando tudo havia um outro pátio, o Pátio dos Gentios, com uma área de 400 por 230 metros. Neste pátio havia letreiros afixados, avisando os gentios de que, se passassem para lá deste pátio, o castigo seria a morte.

O Pátio dos Gentios era para as pessoas de outras nações que queriam conhecer o Deus vivo e adorá-lo. O propósito do Senhor foi sempre o de ser conhecido e adorado por todas as nações. Esse pátio era rodeado por salas e alpendres, onde as pessoas se reuniam para falar ou debater. Era aqui que Jesus ensinava quando ia a Jerusalém.

O Templo estava sempre apinhado de gente durante a Páscoa. Os chefes religiosos contribuíam para que ficasse ainda mais apinhado, ao permitirem que cambistas e vendedores armassem as tendas no Pátio dos Gentios. Os vendedores vendiam animais para os sacrifícios, a preços elevadíssimos, aos estrangeiros e aos que tinham vindo de muito longe e que não tinham podido trazer os seus próprios animais de casa.

Os cambistas trocavam toda a moeda estrangeira, para que os peregrinos pudessem ter o meio *shekel* necessário para pagar o imposto do Templo. Muitas vezes enganavam os estrangeiros, que não conheciam as taxas de câmbio. Os chefes religiosos obtinham lucro com esse comércio, mas justificavam-no, dizendo que era conveniente para os peregrinos. Parece que estes chefes não se importavam que o Pátio dos Gentios ficasse cheio de vendedores e animais, a ponto de o barulho incomodar muito e perturbar aqueles que tinham ido adorar.

Na véspera quando chegou ao Templo e olhou em volta, Jesus notou a atmosfera de feira no Pátio dos Gentios e ficou profundamente desagradado. Mas na manhã seguinte Jesus sabia o que devia fazer. Pela segunda vez "limpou" o Templo. Tinha feito o mesmo no início do seu ministério (Jo 2:13-22). Jesus expulsou as pessoas que compravam e vendiam animais. Atirou ao chão as mesas dos cambistas, dizendo: "Está escrito: A minha casa será chamada casa de oração – mas vós a tendes convertido em covil de ladrões" (Mt 21:13). Jesus estava a citar Is 56:7.

Lemos então que, depois do Templo limpo, os coxos e os cegos foram ter com Jesus no Templo e ele os curou (Mt 21:14). A tradição religiosa, imposta pelos homens, proibia as pessoas deformadas fisicamente de entrarem no Templo e de adorarem a Deus. Essa tradição baseava-se na interpretação errada de um texto da Bíblia acerca da ocasião em que Davi conquistou a cidade de Jerusalém. Quando Davi e os companheiros chegaram à cidade, os jebuseus, que habitavam lá, disseram: "Não entrarás aqui, a menos que lances fora os cegos e os coxos"; querendo dizer: "Não entrará Davi aqui" (2 Sm 5:6). Essas palavras referiam-se ao fato de considerarem aquela cidade inexpugnável. Era tão bem defendida que achavam que até os cegos e os coxos seriam capazes de defendê-la do exército de Davi. Era uma forma de zombarem dele. Davi conquistou a cidade, apesar de tudo isto. "Por isso se diz: Nem cego nem coxo entrará nesta casa" (Sm 5:8).

Jesus teve compaixão daqueles cegos e coxos. Curou--os fisicamente. Isso permitiu que também eles pudessem experimentar a bênção de Deus no Templo. Que grande alegria quando viram que podiam entrar no Templo para adorar a Deus, como as outras pessoas!

Quando os moços que estavam no templo viram isto, ficaram admirados e começaram a gritar: "Hosana ao Filho de Davi" (Mt 21:15). Esses moços eram, provavelmente, filhos dos levitas. Lembremos que foram com essas palavras que o povo, no dia anterior, tinha aclamado Jesus quando ele entrava em Jerusalém. Quando os sacerdotes principais e os mestres da Lei viram tudo isto, ficaram indignados e criticaram Jesus. No entanto Jesus replicou: "Nunca lestes: Pela boca dos meninos e das criancinhas de peito tiraste o perfeito louvor?" (Mt 21:16). Os sacerdotes principais e os mestres da lei ouviram esta resposta e começaram a planejar uma maneira de o matar, pois temiam-no, porque a multidão se espantava com o seu ensino (Lc 19: 47,48).

Na manhã seguinte Jesus estava outra vez ensinando nos pátios do Templo. Esse foi um dia especialmente ocupado para ele. A manhã começou com um confronto com as autoridades religiosas. Procuravam uma maneira de matá-lo, mas não sabiam como fazer sem provocar uma reação popular contra eles.

Primeiro perguntaram: "Com que autoridade fazes isto? E quem te deu tal autoridade?" (Mt 21:23). Para poder ensinar nos pátios do Templo, era preciso ter as credenciais certas. Só os rabis ordenados tinham esta autoridade. Só os que tinham frequentado as escolas dos rabis e tinham satisfeito o Sinédrio quanto à sua capacidade é que podiam ensinar ali, depois de terem sido ordenados por uma imposição de mãos.

As autoridades ficaram sem saber o que fazer com Jesus, pois ninguém tinha o atrevimento de ensinar sem a autorização dos rabis. Por isso questionaram a sua autoridade. Jesus entendeu o motivo daquela pergunta. Se respondesse que a sua autoridade vinha de Deus, ficava exposto a toda espécie de acusações. Por isso Jesus evitou o problema, fazendo-lhes uma pergunta, como era o costume, a que eles não conseguiriam responder, se quisessem falar verdade.

A seguir, fizeram outras perguntas a Jesus, à espera de incriminá-lo. Uma dessas perguntas foi acerca dos impostos devidos aos romanos (Mc 12:13-17). Perguntaram-lhe se estava certo pagar impostos aos romanos. Os judeus não gostavam de ter que pagar esses impostos aos opressores. No entanto, alguém que tentasse fugir aos impostos era severamente castigado. Tratava-se de uma pergunta difícil. Tanto a resposta afirmativa como a negativa podiam incriminá-lo. Um "sim" significava que apoiava os opressores, o que faria com que o povo ficasse contra ele. Um "não" produziria uma acusação de traição e rebelião contra Roma, com as consequências previstas na lei romana.

Jesus pediu que lhe dessem um denário, que era o salário de um trabalhador por um dia de trabalho. Era essa a moeda usada para pagar os impostos. Perguntou então: "De quem é essa imagem e inscrição?" Ao responderem-lhe que era de César, Jesus declarou: "Dai a César o que é de César e a Deus o que é de Deus" (Mc 12:17). A frase "dai a César o que é de César" podia significar o que a pessoa quisesse. Podia significar não dar nada a César por ele não merecer nada. Mas, tendo em consideração a segunda parte da resposta, era quase certo que queria dizer que deviam dar a César o imposto, pois era ele que governava o país. De facto isso estava de acordo com os princípios que eram aceites pelos dirigentes religiosos, que consideravam que o direito à cunhagem implicava a autoridade de receber impostos.

Sendo assim, Jesus estava a dizer-lhes que a moeda com a imagem de César devia ser entregue a César, mas as nossas vidas, que têm cunhada a imagem de Deus, essas pertencem a Deus.

Mais tarde, ainda no mesmo dia e no Templo, Jesus contou a parábola dos rendeiros maus (Mt 21:33-46). A parábola é sobre um homem que plantou uma vinha e a arrendou a uns agricultores, tendo depois partido para uma viagem. Na altura da colheita enviou um criado para ir buscar algum fruto, mas os agricultores espancaram-no e mandaram-no embora de mãos vazias. O proprietário enviou servo após servo, mas foram todos maltratados. Finalmente, enviou o próprio filho, esperando que o respeitassem, mas quando ele lá chegou, mataram-no e atiraram-no para fora da vinha. Jesus acrescentou: "Que lhes fará pois o senhor da vinha? Irá e destruirá estes lavradores, e dará a outros a vinha" (Lc 20:15).

A vinha é a obra do Espírito Santo. Quem a plantou foi Deus Pai. Os rendeiros foram os dirigentes religiosos de Israel. Os servos que foram maltratados foram os profetas. O filho que mataram foi Jesus.

Essa parábola mostrava aos dirigentes religiosos que Jesus sabia que eles estavam a planejar matá-lo. Mas também dizia que a oportunidade deles estava para chegar ao fim e que a vinha ia ser-lhes tirada e dada a um povo que lhe daria o fruto que ele queria receber.

Jesus aqui mencionou um Salmo messiânico. Disse: "Nunca lestes nas Escrituras: a pedra que os edificadores rejeitaram tornou-se cabeça de esquina. Foi o Senhor que fez isto, e é coisa maravilhosa aos nossos olhos?" (Sl 118:22,23).

Embora os edificadores, os dirigentes religiosos, rejeitassem Jesus, o Messias, e não achassem lugar para ele nos seus planos, Deus dar-lhe-ia o lugar central no edifício que estava a erigir. Jesus seria a pedra de esquina. A expressão: "é coisa maravilhosa aos nossos olhos" pode traduzir-se do original hebraico como "é feito de uma maneira maravilhosa". É, na verdade, maravilhoso como o nosso Deus tornou aquilo que parecia uma derrota em uma vitória maravilhosa!

Mais tarde, ainda no mesmo dia, Jesus avisou o povo, que se juntou à sua volta no Templo, para terem cuidado com os chefes religiosos (Mt 23:1-33). Jesus escolheu os fariseus para um tratamento especial. Quanto a eles, servir a Deus consistia em sacrifícios e deveres e em serem vistos a fazer as coisas certas. Não havia alegria nem gratidão no seu serviço.

Jesus usou a palavra "ai" sete vezes em relação aos fariseus. Chamou-lhes hipócritas. Esta palavra significa literalmente "atores". Eles deviam ter sido os primeiros a reagir positivamente a Jesus. No entanto, rejeitaram-no e fizeram que outras pessoas achassem difícil de o aceitarem.

Jesus informou então os fariseus de que lhes ia enviar profetas, homens sábios e mestres, mas que eles matariam alguns deles e perseguiriam outros. Essa foi uma referência aos dirigentes da Igreja primitiva, que seriam perseguidos pelas autoridades judaicas. Jesus disse-lhe também que, devido ao modo como tratavam os servos de Deus, iria haver um julgamento sobre aquela geração. Ao pensar naquilo que lhes ia acontecer, Jesus entristeceu-se, lamentando: "Jerusalém, Jerusalém, que matas os profetas, e apedrejas os que te são enviados! Quantas vezes quis eu ajuntar os teus filhos, como a galinha junta os seus pintainhos debaixo das asas, e tu não quiseste!" (Mt 23:37).

Em seguida Jesus, dirigindo-se aos chefes religiosos, que o não tinham recebido em sua chegada a Jerusalém, montado em um jumento, advertiu: "Eis que a vossa casa vai ficar-vos deserta" (Mt 23:38). Um templo abandonado por Deus não passa de uma casa de seres humanos. Ali os homens fazem o que querem, mas Deus já não está presente.

Depois Jesus disse-lhes: "não me vereis mais, até que digais: Bendito o que vem em nome do Senhor" (Mt 23:39). Lembremos que essa tinha sido a expressão usada pelo grupo que deu as boas-vindas a Jesus. É interessante que os judeus ainda hoje cumprimentam as pessoas, que chegam a suas casas, com esta saudação. Israel tem vivido todos estes anos sem o seu Messias. Aproxima-se rapidamente o dia em que ele virá para eles e poderão então dizer: "Bendito o que vem em nome do Senhor!"

A seguir Jesus saiu do Templo. Tinha sido um dia cheio de ensino. Ao caminharem lentamente, subindo o Monte das Oliveiras, a leste de Jerusalém, depois de atravessarem o Vale de Cédron, os discípulos olharam para trás, em direção do Templo, e comentaram como aquele Templo era lindo. Lembremos que esse não era o edifício que Salomão tinha mandado construir. Ele tinha sido destruído pelos babilônios e reedificado no tempo do regresso do cativeiro da Babilônia. Este era o segundo Templo e tinha sido mandado construir por Herodes. Era um edifício magnífico. Os blocos de pedra, adornados com ouro, tornavam-no um espetáculo refulgente. Jesus, porém, disse aos discípulos: "Dele não ficará pedra sobre pedra".

Isso aconteceu literalmente cerca de quarenta anos depois. Após uma guerra de quatro anos contra os judeus, os romanos conseguiram finalmente esmagar a resistência judaica, no ano 70 d.C. e destruíram a cidade de Jerusalém. Atearam fogo ao Templo. Diz-se que o calor das chamas foi tão intenso que fez derreter o ouro do edifício. Na loucura de tirar todo o ouro que podia, os romanos desmantelaram o Templo, pedra por pedra. Deixaram só ficar intatos a plataforma do Templo e o muro ocidental. Cumpriu-se a profecia de Jesus.

Depois de ter subido o Monte das Oliveiras, Jesus se sentou. Os discípulos, que tinham ficado confusos com as suas palavras sobre a destruição do Templo, aproximaram-se dele com duas perguntas: Quando vai ter lugar (a destruição do Templo)? Qual será o sinal da tua vinda e do fim dos tempos?

A seguir Jesus, o profeta maior de que Moisés (Dt 18:15-20) deu um sermão profético muito profundo. Na resposta que deu, Jesus fez um panorama de eventos desde daquele dia até o dia quando vai voltar em poder para estabelecer o seu reino na terra.

Primeiro explicou que quando Jerusalém estivesse cercada de exércitos, eles saberiam que a destruição estava perto (Lc 21:20). Haveria ainda tempo para fugir. A Igreja primitiva deu atenção a esse aviso. Durante uma pausa no ataque dos romanos, no ano 70 d.C., os cristãos de Jerusalém fugiram para uma cidade chamada Pella. As pessoas que ficaram em Jerusalém, ou morreram à fome, ou foram mais tarde vendidas como escravos.

Em segundo lugar, explicou que este tempo de horrores terríveis do cerco de Jerusalém e da sua queda prefigurava um maior período de perseguição, conhecido como a Grande Tribulação, que Israel ainda vai enfrentar com o Anticristo. Jesus informou os discípulos sobre muitas coisas que iriam acontecer antes disto mas nada poderia comparar-se à aflição desses dias terríveis da Grande Tribulação. Jesus explicou que ia haver "na terra angústia das nações... Homens desmaiarão de terror, na expetativa das coisas que sobrevirão ao mundo". Mas depois disto Jesus iria voltar em grande glória: "e então verão o Filho do homem, em uma nuvem, com poder e grande glória" (Lc 21:25-27).

Por fim Jesus disse: "Ora, quando estas coisas começarem a acontecer, olhai para cima, e levantai as vossas cabeças, porque a vossa redenção está próxima" (Lc 21:28).

13

AS ÚLTIMAS HORAS ANTES DA MORTE

Os quatro Evangelhos narram-nos o ministério de Jesus, mas dedicam, intencionalmente, um espaço aparentemente desproporcional ao relato das horas que antecederam a morte de Jesus na cruz. Descrevem detalhes acerca do que aconteceu para chamar a atenção para o fato de que tudo que aconteceu nas horas tinha sido profetizado (Jo 13:18; Mt 26:49-54). É espantoso que todas as profecias sobre ele foram cumpridas com exatidão.

A traição de Judas

Judas era de Cariotes, o único discípulo que não era galileu; esteve com Jesus desde o princípio. Era um dos mais dignos de confiança, uma vez que era o tesoureiro do grupo. Juntamente com os outros discípulos, tinha tido muita esperança em Jesus. Mas, à medida que ficava mais claro que a morte de Jesus se aproximava, tanto ele como os outros discípulos sentiram medo e ficaram desapontados com ele.

Não conhecemos o motivo exato que o levou à traição. O que sabemos é que Judas se deixou levar, ao ponto de Satanás usá-lo para trair Jesus. É possível que tenha tentado pressionar Jesus para obrigá-lo a se rebelar contra

Roma e estabelecer o seu governo. Qualquer que tenha sido o seu motivo, Judas foi ter com os chefes dos sacerdotes, que estavam a planejar um modo de se livrarem de Jesus, matando-o, sem causar uma revolução durante a festa. Judas ofereceu essa solução. Perguntou-lhes: "Quanto me dão por ele?" Deram-lhe trinta moedas de prata, tiradas do tesouro do Templo. Cumpriu-se assim, literalmente, a profecia de Zacarias (Zc 11:12).

É interessante observar que aquele que tomou a forma de servo, de escravo, foi vendido e comprado pelo preço legal de um escravo, o preço estipulado pela Lei (Ex 21: 32).

Judas não foi um fantoche nas mãos de Deus, para levar a cabo o seu propósito. Tomou uma decisão consciente, tendo decidido agir como agiu. Ao aceitar este montante de dinheiro, que era o preço legal de um escravo, Judas mostrou que era assim que via Jesus. Durante a última ceia os discípulos tinham perguntado: "Serei eu, Senhor (que te trairá)?" Todos fizeram esta pergunta exceto Judas, que fez a pergunta da seguinte maneira: "Serei eu, Rabi?" Não reconhecia Jesus como Senhor.

A última ceia com os discípulos

Tradicionalmente, os judeus celebravam (e ainda celebram) a Páscoa na véspera do dia 15 de Nissan, segundo as instruções dadas por Moisés. É importante lembrar que, para os judeus, o dia começa ao anoitecer e não a partir da meia-noite. O pôr do sol separa um dia do outro. Portanto o dia 15 de Nissan começava ao pôr do sol. A Páscoa começava quando essa noite se iniciava.

No entanto, Jesus não poderia celebrar a Páscoa com os discípulos no dia 15 de Nissan, pois foi no dia 14 de Nissan que foi crucificado, morrendo como o Cordeiro pascal, ao mesmo tempo em que os cordeiros eram sacrificados no Templo (Os Evangelhos explicam que Jesus foi condenado por Pilatos e crucificado na véspera da Páscoa, no dia da preparação da Páscoa, um sábado especial) (Mc 15:42; Jo 19:14, 42).

Portanto, tudo indica que, naquele ano, Jesus celebrou a Páscoa com os discípulos um dia antes, no dia 14 de Nissan, isto é, logo que o dia 14 começou, isto é, ao pôr do sol (morreu ainda no dia 14, mas já ao aproximar-se o fim do dia).

Geralmente os judeus não pensariam em celebrar a Páscoa senão no dia 15 de Nissan, mas no tempo de Jesus as pessoas celebravam-na, por vezes, no dia 14. Sabemos, por exemplo, que a comunidade de Qumram celebrava a Páscoa mais cedo.

Os discípulos tomaram cuidado em preparar tudo para a refeição da Páscoa, seguindo as instruções de Jesus. Quando tudo estava preparado Jesus disse-lhes: "Desejei muito comer convosco esta Páscoa, antes que padeça" (Lc 22:15).

Tradicionalmente a refeição era tomada pelas pessoas reclinadas em sofás baixos, à volta de uma mesa, sobre a qual era posto o cordeiro assado, os pães sem fermento, as ervas amargas e quatro copos de vinho diluído. Como os escravos comiam em pé, as pessoas tomavam a refeição reclinadas, para mostrar que Israel tinha passado da escravatura do Egito para a liberdade. Reclinavam-se com as pernas estendidas na direção oposta da mesa, sobre o lado esquerdo, para ficarem com a mão direita livre para comer.

Embora o reclinar à mesa criasse um ambiente de descontração, nem sempre facilitava a conversa. Se alguém quisesse falar com a pessoa à sua esquerda, precisava de se inclinar para trás e de quase se encostar à outra pessoa para poder falar com ela. Por isso é que se "reclinava" no peito da pessoa.

Os lugares à volta da mesa eram determinados segundo a categoria e importância de cada pessoa. Provavelmente foi isto que levou, naquela noite, a uma discussão entre os discípulos sobre qual era o mais importante. Quando se reclinavam Jesus estava no meio. Visto de frente estavam Judas, Jesus e João, nesta ordem.

O apóstolo João diz que estava reclinado sobre o peito de Jesus; por isso estava do lado direito do Senhor. O lugar principal ao lado de Jesus era à sua esquerda ou acima dele. O registro do Evangelho leva-nos a crer que Judas conseguiu este lugar. Jesus pôde reclinar-se sobre Judas, dando-lhe toda a atenção, ainda que soubesse que seria traído por ele. Isso explica porque é que Jesus conseguiu falar com João, em voz baixa, sem que os outros discípulos ouvissem. Explica também como é que Jesus pôde passar o bocado de pão molhado para Judas, sem chamar a atenção. E explica porque é que Judas perguntou se era ele que ia trair Jesus e porque recebeu a resposta sem os outros ouvirem.

A festa costumava começar com o primeiro cálice de vinho, que era partilhado por todos. Era seguido por um lavar de mãos ritual, feito pela pessoa mais importante. Foi, provavelmente, nesse momento que Jesus se cingiu com uma toalha e tomou o lugar de escravo.

Naquele tempo, em que era comum usarem-se sandálias, as pessoas ficavam com os pés sujos, mesmo depois de uma curta viagem, pois as estradas eram, na maior parte, feitas de terra batida. Quando as pessoas entravam em uma casa descalçavam as sandálias, como sinal de respeito. O costume era as pessoas terem os pés lavados por um escravo antes de se reclinarem à mesa. Como isso não tinha acontecido, Jesus tomou o lugar de escravo e lavou os pés aos discípulos, um a um (incluindo Judas), já depois de eles estarem reclinados.

A seguir as pessoas comiam. A pessoa mais importante passava algumas ervas amargosas no molho e entregava-as a cada um dos presentes. Depois partia o pão não levedado, um dos três pães que havia na mesa, tendo o cuidado de guardar metade dele para depois da ceia. O pão partido era apresentado com as seguintes palavras: "Este é o pão que os nossos pais comeram no Egito. Todos vós, que tendes fome, vinde e comei". Podemos ver, neste pão, um tipo de Jesus, que é o Pão da vida.

Bebiam então o segundo cálice. Depois eram cantados os primeiros dois Salmos da série chamada Hallel (que vai do Salmo 113 ao Salmo 118). Portanto eram os Salmos 113 e 114. Deve ter sido depois disto que o Senhor Jesus se perturbou no seu espírito e disse: "Na verdade vos digo que um de vós me há de trair". Os discípulos olharam uns para os outros, atônitos, e perguntaram: "Senhor, sou eu?" Então Jesus disse: "O que mete comigo a mão no prato, esse me há de trair. Como está escrito".

Naquele tempo comia-se de um prato comum, em que todos metiam a mão. Havia uma profecia que dizia que Jesus seria traído por alguém que comeria com ele (Sl 41:9). Foi Judas quem meteu a mão no prato, ao mesmo em tempo que Jesus, naquele instante. Judas, reclinado junto de Jesus, segredou-lhe então: "Porventura sou eu, Rabi?" Jesus respondeu-lhe: "Tu o disseste".

Mas os discípulos não sabiam quem iria trair Jesus. Então Pedro, que estava em frente de Jesus, fez sinal a João, que estava ao lado de Jesus, para que lhe perguntasse quem era. João encostou-se para trás, encostou-se a Jesus, e perguntou-lhe. Jesus segredou-lhe: "É aquele a quem eu der o bocado molhado".

Jesus deu-o a Judas, depois de passar pelo molho. Nenhum dos outros discípulos deu-se conta do que se passou, pois era normal cada um ter a sua vez de receber o bocado molhado. Depois Jesus disse a Judas: "O que fazes fá-lo depressa". Logo em seguida Judas deixou a mesa e foi para fora. Era já noite.

O costume era o terceiro cálice ser tomado perto do fim da ceia. Paulo chama esse cálice "o cálice da bênção" porque se pronunciava uma bênção sobre ele. Foi, provavelmente, nesse momento que o Senhor Jesus instituiu a Ceia do Senhor. O cálice da bênção contrasta com o cálice da amargura que Jesus beberia por nós. Em primeiro lugar, tomou o pão sem fermento, deu graças, partiu-o e disse: "Tomai e comei; este é o meu corpo" (Mt 26:26). Depois tomou o cálice, deu graças e disse: "Bebei dele, todos, porque isto é o meu sangue, o sangue do Novo Testamento, que é derramado por muitos" (Mt 26:27,28).

Pode ter sido nesta hora que Jesus falou aos discípulos acerca da sua partida e da sua provisão do Espírito Santo, que ficaria com eles. Também mandou que eles amassem uns aos outros (Jo 13:34,35).

A festa da Páscoa terminava normalmente com o quarto cálice e com o entoar do resto do Hallel. Mateus diz que, depois de cantarem um hino, saíram para o monte das Oliveiras. Este hino foi, sem dúvida, uma parte do Salmo 118, que era a última parte do Hallel. Jesus cantou esse louvor, juntamente com os discípulos. Este é o Salmo que fala da morte de Jesus como sacrifício, pois diz no versículo 27: "atai a vítima da festa com cordas, e levai-a até aos ângulos do altar". No entanto, é um Salmo que fala em ter confiança em Deus. Diz nos versículos 6 e 7: "O Senhor está comigo; não temerei o que me possa fazer o homem. O Senhor está comigo entre aqueles que me ajudam; pelo que verei cumprido o meu desejo sobre os que me aborrecem". O Salmo começa e acaba com: "Louvai ao Senhor, porque Ele é bom, porque a sua benignidade é para sempre".

Portanto vemos Jesus entoando este salmo acerca da confiança em Deus Pai, na véspera da Sua morte. Pode ter sido pouco tempo depois disto que Jesus predisse que todos os discípulos o abandonariam. Disse-lhes: "Todos vós, esta noite, vos escandalizareis em mim; porque está escrito: Ferirei o pastor, e as ovelhas do rebanho se dispersarão" (Mt 26:31). Uma profecia falava disto (Zc 13:7). Pedro tomou a palavra, afirmando que ele nunca se escandalizaria, nunca negaria o Senhor. Então Jesus profetizou: "esta noite, antes que o galo cante, três vezes me negarás".

Este cantar do galo pode não ter sido literal, uma vez que não era permitido, pela lei, ter galináceos na cidade de Jerusalém, para evitar conspurcação levítica. Pode ter sido, simplesmente, uma designação de hora, pois os romanos dividiam a noite em quatro vigílias: o princípio da noite, a meia-noite, o cantar do galo e a manhã. O cantar do galo era por volta das três horas da manhã. O render de guarda romana na fortaleza de Antônia, junto ao Templo, àquela hora da noite era sinalizada por um toque de trombeta chamado o *gallicinium*, que significa "o cantar do galo".

O SOFRIMENTO NO GETSÊMANI

Jesus dirigiu-se, naquela noite, a um jardim que lhe era familiar, no monte das Oliveiras, a leste de Jerusalém. Este jardim chamava-se Getsêmani, que significa "lagar de azeite". Ali eram esmagadas as azeitonas, que vinham dos olivais nas encostas ao redor, para produzir o azeite.

Jesus ia passar por uma prova terrível, que pode comparar-se a ser esmagado.

Ele sabia que ia morrer dentro de horas. Não tinha medo de morrer. Afirmou, claramente, que queria dar a sua vida como um cordeiro em oferta pelo nosso pecado. Contudo, à medida que a hora se aproximava, tornavam-se-lhe mais claras as implicações de levar, sobre os seus ombros, todo o mal do mundo, de carregar sobre si todo o pecado da humanidade. Ficaria poluído pelo nosso pecado. De fato, tornar-se-ia pecado por nós.

Jesus cada vez mais se conscientizava das implicações de levar sobre si os nossos pecados e de quão detestável ele se tornaria aos olhos do Pai, que não contemplaria o pecado. Isso implicava ser cortado da comunhão com o Pai.

Jesus não tinha estado nunca, nem por um momento, privado da presença do Pai. Portanto o dilema de Jesus no Getsêmani consistia em escolher entre fazer a vontade do Pai e permanecer na companhia dele. Tinha sempre feito a vontade do Pai e vivido na sua presença. Agora tinha de fazer uma escolha. Fazer a vontade do Pai era beber o cálice amargo, que nos pertencia a nós, ficando separado do Pai. No entanto, Jesus orou: "Meu Pai, se é possível, passe de mim este cálice, todavia, não seja como eu quero, mas como tu queres". Assim escolheu fazer a vontade do Pai e sentir a dor de ser abandonado, ao levar sobre si o pecado de todos nós.

Mas não era fácil. A Carta aos Hebreus oferece um pequeno vislumbre do sofrimento pelo qual Jesus passou no jardim do Getsêmani: "Oferecendo, com grande clamor e lágrimas, orações e súplicas, ao que o podia livrar da morte" (Hb 5:7). O Pai não ignorou a oração de Jesus. Ouviu-o e enviou um anjo para fortalecê-lo nas horas que se seguiram (Lc 22:43).

Mesmo nesta hora de decisão, Jesus nunca se esqueceu dos discípulos. Conhecia as dificuldades pelas quais passariam em breve, e não queria que eles deixassem de confiar nele, que viessem a convencer-se de que tinham simplesmente sido enganados. Por isso disse àqueles que o acompanhavam: "Orai para que não entreis em tentação" (Lc 22:46).

Jesus é preso

Quando Jesus estava ainda no jardim de Getsêmani, Judas chegou com um grande número de pessoas, armadas com espadas e varapaus. Esse grupo tinha sido reunido pelas autoridades religiosas. Provavelmente incluía soldados romanos, que trabalhavam no Templo durante a festa, para evitar que houvesse um tumulto popular.

Judas foi à frente do grupo e saudou Jesus, em voz alta, com as palavras: "Eu te saúdo, Rabi", de modo a poder ser ouvido pelos outros que o seguiam. Depois beijou-o para identificá-lo, pois era noite e não era fácil distinguir Jesus dos discípulos galileus. A seguir Jesus perguntou-lhes: "A quem buscais?" Quando disseram que buscavam a Jesus de Nazaré, Jesus respondeu: "Sou eu (Eu sou)". Ao ouvirem essas palavras, todos recuaram e caíram por terra. Os judeus ali presentes tiveram que enfrentar a realidade de que este homem, que tinham vindo prender, não era um rabi vulgar, pois se apresentou usando a abreviatura do nome de Deus, "EU SOU". Os soldados gentios ficaram dominados pela majestade e pela calma que Jesus demonstrou. A seguir Jesus mostrou novamente a sua preocupação com os outros quando pediu: "Deixai ir estes (os discípulos)" (Jo 18:8,9).

Assim Jesus foi preso. O profeta Isaías tinha falado sobre isso, escrevendo: "Da (pela) opressão e do (pelo) juízo foi tirado" (Is 53:8-9). A palavra hebraica que se traduziu por "opressão" pode ser também traduzida por "prisão".

Logo que foi preso, todos os discípulos deixaram-no e fugiram, como Jesus profetizara.

O julgamento

Jesus não teve um julgamento justo. Isso não acontecia com frequência. Jesus, no entanto, foi considerado culpado, mesmo antes do julgamento (Mt 26:59). Foi julgado em um tribunal religioso judaico e em um tribunal civil romano. O julgamento, que durou várias horas, foi cheio de irregularidades e ilegalidades; foi um julgamento de fachada.

O julgamento religioso judaico

Realizou-se durante a noite da traição e durante a primeira parte da manhã seguinte e se processou em três fases.

Na primeira fase houve uma audiência preliminar perante Anás (Jo 18:12-14). Devido ao fato de o cargo de sumo sacerdote ser vitalício, Anás era ainda o sumo sacerdote oficial, na opinião dos judeus, embora os romanos tivessem nomeado Caifás para essa posição. Jesus foi levado à sua residência, embora estivessem já a meio da noite. Os chefes religiosos estavam com pressa. Queriam completar a execução antes da Páscoa. A residência do sumo sacerdote era um palácio, cujos muros exteriores rodeavam um pátio.

A segunda fase se processou em seguida com uma audiência perante Caifás (Mt 26:57-68). Embora Anás tivesse autoridade entre os judeus, era Caifás quem tomava as decisões finais. Caifás era genro de Anás. Uma vez que ambos viviam na mesma residência, era fácil levarem Jesus de um sumo sacerdote para o outro. Anás enviou Jesus, amarrado, para a área da residência onde vivia Caifás. Não se arriscou, com medo que Jesus escapasse.

Essa audiência também se realizou secretamente, durante a noite. Era ilegal, segundo as regras do Sinédrio, o conselho do governo judaico. O propósito dessa audiência era reunir evidência para o julgamento que ia se seguir. Mas não conseguiram obter nenhuma evidência, embora se tenham apresentado muitas testemunhas falsas. O mínimo necessário pela lei era ter duas testemunhas que concordassem em alguma coisa. Finalmente vieram duas pessoas, que acusaram Jesus de dizer que era capaz de destruir o templo de Deus e reconstruí-lo de novo, em três dias. Jesus tinha dito apenas: "Derrubai este templo, e em três dias o levantarei" (Jo 2:19). Jesus não estava a referir-se ao Templo, mas ao seu corpo físico. Era uma profecia acerca da sua morte e ressurreição ao terceiro dia. Mas torceram as palavras de Jesus naquilo que era uma acusação grave: falar contra o Templo de Deus.

Jesus, no entanto, não respondeu à acusação. Ficou calado. A atitude dele dava cumprimento à profecia de Isaías: "como a ovelha muda perante os seus tosquiadores, ele não abriu a sua boca" (Is 53:7).

Finalmente, o sumo sacerdote disse a Jesus: "Conjuro-te pelo Deus vivo, que nos digas se tu és o Cristo, o Filho de Deus". Era ilegal conjurar alguém durante um julgamento. Jesus, não tendo permissão de ficar calado depois de ter sido conjurado, respondeu: "Tu o disseste; digo-vos, porém, que vereis em breve o Filho do homem assentado à direita do poder; e vindo sobre as nuvens do céu". Foi uma referência a uma profecia de Daniel. O Filho do homem receberia autoridade, glória e poder soberano, e povos de todas as nações o adorariam. O governo dele seria eterno (Dn 7:13,14).

Portanto, ao usar esta expressão perante o sumo sacerdote, Jesus estava a declarar, sem sombra de dúvida, que ele era o Messias, o Filho de Deus. Com a sua afirmação, Jesus estava também a informar os que o acusavam que um dia a situação se inverteria e que eles iriam ser julgados por ele. O sumo sacerdote rasgou, imediatamente, as vestes, como demonstração do horror que sentia pela declaração de Jesus, e disse que Jesus tinha dito uma blasfêmia ao declarar que era Deus. O castigo deste crime era a morte (Lc 24:16).

A seguir, Jesus foi maltratado. Zombaram dele e cuspiram nele. Vendaram-lhe os olhos, bateram-lhe e, rindo dele, diziam: "Profetiza agora, quem te bateu?" Quando fizeram isto, estavam a cumprir a profecia que descrevia esta situação (Is 50:6).

Durante os julgamentos perante Anás e Caifás, Pedro tinha estado à espera no pátio, ao redor de uma fogueira, com os criados do sumo sacerdote e com os soldados. Negou o seu Senhor três vezes. Naquele momento Jesus olhou para Pedro, do lugar onde estava. Ele se lembrou imediatamente do que Jesus lhe tinha dito sobre o negar três vezes antes de o galo cantar (Jo 13:38). A expressão de desilusão no olhar do Senhor tocou o coração de Pedro, que foi para fora e chorou amargamente.

Na terceira fase há o julgamento perante o Sinédrio, o conselho judaico, que ocorreu imediatamente antes do nascer do sol. Os 71 membros do conselho se reuniram para legalizar as decisões dos julgamentos prévios. Não foi concedida a Jesus a oportunidade de se defender. Declararam-no culpado de morte por razões religiosas, mas não tinham autoridade para a sua execução, uma vez que só os romanos podiam fazer.

Por essa razão decidiram levar Jesus a Pôncio Pilatos, o governador romano da Judeia. No entanto, tinham que mudar a acusação contra Jesus, pois sabiam que os romanos não prestariam atenção às acusações de ordem religiosa. Segundo a lei judaica, as pessoas sentenciadas à morte eram executadas por apedrejamento. Os romanos executavam por crucificação. Ao entregarem Jesus aos romanos, fizeram que se cumprissem as palavras que Jesus tinha proferido acerca do tipo de morte que iria ter.

O JULGAMENTO CIVIL ROMANO

Imediatamente seguiu-se o julgamento religioso. Pouco depois do amanhecer, iniciou-se o julgamento civil, provavelmente antes das seis da manhã. Embora o julgamento esteja descrito nos Evangelhos, com muitos pormenores, não deve ter durado mais do que uma hora. Foi um julgamento diferente do julgamento religioso anterior, pelo fato de ter sido um julgamento público; o outro tinha sido à porta fechada.

Foi conduzido, na sua maior parte, na residência oficial de Pôncio Pilatos, o governador de Judeia e Samaria. Esta residência, a fortaleza Antônia, tinha sido o palácio de Herodes, o Grande (que governava todo o país de Israel quando Jesus nasceu), e era agora conhecida como o Pretório, o quartel-general do comandante romano em Jerusalém. Situava-se a noroeste do Templo e dele se passava, facilmente, para o Pátio dos Gentios.

Em frente da residência havia um pavimento xadrez, conhecido como o *gabbatha*. Era nesse pavimento que os governadores romanos faziam os julgamentos em público. Era erigido sobre esse pavimento um tribunal portátil, "o assento de julgamento", conhecido como o *bema*.

Os dirigentes judaicos levaram Jesus até aos portões da residência de Pilatos (Lc 23:1), onde, aliás, ele normalmente não se encontrava, porque preferia viver na casa de Cesareia, na costa do Mediterrâneo. Mas, como era altura da Páscoa, estava em Jerusalém, para manter a ordem pública. Pilatos saiu para fazer o julgamento, a pedido dos judeus. Embora fosse um ato público, na sua maior parte, Pilatos chamou Jesus de lado, em várias ocasiões, falando com ele a sós para questioná-lo.

Tal como o julgamento religioso prévio, esse também teve três fases.

Na primeira fase, perante Pôncio Pilatos, os chefes judeus acusaram Jesus de encorajar as pessoas a não pagar impostos, de afirmar-se rei e de causar sedições (Lc 23:1,2). Essas eram acusações graves de traição e rebelião contra Roma, que implicavam sentença de morte. Mas, quando

Pilatos olhou para Jesus e não viu que fosse uma ameaça a Roma, perguntou-lhe: "É tu o rei dos judeus?" A palavra "tu" em grego é usada aqui enfaticamente, mostrando a surpresa de Pilatos ao ver um homem ali, cheio de educação e de respeito, a ser acusado de rebelião pelos judeus.

Depois de ter interrogado Jesus, Pilatos disse: "Não acho culpa alguma neste homem" (v. 4). De fato Pilatos declarou a inocência de Jesus três vezes durante o julgamento. Tentou libertar Jesus, mas, quando viu a determinação dos dirigentes judeus, temeu que se transformasse em uma revolta. Ao saber que Jesus era da Galileia, lembrou-se que Herodes Antipas, o governador de Galileia, que odiava, estava em Jerusalém para a festa da Páscoa; decidiu então enviar Jesus a ele.

Na segunda fase, Jesus foi conduzido a Herodes. Pilatos esperava que este lhe resolvesse o problema, pois Jesus tinha vivido a maior parte da vida na Galileia (Lc 23:6-12).

Este Herodes foi aquele que tinha mandado decapitar o profeta João Batista. Jesus não tinha respeito por ele: considerava-o manhoso e covarde (Lc 13:32). Ao decapitar João Batista, Herodes estava a declarar que não queria ouvir a palavra que Deus tinha para a vida dele.

Herodes ficou muito satisfeito ao ver Jesus, pois há muito que desejava conhecê-lo. Tinha ouvido falar dos milagres e esperava ver Jesus fazer um milagre na sua presença (Jesus nunca fez um milagre só para impressionar as pessoas). Todas as curas foram feitas por compaixão. Cada milagre era sinal do poder do Senhor e daquilo que ele queria fazer na vida das pessoas. Mas Herodes tinha já demonstrado que não quis ouvir a palavra de Deus. Assim Jesus não respondeu a nenhuma das suas perguntas. Jesus estava julgando Herodes ainda que Herodes pensasse que ele estava julgando Jesus.

Herodes também não encontrou qualquer fundamento para uma acusação contra Jesus (Lc 23:15). Depois de troçar dele e de ridicularizá-lo, vestiu-lhe uma capa e enviou-o novamente a Pilatos (Lc 23:11).

Na terceira fase, Pilatos continuou a procurar uma maneira de libertar Jesus. Mas sabia que tinha de ser cauteloso, de forma a não prejudicar a sua carreira com um processo como aquele (Lc 23:13-25). Pilatos tinha sido nomeado governador da Judeia em 26 d.C. e o seu dever era manter a paz nesta província difícil, usando a diplomacia, uma vez que Roma não podia ter ali grande número de tropas. Mas, desde que chegara, tinha causado aborrecimentos constantes aos judeus, ofendendo as suas tradições religiosas.

Em primeiro lugar, ofendeu os judeus ao mudar o quartel-general das suas tropas de Cesareia para Jerusalém. Os soldados levaram consigo, para a cidade santa, os estandartes com a imagem do imperador. Ao verem estandartes erguidos perto do Templo, as pessoas ficaram enraivecidas, a ponto de Pilatos ter que mandar retirá-los, para evitar uma rebelião. Depois pendurou escudos dourados com inscrições de divindades romanas na residência de Jerusalém, o que também irritou os judeus. César teve que intervir para evitar outra revolta.

Pilatos tentava constantemente impor a sua autoridade e, ao mesmo tempo, evitar confrontos que podiam levar à revoltas. Sabia muito bem que relatórios a César de uma insurreição em Jerusalém não seriam bem recebidos e podiam acabar com a sua carreira.

À medida que o julgamento se processava, uma multidão reunia-se para seguir os acontecimentos. Essa não era a mesma multidão que tinha recebido Jesus em Jerusalém, alguns dias antes. Não era também a totalidade da população da cidade. Era uma multidão reunida pela instigação dos chefes religiosos. É importante lembrar-nos que estes acontecimentos se deram de manhã muito cedo, antes que aqueles que tinham confiado em Jesus pudessem saber o que estava acontecendo.

Em certo momento do processo, Pilatos tentou libertar Jesus, usando o costume de se libertar um prisioneiro na Páscoa. Os chefes religiosos instigaram logo as pessoas a pedir a libertação de Barrabás, um homem que tinha participado em uma revolta sangrenta contra as forças romanas. A multidão reunida pediu a libertação de Barrabás e rejeitou Jesus.

Foi nesse instante que Pilatos lavou as mãos, simbolicamente, perante uma multidão frenética, dizendo: "Estou inocente do sangue deste homem. A responsabilidade é vossa". Ao que a multidão respondeu: "Que o sangue dele fique sobre nós e os nossos filhos" (Mt 27:24,25). Essas palavras da multidão têm sido usadas, através dos séculos, para justificar o antissemitismo. Mas não devemos nos esquecer de que não foi toda a nação judaica, nem sequer todas as pessoas que tinham ido para a festa, que fizeram esta afirmação. Como dissemos, foi um grupo de pessoas fanáticas, que tinha sido reunido pelas autoridades religiosas, com o propósito de fazer pressão sobre Pilatos.

Não podemos implicar toda a nação de Israel na morte de Jesus, devido aos atos de um grupo relativamente pequeno de pessoas, do mesmo modo que os gentios não podem ser culpados da maneira como os soldados romanos trataram Jesus, ou a nação alemã pelo modo como Hitler tratou os judeus.

Pilatos continuava a querer libertar Jesus, procurando um compromisso com os chefes religiosos e sugerindo mandar chicotear Jesus. Durante este castigo, era normal despir a parte superior do corpo da vítima, fazer dobrar a pessoa sobre um pilar, atando-lhe as mãos a esse pilar. Era então chicoteado com um chicote de três pontas, as quais tinham bocados de osso e metal. Cada uma das tiras do chicote cortava as costas da vítima, rasgando-lhes a carne e fazendo-as sangrar. O número de chicotadas era determinado pela seriedade do crime. Este castigo era sugestivamente chamado "a morte intermédia".

Depois de terem chicoteado Jesus, os soldados fizeram uma coroa de espinhos que lhe puseram na cabeça. Vestiram-lhe umas vestes de cor púrpura e zombaram dele, dizendo: "Salve, rei dos judeus!". Em seguida, Pilatos levou Jesus até aos judeus, esperando que se satisfizessem com o tratamento que Jesus recebera. Ao mostrar-lhes Jesus, que tinha uma coroa de espinhos na cabeça e umas vestes púrpuras vestidas, Pilatos declarou: "Ecce homo!" ("Eis o homem!" Jo 19:5).

Essas palavras de Pilatos afirmavam uma grande verdade, embora ele não tivesse consciência do verdadeiro significado do que estava a dizer. Ali estava o homem perfeito. Nunca ninguém tinha falado, nem agido como ele. As vestes púrpuras falavam da sua realeza: era o filho do Rei. A coroa de espinhos falava da maldição do nosso pecado, que estava sobre a sua cabeça, porque ia morrer por nós, voluntariamente.

Os chefes religiosos continuavam a não querer um meio-termo. Exigiam a morte de Jesus. Pilatos continuava a tentar libertar Jesus. Chamou-o à parte e tentou arranjar uma maneira de ajudá-lo, mas os judeus clamaram: "Se libertares este homem, não és amigo de César".

Pilatos se sentou finalmente na cadeira de juiz e, com relutância, pronunciou sentença sobre Jesus: morte por crucificação. Pilatos sabia que Jesus era inocente. Queria salvá-lo, mas não queria arriscar a posição que tinha. Tendo que escolher entre ele e Jesus, escolheu o seu próprio interesse.

Neste momento, provavelmente passava um pouco das seis horas da manhã. João diz, no seu Evangelho, que era a hora sexta (Jo 19:14). Os outros Evangelhos dizem que Jesus esteve na cruz entre a terceira e a nona hora (Mc 15:25). Não é uma inconsistência se compreendermos que João escreveu o seu Evangelho mais tarde do que os outros, em uma altura em que estava já em vigor o sistema romano de contar o tempo, que considerava o começo do dia à meia-noite. Os judeus dividiam o dia de trabalho em doze horas, começando com o amanhecer e acabando com o pôr-do-sol. Assim a terceira hora dos judeus equivalia à hora nona dos romanos.

O caminho até ao Calvário

Eram cerca das sete da manhã quando puseram a cruz sobre os ombros de Jesus para ele a levar até ao lugar da sua morte, o Gólgota, que significa "lugar da caveira".

Parece que o nome deriva do fato de aquele lugar ter uma forma semelhante a uma caveira. Era um lugar fora das muralhas da cidade, pois os judeus não permitiam crucificações dentro da cidade santa. Sabemos também que estava situado perto de jardins, onde havia sepulcros, e perto de uma estrada importante. O lugar exato é desconhecido, mas há alguma evidência que aponta para uma localização a norte de Jerusalém. Pelo menos a tradição judaica sugere um lugar perto da porta de Damasco, conhecido pelo "lugar da execução", pois era ali que os criminosos eram mortos por apedrejamento. Curiosamente, esse lugar está em uma área onde há um pequeno planalto rochoso, arredondado, com uma área oca por baixo, que dá a impressão dos maxilares, abertos, de uma caveira.

O propósito da crucificação não era apenas o de infligir dor à vítima, mas também de humilhá-la. Por isso, antes da crucificação, o homem condenado era levado pelas ruas, carregando a cruz aos ombros. À sua frente ia um homem, que levava uma placa com o nome do condenado e o crime cometido.

Normalmente, tomava-se o caminho mais longo até ao lugar da crucificação, para se chamar a atenção do maior número possível de pessoas. No caso de Jesus, isto deve ter sido dispensado, devido à urgência de se tratar de tudo antes do pôr do sol, altura em que a festa da Páscoa ia começar.

Lembremos que Jesus tinha passado toda a noite sem dormir. Nas últimas doze horas tinha sido traído por Judas, negado três vezes por Pedro, abandonado por aqueles que tinham sido seus companheiros nos últimos três anos, julgado em tribunais, zombado e sofrido uma flagelação romana. Muitas vezes, a flagelação era suficiente para matar um homem. Jesus estava agora muitíssimo fraco.

Em certo momento, Jesus não conseguiu caminhar mais, tal era a sua fraqueza. Foi então que os soldados romanos viram um homem que entrava na cidade. Obrigaram este homem, chamado Simão de Cirene (cidade do Norte de África), a levar a cruz, no trajeto que faltava até ao lugar da crucificação.

Um grande número de pessoas seguia Jesus, à medida que se aproximavam do Gólgota. Na multidão estavam umas mulheres que se apiedaram de Jesus. Choravam e lamentavam abertamente por ele. Quando Jesus tinha entrado em Jerusalém chorou pela cidade. Agora que estava a sair, eram as mulheres de Jerusalém que choravam por ele!

A religião tem a tendência de pôr em foco os pormenores gráficos desses momentos da vida de Jesus, para provocar sentimentos de pena e de compaixão pela fraqueza e pelo sofrimento de Jesus. Mas hoje Jesus não precisa que tenhamos pena dele. Já não está em sofrimento. Hoje ele é o

Senhor. Não quer a nossa pena, mas sim a nossa submissão, a nossa adoração e a nossa devoção.

Mesmo naquele momento, quando lutava com aquela dificuldade, não queria a nossa compaixão. Virou-se para aquelas mulheres e disse:

> Filhas de Jerusalém, não choreis por mim, chorai antes por vós mesmas, e por vossos filhos. Porque eis que hão de vir dias em que dirão: bem-aventuradas as estéreis, e os ventres que não geraram, e os peitos que não amamentaram. Então começarão a dizer aos montes: caí sobre nós, e aos outeiros: cobri-nos. Porque, se ao madeiro verde fazem isto, que se fará ao seco? (Lc 23:28-30).

Jesus estava a novamente profetizar sobre a destruição de Jerusalém, que ia acontecer em breve, e sobre o sofrimento terrível por que passariam os habitantes da cidade. A expressão "se ao madeiro verde fazem isto, que se fará ao seco" era um provérbio usado naquele tempo. Significa, nesse contexto, que, se fazem uma injustiça tão grande contra um homem inocente, em tempo de paz, quão maior será a angústia e o sofrimento das pessoas de Jerusalém durante a guerra que se seguiu.

14

A CRUCIFICAÇÃO E A MORTE

Jesus foi crucificado

Um dos erros mais flagrantes encontrado no Alcorão é a afirmação de que Jesus não foi crucificado (Sura 4, ayat 157-158). Não há nenhuma evidência a favor de tal afirmação. Pelo contrário, a evidência apoiando a historicidade da crucificação de Jesus é impressionante. Segundo L. T. Johnson, historiador do Novo Testamento na Universidade de Emory, há muita evidência que apoia o modo da morte de Jesus, os agentes e coagentes: Jesus foi julgado antes da sua morte, foi condenado e executado por crucificação.

A realidade cruel da sua morte

Logo que chegaram ao Gólgota, os soldados começaram rapidamente a preparar as vítimas para a crucificação. À vista de toda a gente, Jesus foi despido, ficando só com o pano de cingir os lombos. Depois foi colocado na trave da cruz. Os soldados perfuraram as suas mãos prendendo-o à trave com pregos.

Os que estavam presentes devem ter notado a diferença entre este homem e os outros, que estavam também a ser crucificados. Jesus não ofereceu qualquer resistência.

Deixou que os soldados romanos o pregassem à trave. Demonstrou uma coragem admirável em todo o processo. Depois devem tê-lo levantado, com cordas e talvez escadas, para poderem pregar a trave transversal ao poste vertical, que já estava erigida. Os pés foram pregados então no poste vertical.

A crucificação era um acontecimento comum naqueles dias. Foi originalmente inventada pelos fenícios, mas os romanos adotaram-na e fizeram dela uma ciência exata. O historiador Josefo escreveu que a crucificação era a forma de morte mais perversa possível. Além de ser um método de execução, era também usada para fazer uma afirmação de ordem social. As pessoas que eram levantadas na cruz e crucificadas eram declaradas indignas de partilhar a terra com os outros seres humanos. Eram considerados como a escumalha da terra. Por isso, não se crucificavam cidadãos romanos.

Ora, normalmente as autoridades judaicas faziam tudo o que podiam para evitar que judeus fossem crucificados, devido ao estigma social associado à crucificação, mas negaram, propositadamente, a Jesus todos os direitos que tinha como judeu e entregaram-no de boa vontade nas mãos dos romanos para ser crucificado.

Os romanos também usavam a crucificação como meio de desonrar e humilhar, deliberadamente, os prisioneiros mais famosos. Geralmente também se negava aos condenados à crucificação a dignidade póstuma de serem sepultados como devia ser. Os cadáveres, ou eram deixados na cruz, para serem mutilados e comidos pelos abutres, ou eram atirados para um monte de lixo, onde eram dilacerados e comidos por cães selvagens. Quando eram sepultados, era em uma vala comum.

No entanto, sabemos que, no caso se Jesus, o corpo não foi deixado na cruz, porque os judeus não queriam que os corpos ficassem na cruz no dia que ia começar em breve o primeiro dia da festa da Páscoa, um Sábado especial (Jo 19:31). Também não foi atirado para o monte de lixo, nem para a vala comum.

Os profetas tinham descrito a maneira como o Messias seria morto. O Salmo 22, que é um Salmo messiânico, fala do sofrimento do Messias e prediz a sua morte pela crucificação. Lemos no versículo 16: "Pois me rodearam cães… traspassaram-me as mãos e os pés".

Esta é, sem dúvida, uma referência à crucificação de Jesus, apesar de este método de tortura ainda não ser conhecido na altura em que a profecia foi dada. O Salmo foi escrito mil anos antes da morte de Jesus. Esta referência a "cães" é uma referência oculta aos romanos, ou cães gentios, que era o que os judeus chamavam aos romanos.

Quando Jesus foi crucificado, colocaram-no entre dois criminosos, que eram terroristas, que tinham lutado contra os romanos. Em Isaías 53 profetiza-se que Jesus seria contado entre os transgressores. Lemos isso no versículo 12. Tanto o Salmo 22, como Isaías 53, descrevem, profeticamente, a crucificação de Jesus. O Salmo 22 oferece uma descrição precisa do que aconteceu quando Jesus foi crucificado, ao passo que Isaías foca o significado da sua morte.

Jesus foi crucificado cerca das nove horas da manhã do dia 14 do mês de Nissan. Lembremos que este era o dia em que, segundo a tradição, se sacrificavam os cordeiros da Páscoa no Templo, à hora do sacrifício da tarde.

Tradicionalmente tem-se crido que Jesus morreu em uma sexta-feira, a chamada sexta-feira santa, com base no pressuposto de que o dia seguinte seria um sábado, o Shabbat. Todavia, é difícil conceber como o corpo de Jesus, de acordo com essa perspectiva, poderia permanecer no sepulcro durante três dias e três noites.

Mas o que as pessoas não entenderam era que João não está a falar de um Shabbat (sábado) normal, mas de um Shabbat especial (Jo 19:31). Segundo a lei, o primeiro dia de cada festa era chamado Shabbat, santa convocação, o que não significa, necessariamente, que coincidisse sempre no dia da semana chamado sábado (Lv 23:7, 8, 27, 35). De fato, este dia na semana variava de ano para ano.

A festa da Páscoa durava sete dias. Tal como acontecia com as outras festas, o primeiro dia da Páscoa era um Shabbat especial, uma santa convocação, em que as leis do sábado se aplicavam: não se podia trabalhar etc. (Lv 23:7). Os registros judaicos informam que, no ano em que Jesus foi crucificado, o primeiro dia da festa da Páscoa foi em uma quinta-feira. Uma vez que o dia após a crucificação era um Sábado especial (e não o sábado normal, dia da semana, como se tem entendido tradicionalmente), podemos pressupor que Jesus morreu em uma quarta-feira.

Essa perspectiva vai de acordo com a profecia de que Jesus esteve morto três dias e três noites (Mt 12:40). Temos, portanto, três dias completos entre a crucificação e a ressurreição: quinta-feira (um Shabbat especial), sexta-feira e sábado (o Shabbat, dia da semana). Foi no domingo de manhã que se descobriu que Jesus tinha ressuscitado. De outro modo, não faz sentido dizer que Jesus morreu em uma sexta-feira, esteve morto três dias e três noites, e que domingo de manhã já tinha ressuscitado.

Foi colocado sobre a cruz um letreiro, o mesmo que o tinha acompanhado pelo caminho, com o nome e a acusação oficial. Naquele tempo usavam-se quatro línguas em Israel: hebraico, grego, latim e aramaico. O hebraico era a língua da religião, o latim era a língua do governo, grego era a língua da cultura e o aramaico era a língua que o povo falava. Pilatos, o governador romano, escreveu no letreiro as palavras "Jesus Nazareno, rei dos judeus" nessas três línguas. Os dirigentes judeus opuseram-se a essas palavras, mas Pilatos se recusou a mudá-las (Jo 19:19-22).

A crucificação era uma experiência que parecia interminável. Não era uma forma de execução rápida, mas sim uma morte muito lenta e extremamente dolorosa. A crucificação afetava a respiração da vítima. Para poder respirar, a pessoa tinha que procurar se endireitar, fazendo pressão contra os pregos da trave horizontal e apoiando-se na minúscula plataforma debaixo dos pés. Isso causava uma dor horrível, e não podia se suportar por muito tempo. Logo depois de ter aguentado o corpo direito para poder respirar, a pessoa tinha que deixá-lo descair novamente. Mas essa posição dificultava a respiração. Por isso o crucificado tinha de tentar levantar o corpo outra vez, o que produzia uma dor extrema. A escolha era entre conseguir respirar, ou sofrer uma dor agonizante.

Apesar disso, as pessoas crucificadas conseguiam sobreviver, às vezes durante dias, penduradas na cruz, até morrerem de exaustão e sufocamento. Além do mais, o peso do corpo pendurado tendia a deslocar os ossos.

As vítimas da crucificação também sofriam desidratação. O Salmo 22 fala a respeito, descrevendo o sofrimento do ponto de vista da vítima:

> Como água me derramei, e todos os meus ossos se desconjuntaram; o meu coração é como cera, derreteu-se no meio das minhas entranhas. A minha força se secou como um caco, e a língua se me pegou ao paladar, e me puseste no pó da morte (v. 14,15).

A crucificação foi, sem dúvida, uma experiência terrível para Jesus. Além da dor física, teve que sofrer uma imensa vergonha. Nunca fora tão humilhado até então. Foi envergonhado perante os presentes, pois estava pendurado na cruz, usando apenas o pano de cingir os lombos. Todos os que estavam ali o consideravam maldito e abandonado por Deus, pois todos sabiam que quem fosse pendurado em um madeiro era maldito de Deus (Dt 21:23). Isaías acrescenta que ele foi: "ferido de Deus e oprimido" (Is 53:4). Mas o mesmo Isaías explica também o propósito do sofrimento do Messias: "verdadeiramente tomou sobre si as nossas enfermidades, e as nossas dores levou sobre si" (Is 53:4).

Jesus foi também envergonhado perante os anjos. Embora nunca tivesse mentido nem enganado, sofreu a vergonha de quem mente e engana. Embora nunca tenha roubado nem matado, sentiu a vergonha do ladrão e do assassino. Porque levou o pecado do mundo, sentiu a vergonha coletiva do mundo.

Durante a crucificação, era normal as vítimas gritaram e insultarem as pessoas que estavam a assistir. De fato, a razão por que os soldados romanos ofereciam vinho diluído com drogas era para as vítimas sentirem menos dor e serem mais fáceis de tratar. Mas Jesus foi inteiramente oposto. Quando lhe ofereceram bebida, provou-a e recusou-se a beber. Não quis evitar o sofrimento que experimentou por amor de nós. Apesar da dor e do sofrimento que teve, dedicou-se a pensar nos que estavam ali. Clamou ao Pai: "Pai, perdoa-lhes, porque não sabem o que fazem" (Lc 23:34).

Quando Jesus estava na cruz, quatro soldados romanos dividiram entre si as suas vestes. Essa era uma prática comum, pois as vítimas deixavam de ter direitos. Só lhes restavam as roupas e elas já não lhe faziam falta. A crucificação era um ato final. Ao dividirem as suas roupas, estavam a dizer que a vida de Jesus chegara ao fim e que não deixava qualquer herança.

Materialmente Jesus era pobre e, de fato, não tinha nada para deixar para ninguém. Mas espiritualmente, era muito rico e estava, através da sua morte, a deixar uma grande herança para os seus herdeiros espirituais. Quando abraçamos Jesus como o nosso único e suficiente Salvador e deixamos que ele seja o Senhor das nossas vidas, torna-mo-nos seus herdeiros.

No caso de Jesus, dividiram as suas roupas, de modo que cada soldado recebeu uma parte. Depois resolveram lançar sortes para ver para quem ficaria com a túnica, que era de linho, sem costura e de bastante valor. Ao fazerem isto estavam a cumprir, com exatidão, a profecia do Salmo 22, v. 18: "Repartem entre si os meus vestidos, e lançam sortes sobre a minha túnica".

Além da dor e da vergonha, teve que sofrer a zombaria. O Salmo 22, v. 7 e 8, profetizou isso. A multidão zombou dele, dizendo: "Tu, que destróis o templo, e em três dias o reedificas, salva-te a ti mesmo; se és filho de Deus, desce da cruz" (Mt 27:40). Eram palavras de zombaria, porque a única coisa que Jesus podia fazer era levantar, periodicamente, o corpo para poder respirar. Os chefes religiosos também troçavam dele, dizendo: "Salvou os outros, e a si mesmo não pode se salvar. Se és o Rei de Israel, desce agora da cruz, e creremos nele. Confiou em Deus; livre-o agora, se o ama; porque disse: Sou filho de Deus" (Mt 27:41-43).

Nesse testemunho, os chefes religiosos declararam que Jesus salvou outros. Ele é o Salvador, de que todos os homens precisam. Escarneceram dele, porque não se salvou a si mesmo. Se ele tivesse descido da cruz, nós nunca teríamos a salvação. Jesus ficou na cruz, não porque os pregos o prendiam, mas porque o seu amor por nós o manteve ali. Se quisesse, podia ter pedido ao Pai, a qualquer momento, que enviasse legiões de anjos para libertá-lo da dor, da vergonha e do escárnio (Mt 26:53).

Deus Pai podia tê-lo salvado. Amava o seu Filho unigênito, Jesus, mas amou-nos demais para poupá-lo. Isaías diz: "ao Senhor agradou moê-lo, fazendo-o enfermar" (Is 53:10).

Um dos criminosos também o insultou. Disse-lhe: "Se tu és o Cristo, salva-te a ti mesmo, e a nós". Pensava só em si próprio. Tinha um projeto que não tinha concluído e estava agora ainda mais determinado a vingar-se dos romanos. No entanto, o outro criminoso achou que essa atitude estava errada e repreendeu-o, dizendo-lhe: "Tu nem ainda temes a Deus, estando na mesma condenação? E nós, na verdade, com justiça, porque recebemos o que os nossos feitos mereciam; mas este nenhum mal fez".

Depois se voltou para Jesus e disse: "Senhor, lembra-te de mim, quando entrares no teu reino". Jesus respondeu-lhe: "Em verdade te digo que hoje estarás comigo no paraíso" (Lc 23:43). A palavra grega que está traduzida por "paraíso" deriva de uma palavra persa, antiga, que se refere a um lindo jardim. Com o passar do tempo, associou-se ao jardim de Deus. Era o paraíso restaurado.

De novo vemos aqui um exemplo do altruísmo de Jesus, que, na hora da maior dor e sofrimento, cuidou daqueles que estavam perto dele.

Alguns tradutores no passado tentaram torcer as palavras de Jesus, de modo a significarem: "Em verdade, em verdade te digo hoje que estarás comigo no paraíso". Mas o uso da palavra "hoje" desta maneira não significa nada. Claro que é hoje que a pessoa diz alguma coisa! O que Jesus estava a dizer àquele homem, arrependido e com fé em Jesus, era que, no momento da morte, entraria na presença do Deus de perdão. Assim aquele criminoso, cujo nome desconhecemos, morreu naquele dia no lugar da Caveira e logo ao morrer entrou no jardim de Deus pela fé, sem fazer quaisquer obras boas (Ef 2:8,9).

Desde o meio-dia até às três horas da tarde (desde a hora sexta até à hora nona dos judeus), as trevas cobriram a terra. Então, cerca das três horas da tarde (a hora nona), Jesus clamou em alta voz, em aramaico: "Eloi, Eloi, lama sabachthani?" que significa: "Meu Deus, meu Deus, porque me desamparaste?".

É interessante que o Salmo 22, escrito mil anos antes deste momento, começa com essas palavras do Messias sofredor. Esse grito dá-nos uma tênue ideia do maior sofrimento de Jesus. É verdade que Jesus sofreu fisicamente. No entanto, outros sofreram o mesmo castigo físico que ele teve que suportar. É verdade que sofreu emocional e psicologicamente, mas é verdade que outros também sofreram de um modo semelhante. O que fez o sofrimento de Jesus muito diferente do dos outros foi o fato de, para além do sofrimento físico, emocional e psicológico, o seu sofrimento ter sido de natureza espiritual.

As três horas eram a hora do sacrifício da tarde. Aquele era o dia e a hora em que os cordeiros da Páscoa eram mortos em sacrifício. Por isso e por ele ter cumprido a profecia, vemos que Jesus não morreu como mártir. Jesus não morreu por uma grande causa qualquer. Morreu como um sacrifício pelos nossos pecados. Ele foi o Cordeiro de Deus, o Cordeiro da Páscoa.

O sangue do cordeiro da Páscoa era vertido, depois de lhe darem um golpe no pescoço e deixarem que todo o sangue saísse do corpo. O cordeiro não tinha uma morte natural, no campo. Era uma morte violenta. O sangue vertido era a evidência de que ele tinha dado a sua vida. Isaías descreve claramente o servo sofredor, Jesus, o Messias, como o Cordeiro, cujo sangue foi vertido por nós.

Quando os escritores do Novo Testamento mencionam a morte de Cristo, falam invariavelmente do seu sangue. Por quê? Porque compreendem que morreu como o cordeiro do sacrifício, a nosso favor.

O nosso pecado estava sobre Jesus quando ele foi crucificado. Durante três horas enfrentou as consequências do nosso pecado. Sofreu o castigo que nos pertencia por ter desonrado Deus não o deixando ser o Senhor das nossas vidas.

Naquela hora, quando o nosso pecado estava sobre Jesus, o Pai voltou o rosto. Era repulsivo. Aquele que é inteiramente santo não olhou para o Filho com misericórdia. Que angústia terrível deve ter sentido Jesus, ao ser separado do Pai, que lhe proporcionava toda a alegria e consolo! Jesus nunca tinha estado separado do Pai. Por toda a eternidade tinham tido sempre prazer na companhia um do outro, mas o nosso pecado mudou tudo. Dividiu a Trindade. Deus permitiu-o para que nós pudéssemos reconciliar-nos com ele.

Não admira que houvesse trevas durante este período de tempo! Lucas explica simplesmente que o sol deixou de brilhar. Isto aconteceu à hora em que o sol brilha com mais intensidade.

Algumas pessoas pensam que foi um eclipse do sol, mas não foi isso que aconteceu. A Páscoa ocorria sempre na fase da lua cheia. Um eclipse do sol acontece quando a lua passa entre a terra e o sol. Isto só é possível na lua nova. Cada mês começava com a lua nova e a Páscoa celebrava-se no dia 15 do mês, por isso um eclipse do sol nessa altura é impossível.

O que aconteceu foi sobrenatural. Foi uma intervenção de Deus. As trevas, no Velho Testamento, estão muitas vezes associadas ao julgamento de Deus e foi essa espécie de trevas que cobriram a terra.

Contudo, é interessante que, quando Jesus clamou em alta voz, em aramaico: "Eloi, Eloi, lama sabachthani?" Algumas das pessoas que estavam ali reunidas pensaram que estava a chamar o profeta Elias. Confundiram a palavra aramaica "Eloi" com a pronúncia de Elias em aramaico. Por quê? Porque Jesus, depois dessas horas na cruz, tinha sede e estava com dificuldade em pronunciar as palavras com clareza. As palavras que pronunciou não foram dirigidas às pessoas que estavam em pé, ao redor da cruz. Elas eram uma expressão dos seus sentimentos naquele momento de sofrimento intenso.

No entanto iria fazer uma declaração importante e, ao fazê-la, era essencial que pronunciasse as palavras claramente, para que todos pudessem ouvir. Assim que Jesus soube que tudo estava completo, disse: "Tenho sede". Embeberam uma esponja em vinagre de vinho e levantaram-na até ele para que bebesse. Esta era uma bebida diluída, usada para mitigar a sede.

Jesus tinha rejeitado a bebida com droga, que lhe tinha sido oferecida anteriormente, mas bebeu desta vez. Porquê? Porque tinha sede e não conseguia falar. O Salmo 69:21 fala desses dois acontecimentos: "Deram-me fel por mantimento e, na minha sede, me deram a beber vinagre". Jesus estava para fazer uma grande declaração e queria que todos a entendessem claramente. Depois de beber, clamou: "Está consumado" (Jo 19:30).

Notemos que ele não disse: "Estou consumado", mas sim: "Está consumado". Os escritores dos Evangelhos deixam claro que a morte de Jesus não se deveu à exaustão da crucificação, mas foi uma entrega voluntária da sua vida.

É interessante que, no meio do sofrimento, Jesus clamou: "Deus meu, Deus meu, por que me desamparaste?" Esse era o primeiro versículo do Salmo 22, um Salmo messiânico. Agora, quando Jesus clamou: "Está consumado", era o último versículo desse Salmo. No Salmo 22, v. 31, o escritor diz que, quando as gerações futuras falarem aos filhos acerca do Senhor, dir-lhes-ão que "ele o fez" ou "está consumado".

Em português este grito de Jesus está escrito com duas palavras, mas clamou apenas uma: "Nishlam". Esta palavra vem da mesma raiz da palavra "shalom"; é o tempo passado do verbo que vem de "shalom". "Shalom" significa paz, harmonia, realização. Jesus tinha realizado a sua missão. Tinha completado a obra de salvação. Tinha estabelecido a "paz" entre Deus e os homens.

É essencial que compreendamos que, quando Jesus clamou: "Está consumado", estava mesmo consumado. Não haveria mais sofrimento para Jesus devido ao nosso pecado. Tinha bebido o cálice da ira divina até à última gota. Não havia mais castigo para enfrentar. Estava tudo feito, estava consumado. Por isso devemos rejeitar qualquer ideia de que, depois da morte, Jesus desceu ao inferno e ali teve um grande conflito com o nosso adversário, antes de sair vitorioso. Isso é imaginação pura, sem qualquer base bíblica.

Quando Jesus clamou: "Está consumado", o véu do Templo rasgou-se de cima a baixo. O véu, ou cortinado, estava pendurado no Templo para separar o lugar santo do lugar santíssimo. Durante séculos tinha simbolizado a barreira entre Deus e o homem.

Esse véu não era qualquer pano fino de linho. Era da espessura do punho de um homem e não podia rasgar-se usando duas parelhas de bois puxando em direções opostas. Era tão pesado que mataria um homem se caísse sobre ele. No entanto, quando Jesus clamou "Está consumado", este cortinado rasgou-se de cima a baixo. Naquele momento Deus Pai deu ordem para que um anjo saísse da sua presença, levasse uma espada e, com um golpe, o cortasse em dois.

Quando o véu foi rasgado em dois, ficou claro que a barreira que tinha separado, durante séculos, Deus e o homem, tinha sido removida e que as pessoas podiam agora entrar livremente na presença de Deus, graças ao sacrifício que Jesus ofereceu em seu favor. Pelo sangue que Jesus derramou, foi aberto um caminho novo e vivo para toda a humanidade (Hb 10:19-22).

Que dia os sacerdotes viveram ali no Templo! Primeiro, vieram as trevas desde o meio-dia até às três da tarde. Durante esse período não puderam fazer os preparativos necessários para as ofertas dos cordeiros, que seriam apresentadas às três horas. Nunca antes tinha acontecido um acidente adverso que interrompesse o serviço do santuário. Nunca tinha havido chuva que extinguisse o fogo do altar, nem vento contrário que soprasse adversamente o fumo dos sacrifícios. Tradicionalmente os sacerdotes cumpriam à risca cada pormenor do serviço, para que Deus não se desagradasse deles. Naquele dia tudo correu mal. Certamente que os sacerdotes pensaram que a ira de Deus estava sobre eles.

O véu do Templo, que separava o lugar santo do lugar santíssimo, foi então rasgado de cima a baixo. Aconteceu aquilo que nunca poderiam imaginar. Todos os sacerdotes, que estavam a servir no Templo, olharam para dentro do Lugar Santíssimo, o que não era permitido, nem mesmo ao sumo sacerdote quando entrava ali, uma vez por ano, com o sangue de um animal, no dia da Expiação. Ele mesmo não via nada por causa do fumo do incenso que ele próprio queimava e que enchia o Lugar Santíssimo.

O rasgar do véu, de cima a baixo, mostrava que Deus estava a dizer que a utilidade do Templo tinha chegado ao fim. Tinha servido, tinha tido o seu propósito até ao tempo de Cristo. Tinha servido apenas como sombra até que Cristo oferecesse o sacrifício perfeito, destinado a acabar com todos os outros sacrifícios. O velho sistema de sacerdócio levítico tinha-se tornado obsoleto aos olhos de Deus. O escritor de Hebreus diz que aquilo que se tinha tornado obsoleto iria desaparecer em breve (Hb 8:13). Foi o que aconteceu cerca de quarenta anos depois, quando os romanos destruíram o Templo e o queimaram, sob o comando de um general romano chamado Tito.

Como reagiram as autoridades judaicas? Não prestaram atenção ao que tinha acontecido no dia notável em que Jesus foi crucificado. Costuraram o véu e continuaram com o serviço no Templo, como se nada tivesse acontecido. Os sacerdotes continuaram a oferecer sacrifícios, que agora já não tinham qualquer valor. Continuaram a celebrar as festas que falavam do Messias, só que elas deixaram de ter importância.

Quando chegou o primeiro grande e solene dia da Expiação, seis meses mais tarde, os sacerdotes tiveram outro choque. A Mishnah, ou Investigação Judaica, que é uma discussão sobre como aplicar a Lei, diz que, todos os anos, um fio escarlate era pendurado em frente do Lugar Santo durante a festa da Expiação (Yom Kippur). Se o fio escarlate ficasse branco, dizia-se que os pecados do povo estavam perdoados. A Mishnah Judaica admite que, durante os quarenta anos que antecederam a destruição do Templo, o fio nunca se tornou branco. Em outras palavras, depois da morte de Jesus, toda a cultura e a atividade do Templo se tornaram obsoletas.

Depois de o véu do Templo se rasgar, um terremoto abalou toda aquela área, quebrando algumas das formações rochosas (Mt 27:51). Alguns túmulos abriram-se e muitos servos de Deus, que tinham morrido, ressuscitaram. Saíram dos túmulos e, depois da ressurreição de Jesus, entraram em Jerusalém e apareceram a muitas pessoas.

Todos esses fenômenos ocorreram nesse dia extraordinário, para que as pessoas não pudessem escapar ao fato de que Deus tinha feito algo notável nesse dia.

Um centurião romano, que estava perto da cruz, ficou muito impressionado com todas as coisas que aconteceram. Um centurião tinha normalmente cem homens sob o seu comando, mas nessa ocasião estava encarregado de apenas quatro soldados, que estavam a fazer o serviço da crucificação. Referindo-se a Jesus, exclamou: "Certamente era o filho de Deus" (Mt 27:54).

Algumas pessoas têm tentado diluir esse testemunho por ter sido dado por uma pessoa vinda do paganismo. Mas os pagãos se convertem. Não sabemos o que esse homem já conhecia sobre Jesus. Sem dúvida teria ouvido muito sobre ele, enquanto vivia ali em Israel. Foram precisos os acontecimentos daquele dia para levá-lo à fé em Jesus.

Quando Jesus morreu, um terremoto abalou a terra. Desde então o mundo descrente e Israel não souberam mais nada de Jesus. No entanto, a Bíblia informa que um dia Jesus vai revelar-se de novo a Israel e ao mundo. Nesse dia Jesus vai voltar, ao Monte das Oliveiras, com grande poder e glória. Os pés dele vão tocar nesse monte e um grande terremoto vai abalar toda aquela região (Zc 14:4).

Os benefícios da sua morte

Há pessoas que pensam que a morte de Jesus foi acidental. Mas não é assim que a Bíblia a apresenta. A morte não surpreendeu Jesus. Jesus surpreendeu a morte. Escolheu morrer. Nasceu com esse propósito. Declarou em uma ocasião: "Eu dou a minha vida para tornar a tomá-la. Ninguém ma tira de mim, mas eu, de mim mesmo, dou-a; tenho poder para dar, e poder para tornar tomá-la" (Jo 10:17,18).

Portanto, Jesus não morreu como mártir. Morreu como sacrifício pelos pecados da humanidade. Morreu como o Cordeiro de Deus. Foi uma morte para o bem de outros. Morreu para que o homem possa ser perdoado.

A morte de Jesus não foi uma solução improvisada no último instante. Constituía a parte central do projeto eterno de Deus para a salvação do homem. Pelo seu sacrifício perfeito, que foi oferecido uma única vez e que não precisa ser repetido, advieram grandes benefícios para todos aqueles que abraçam o projeto de Deus. Pela sua morte temos:

- O perdão dos nossos pecados (Ef 1:7).
- A justificação (Gl 2:16). A justificação é ser declarado justo, como se nunca tivesse pecado. Mas isto não significa que Deus nos desculpa de ter pecado contra ele. Deus não ignora o nosso pecado, mas, quando confiamos no Senhor Jesus e aceitamos que morreu por nós, Deus considera os nossos pecados cobertos, como se fossem atirados para o fundo do mar, para nunca mais serem trazidos à luz, para nos embaraçar ou condenar (Rm 3:24-26 e 5:1). Nesse modo declara-nos justos.
- Purificação (1 Jo 1:7). O sangue de Jesus nos purifica de todo pecado.
- Acesso à presença de Deus. Jesus pelo seu sangue abriu para nós que cremos nele um novo e vivo caminho a Deus. Isso faz com que possamos ir a Deus com confiança (Hb 10:20).

15

A RESSURREIÇÃO

Jesus foi crucificado no dia da preparação da Páscoa. Uma vez que as pessoas crucificadas ficavam expostas na cruz dias e dias até morrerem de cansaço e sufocamento, os judeus foram a Pilatos e disseram que não queriam os corpos na cruz durante a festa. Pediram autorização para partirem as pernas das vítimas e retirarem os corpos.

Era comum partir as pernas dos crucificados para morrerem mais depressa. Isso sucedia porque se tornava impossível continuarem a se puxar para cima, para respirar. Morriam então sufocados.

Quando disseram aos soldados romanos que era importante acabarem tudo antes do pôr do sol daquele dia, eles começaram logo a partir as pernas das vítimas. Partiram as pernas dos dois criminosos, que estavam ao lado de Jesus, e que ainda estavam vivos. Mas, quando chegaram a Jesus, viram que ele já tinha morrido, por isso não lhe partiram as pernas. O Salmo 34:20 prediz isso mesmo. Mas era importante que as pernas de Jesus não fossem partidas. Ele era o Cordeiro da Páscoa e nunca se partia nenhum osso desse cordeiro (Ex 12:46).

Mas, para se assegurar que Jesus morresse de fato, um deles pegou em uma lança e traspassou-lhe o lado. O profeta Zacarias predisse que Jesus, o Messias, seria traspassado

(Zc 12:10). Era prática normal traspassar o lado da vítima, pois o corpo não podia ser tirado da cruz até os soldados terem a certeza de que a vítima estava mesmo morta. Tradicionalmente, a lança que os soldados usavam para assegurar a morte da vítima passava de baixo para cima, pelo lado direito do peito, de modo a perfurar o coração.

Os soldados romanos tinham muita experiência no procedimento da crucificação. Compreendiam bem a importância de fazer tudo de um modo correto, especialmente nos casos que, como esse, envolviam pessoas bem conhecidas. Os soldados romanos agiram de modo a não fazer erro nenhum no caso de Jesus, certificando-se de que estava mesmo morto.

Era a hora de tirar os corpos das cruzes. As vítimas iam normalmente para uma vala comum, o que teria acontecido também a Jesus, se Deus não tivesse determinado que sucedesse de outra forma. O profeta Isaías tinha predito que Jesus, o Messias, apesar de morrer com criminosos, não seria sepultado com eles. Escreveu: "E puseram a sua sepultura com os ímpios, e com o rico na sua morte" (Is 53:9).

Um homem rico, chamado José de Arimateia, não gostou da ideia de Jesus ser atirado para uma vala comum. José era um membro importante do Sinédrio (Mc 15:43). Lucas diz que ele era "homem de bem e justo, que não tinha consentido no conselho, e nos atos dos outros" (Lc 23:50,51). Isto é, não tinha concordado com os outros membros do Sinédrio quando sentenciaram Jesus. João diz que ele era "discípulo de Jesus, mas oculto, por medo dos judeus" (Jo 19:38). Tinha medo de que, se seguisse a Jesus abertamente, seria expulso do Sinédrio e da sinagoga, pois esta era a pena imposta àqueles que o seguiam (Jo 9:22 e 12:42).

Mas agora José foi, com ousadia, ao governador Pilatos e pediu-lhe o corpo de Jesus. Por que razão José de

Arimateia decidiu, de repente, identificar-se como um dos discípulos de Jesus? O que é que o fez mudar de ideia?

Até aqui José de Arimateia tinha admirado Jesus à distância. De fato amava Jesus. Naquele dia tinha estado no Sinédrio quando Jesus, abandonado pelos discípulos, foi arrastado perante o concílio, acusado falsamente, cuspido na cara e esbofeteado e depois condenado injustamente à morte. Viu como Jesus lidou com tudo com muita dignidade. Deve ter acompanhado os eventos que se seguiram, vendo essa pessoa que amava sendo humilhada perante Pilatos para apaziguar uma multidão feroz. Viu como foi entregue aos executores romanos para ser crucificado. Viu como foi exibido pelas ruas, carregando a trave sobre a qual seria pendurado. Viu como ficou na cruz entre dois criminosos, sendo identificado com o pior da sociedade. Viu como sofreu ainda mais humilhação ali e por fim morreu como uma pessoa amaldiçoada. E agora sabia que ia ser atirado para uma sepultura comum, juntamente com os criminosos. José de Arimateia não podia aguentar mais. Não podia suportar a vergonha de permitir que Jesus fosse humilhado ainda mais. Por isso naquele dia ele mudou. Decidiu que ia se identificar com Jesus, sem se importar com as consequências.

Assim José de Arimateia tirou o corpo de Jesus da cruz, com a ajuda de Nicodemos, o chefe religioso que tinha ido ter com Jesus de noite e a quem Jesus tinha dito que era necessário nascer de novo. Depois o envolveram em pano de linho.

A forma verbal "envolveram" significa "enrolaram com firmeza, envolveram com força". O corpo de Jesus não foi apenas embrulhado com um lençol. Enrolaram cuidadosamente o corpo em pano de linho, pondo especiarias, para preservá-lo, entre as camadas de pano. Foram usados mais de trinta quilos de especiarias. Em seguida, colocaram o corpo no sepulcro que pertencia a José, um túmulo novo, escavado da rocha, em um jardim ali perto. Depois, uma pedra circular, que estava em um sulco inclinado, foi deslocada até tapar a entrada, selando assim o sepulcro (Jo 19:38-42).

O túmulo era numa encosta rochosa fora da cidade de Jerusalém. A cidade era cuidadosamente preservada da poluição. Não podiam deixar cadáveres na cidade de um dia para o outro. Nunca permitiram sepulcros em Jerusalém, exceto o da profetiza Hulda e dos da casa do rei Davi. Não podiam ter aves domésticas, nem sequer se podia ter hortas para que o cheiro da vegetação em decomposição não poluísse o ar.

O sepulcro ficava situado em um jardim. Este fato tem significado. Jesus tinha morrido, mas não ia permanecer morto. Tal como em um jardim as sementes são semeadas e no tempo certo produzem plantas, também o corpo de Jesus foi semeado. Foi semeado como um corpo perecível e ressuscitaria como um corpo imperecível (1 Cor 15:35-43).

A RESSURREIÇÃO

Jesus morreu mas não ficou morto. O Pai o ressuscitou ao terceiro dia (Lc 24:1-6). O fato de o Pai tê-lo ressuscitado fazia parte integrante da mensagem da Igreja apostólica. "Pois não era possível que fosse retido por ela [a morte]" (At 2:24). Os apóstolos disseram que foi isso que Davi tinha profetizado quando escreveu: "Tenho posto o Senhor continuamente perante mim: por isso que ele está à minha mão direita, nunca vacilarei. Portanto está alegre o meu coração e se regozija a minha glória: também a minha carne repousará segura. Pois não deixarás a minha alma no Hades, nem permitirás que o teu santo veja corrupção" (Sl 16:8-10).

Pedro disse aos seus ouvintes, no dia de Pentecostes, que Davi não estava a falar sobre si mesmo neste Salmo, porque Davi "morreu e foi sepultado, e entre nós está até hoje a sua sepultura". Depois Pedro continuou a falar sobre Davi, dizendo: "Sendo, pois, ele profeta, e sabendo que Deus lhe havia prometido com juramento que do fruto dos seus lombos segundo a carne, levantaria o Cristo, para assentá-lo sobre o seu trono, nesta provisão, disse da ressurreição de Cristo (o Messias) que a sua alma não foi deixada no Hades, nem a sua carne viu a corrupção" (At 2:30,31).

A ressurreição, para os apóstolos, era claramente a confirmação de Jesus como o verdadeiro Messias. Em 1993 muitos judeus hassídicos lubavitcher declararam que o seu líder, o rabi Menachem Mendel, que tinha noventa anos de idade, era o Messias. Mas ele morreu pouco tempo depois e ainda hoje estão à espera que ele ressuscite. Mas Jesus ressuscitou depois de três dias, tal como tinha dito que aconteceria.

A ressurreição de Jesus é única. Os budistas não dizem que Buda ressuscitou, nem os confucionistas dizem que Confúcio ressuscitou, nem os muçulmanos o dizem sobre Maomé. Maomé morreu no dia 8 de junho de 632. O túmulo dele está em Medina, na Arábia Saudita, onde é visitado todos os anos por milhões de muçulmanos. Não há um sepulcro que contenha o corpo de Jesus.

MAS PODEMOS TER A CERTEZA DE QUE ELE RESSUSCITOU?

Há alguns anos fizeram uma pergunta ao Doutor Joad, professor de filosofia da Universidade de Londres: "Se pudesse falar com uma pessoa do passado e lhe pudesse fazer uma pergunta, quem seria essa pessoa e o que lhe perguntaria?" Joad, que não era crente, respondeu: "Falaria com Jesus Cristo e far-lhe-ia a pergunta mais importante do mundo: Ressuscitou ou não?". O professor tinha razão. A pergunta mais importante do mundo é se Jesus ressuscitou e se está vivo hoje.

O escritor Frank Morrison começou a escrever um livro para provar que a ressurreição de Jesus não era verdade, do ponto de vista histórico. Sentia que a evidência estava fundada em bases muito inseguras. Aconteceu uma coisa espantosa quando ele fazia investigação para o livro. Ao estudar os Evangelhos e ao examinar minuciosamente a evidência, para formar a sua própria opinião, houve uma revolução no seu pensamento. A evidência a favor da ressurreição era tão convincente que, em vez de escrever o livro que tinha tencionado escrever, Frank Morrison sentiu-se compelido a escrever um livro para provar a ressurreição. O livro se chama *Who moved the stone?*

QUAL É, ENTÃO, A EVIDÊNCIA A FAVOR DA RESSURREIÇÃO?

Os quatro escritores dos Evangelhos descrevem, em pormenor, como o túmulo foi encontrado vazio. Primeiramente as mulheres, que tinham assistido ao sepultamento, voltaram ao túmulo onde o tinham sepultado, na manhã depois do Shabbat, no domingo, ainda muito cedo. Viram que a pedra, que tinha tapado a entrada do túmulo tinha sido rolada e que o corpo tinha desaparecido. Voltaram, à pressa, para contarem aos discípulos o que viram. Então Pedro e João correram ao túmulo e verificaram que era verdade o que as mulheres disseram.

Os guardas, que tinham estado vigiando, tinham ido à cidade e relataram aos chefes dos sacerdotes que o túmulo estava vazio, explicando o que tinha acontecido (Mt 28:11). O Sinédrio confirmou que o túmulo estava vazio. Inventaram então a história de que os discípulos tinham roubado o corpo.

Naqueles dias os judeus veneravam os lugares de sepultamento dos profetas e dos mártires. Mas não há evidência de que o túmulo de Jesus tivesse sido honrado dessa forma. Há muitos sepulcros no Monte das Oliveiras, perto de Jerusalém, mas o túmulo de Jesus não se encontra entre eles. A única explicação é que o túmulo ficou vazio e por isso não havia corpo para venerar.

Têm sido apresentados dois argumentos contra a ressurreição de Jesus, afirmando que ela não aconteceu. Tinha sido uma invenção dos discípulos.

As autoridades judaicas foram as primeiras a declarar que a ressurreição foi uma fraude. Mateus explica que, depois da crucificação, as autoridades judaicas foram a Pilatos e pediram que pusesse guarda à porta do túmulo, para o corpo não ser roubado. Pilatos mandou que uma pedra enorme fosse colocada na entrada e que fosse selada com o selo imperial. Também colocou uma guarda romana, que consistia em uma unidade de dezesseis soldados, para protegê-lo.

As autoridades judaicas alegaram que os guardas teriam adormecido e que os discípulos roubaram o corpo durante a noite, inventado a história de que Jesus ressuscitara.

Quanto aos guardas adormecerem, é muito pouco provável. Cada um daqueles dezesseis homens tinha um treino especial para ser vigilante. Se um dos membros da equipe falhasse no seu posto, seria executado, juntamente com os outros. Parece incrível que adormecessem todos ao mesmo tempo, encontrando-se em serviço. Além disso, se estavam todos a dormir, como poderiam saber que tinham sido os discípulos a roubar o corpo?

Se os discípulos roubaram o corpo, por que não foram acusados disso em tribunal? De acordo com a lei romana, o corpo de um criminoso pertencia ao estado. Roubar um corpo dessa forma era uma ofensa grave.

E que motivo tinham os discípulos para roubarem o corpo? Mais tarde muitos dos discípulos deram a vida pela fé. Estariam dispostos a morrer pelo que sabiam ser uma mentira? Além disto os discípulos não estavam em condição de fazer isto. Estavam deprimidos e cheios de medo. Como podiam meter-se em uma aventura tão ousada, como seria enfrentar a guarda romana, rolar a pedra, que devia pesar cerca de uma tonelada, e depois levar o corpo?

Só pareceu ser uma ressurreição. Jesus não morreu de fato

Há cerca de duzentos anos surgiu uma tese segundo a qual Jesus só pareceu ter morrido. De acordo com essa ideia, ele só teria desmaiado de cansaço. Foi tirado da cruz e posto no lugar fresco e arejado de um túmulo, onde reanimou. Saiu do túmulo e os discípulos concluíram, erradamente, que tinha ressuscitado.

A pergunta, portanto, é esta: "Jesus morreu mesmo na cruz?".

Como já explicamos, os soldados romanos estavam habituados a crucificações e, em circunstância alguma, permitiriam que uma vítima escapasse à morte na cruz. Isto seria especialmente verdade quando estava em causa uma pessoa tão bem conhecida como Jesus de Nazaré. Entenderam claramente que era essencial que fizessem tudo como devia ser e que não poderiam enganar-se em nada. Marcos diz-nos que, quando Pilatos ouviu que Jesus já tinha morrido, ficou surpreendido e mandou chamar o centurião romano que estava de serviço, para confirmar que era verdade. Portanto, tudo parece indicar que Jesus morreu de fato na cruz.

Além disso, mesmo que Jesus não tivesse morrido na cruz e tivesse reanimado no túmulo, teria de estar em um profundo estado de fraqueza. Tinha sido chicoteado, crucificado e deixado na cruz durante o calor do dia. Tinha estado sem comer nem beber durante aqueles três dias no sepulcro. Como é que, nestas condições, poderia aparecer e convencer os discípulos de que tinha sido vitorioso sobre a morte e a sepultura?

Mais ainda, temos que perguntar como é que Jesus poderia ter escapado do sepulcro. Tinha sido embalsamado com linho e especiarias, que endureciam ao fim de poucas horas, tornando o escape quase impossível. E a pedra enorme, que tinha sido rolada da parte de fora do sepulcro, e posta em posição em um sulco, teria certamente impedido a saída de Jesus. Seria totalmente impossível que alguém que estivesse do lado de dentro do sepulcro fosse capaz de remover essa pesadíssima pedra.

Toda a evidência do Novo Testamento explica que a ressurreição aconteceu de fato. Os discípulos anunciaram que aconteceu um milagre quando Jesus ressuscitou, deixando o túmulo vazio. O Evangelho de João informa que, quando João e Pedro ouviram as mulheres dizer que o túmulo estava vazio, correram imediatamente para o local. João, que era muito mais novo, chegou primeiro. Conta o seguinte: "E, abaixando-se, viu no chão os lençóis; todavia, não entrou. Chegou Simão Pedro, que o seguia, e entrou no sepulcro, e viu no chão os lençóis, e que o lenço, que tinha estado sobre a sua cabeça, não estava com os lençóis, mas enrolado em um lugar à parte. Então entrou também o outro discípulo, que chegara primeiro ao sepulcro, e viu, e creu" (Jo 20:3-8).

Os lençóis foram deixados exatamente no lugar em que o corpo tinha estado no túmulo. O corpo tinha desaparecido. Os lençóis ficaram como se Jesus tivesse passado através deles. O pano da cabeça estava ainda enrolado na forma da cabeça e estava à distância certa dos panos que tinham envolvido o corpo. Um ladrão não poderia ter roubado o corpo e deixado a roupa e o lenço da cabeça como se estivessem ainda enrolados à volta do corpo e da cabeça.

O Novo Testamento faz uma distinção entre a ressurreição de Jesus e a ressurreição de outras pessoas durante o ministério dele. Há o registro de seis pessoas que ressuscitaram. O caso mais notável é o de Lázaro, que tinha estado morto durante quatro dias e cujo corpo estava já a se decompor. Em todos estes casos, o regresso à vida foi só temporário. Cada uma dessas pessoas morreu algum tempo depois e foi sepultada. A experiência de Jesus foi diferente da deles. Ressuscitou e está vivo para sempre. "havendo Cristo ressuscitado dos mortos, já não morre: a morte não mais terá domínio sobre ele" (Rm 6:9).

Mas há outro aspecto importante. A ressurreição de Jesus não foi simplesmente uma reanimação. Não se tratou apenas de um corpo morto ter revivido. Paulo diz que, quando ressuscitou, Jesus recebeu um "corpo espiritual" (1 Cor 15:44). É um corpo que já não está sujeito às leis naturais. Jesus passou a poder aparecer de repente aos discípulos, para depois desaparecer. Podia passar através de paredes e de portas, como se elas não existissem. O fato de Jesus possuir este novo corpo que passa através de paredes levanta outra questão. Uma vez ressuscitado com este novo corpo, Jesus podia ter simplesmente passado pela pedra da sepultura. Ela não foi removida para deixar Jesus sair. Foi removida para deixar os discípulos entrar e ver que o corpo de Jesus não estava lá e que tinha sido ressuscitado.

Por outro lado, o Jesus ressuscitado não era um espírito sem corpo. Ele próprio, quando apareceu aos discípulos após a sua ressurreição, negou isso e chamou a atenção para as feridas da crucificação. Disse aos discípulos: "Vede as minhas mãos e os meus pés, que sou eu mesmo: apalpai-me e vede; pois um espírito não tem carne nem ossos, como vedes que eu tenho" (Lc 24:39). Ao dizer isto, mostrou-lhes as mãos e os pés. Quando eles continuavam a não acreditar que ele estava vivo, perguntou-lhes: "Tendes aqui alguma coisa que comer? "Deram-lhe um bocado de peixe assado. Comeu-o na presença deles. Era Jesus que aparecia aos discípulos, mas com um corpo novo, um corpo imperecível, imortal.

Mas, de princípio, os discípulos não reconheceram Jesus no seu corpo novo (Lc 24:16; Jo 20:14 e 21:4). Lucas conta que, quando Jesus ressuscitou, se juntou a dois discípulos, que estavam a caminho de Emaús. Iam tristes porque deixaram de ter esperança quando Jesus morreu. Lemos que, ao caminharem, inicialmente eles não o reconheceram. Só o reconheceram mais tarde quando, à volta de uma mesa, ele orou e, tomando o pão, o partiu e começou a distribui-lo. Jesus foi-lhes então revelado. Os seus olhos foram abertos e reconheceram que era ele.

Depois da ressurreição, Jesus não podia ser conhecido como era, pelo seu aspecto físico. Mesmo aqueles que o tinham conhecido pessoalmente não poderiam mais conhecê-lo pela carne (2 Cor 5:16). Há pessoas que pensam que seria mais fácil acreditar em Jesus se ele tivesse deixado um quadro ou uma pintura, para mostrar como era. Mas o verdadeiro Jesus não pode ser conhecido por quadros de pintores, como estes imaginam que ele fosse. Só pode ser conhecido quando o Espírito Santo o revela.

A RESSURREIÇÃO DE JESUS FAZIA PARTE INTEGRANTE DO PLANO DE DEUS

Os profetas tinham falado disso. Isaías, no mais conhecido dos seus Cânticos do Servo falou sobre a morte e a ressurreição do Messias, dizendo: "quando a sua alma se puser por expiação do pecado, verá a sua posteridade, prolongará os dias; e o bom prazer do Senhor prosperará na sua mão. O trabalho da sua alma ele verá, e ficará satisfeito" (Is 53:10,11). Na versão dos manuscritos do Mar Morto, o texto hebraico é um pouco diferente na expressão "o trabalho da sua alma ele verá". Diz: "ele verá a luz da vida". Pela sua ressurreição veria a sua posteridade e ficaria satisfeito. A posteridade, ou os filhos que teria, seriam aqueles que viriam a crer nele depois do derramamento do Espírito Santo no dia de Pentecostes.

O próprio Jesus tinha ensinado os discípulos acerca da sua morte e ressurreição (Mt 16:21). Mas só mais tarde compreenderam o que ele queria dizer. A ressurreição tornou-se parte integrante da mensagem do Evangelho. Paulo escreveu: "Cristo morreu por nossos pecados, segundo as Escrituras, e que foi sepultado, e que ressuscitou ao terceiro dia, segundo as Escrituras" (1 Cor 15:3,4). Escreveu também: "E, se Cristo não ressuscitou logo é vã a nossa pregação, e também é vã a vossa fé" (1 Cor 15:14).

Vemos como a morte de Jesus coincidiu com a festa judaica da Páscoa. A ressurreição coincidiu com a festa judaica que seguia a festa da Páscoa, a festa das Primícias, que celebrava o início das colheitas. Deus Pai tinha determinado que a morte e a ressurreição de Jesus coincidissem com estas duas festas para chamar a atenção das pessoas.

Assim não foi por acaso que Jesus ficou no sepulcro durante três dias e três noites, pois houve, naquele ano, um período de três dias e três noites entre a festa da Páscoa e a festa das Primícias. A Páscoa iniciou no dia 15 de Nissan e as Primícias no dia 18 de Nissan, tendo Jesus sido crucificado ainda no dia 14.

A festa das Primícias aconteceu no dia que se seguiu ao sábado normal, durante a festa dos Pães Asmos, que durava uma semana e começava com a festa da Páscoa. Nesse dia, uma espiga do primeiro cereal, ou primícia, das colheitas era levada ao sacerdote, que a movia perante o Senhor (Lv 23:9-14). Essas primícias anunciam a colheita que vem a seguir. Lembremos que o sepulcro, onde Jesus esteve, era em um jardim. Jesus surgiu desse jardim como a primícia de uma grande colheita que se seguiria.

A ressurreição de Jesus garante o futuro daqueles que confiam nele. Como ele tem um corpo novo, também aqueles que creem nele terão corpos novos. O propósito de Deus para o seu povo é que o sirvam por toda a eternidade, com corpos novos e não como almas sem corpo.

Isto mostra o erro da filosofia que afirma que o corpo é a prisão da alma e que é só pela morte que a alma se pode libertar da servidão e ir para o céu. Também derruba a possibilidade da reencarnação, que se tem tornado uma ideia muito popular. Não morremos para depois voltarmos, e tornarmos a voltar, até atingirmos, eventualmente, o estado de nirvana, em que ficamos para além de sentir dor ou prazer. Deus determinou que o seu povo venha a ter corpos novos.

Paulo escreveu: "E eis que vos digo um mistério: Na verdade nem todos dormiremos [morreremos], mas todos seremos transformados, em um momento, em um abrir e fechar de olhos, ante a última trombeta; porque a trombeta soará, e os mortos ressuscitarão incorruptíveis, e nós seremos transformados" (1 Cor 15:51-54).

O TEMPO QUE JESUS PASSOU COM OS DISCÍPULOS DEPOIS DA RESSURREIÇÃO

Jesus não voltou para o céu imediatamente após a ressurreição. Ficou com os discípulos por um período de quarenta dias (At 1:3).

Durante esse tempo apareceu a muitos dos discípulos. Paulo apresenta uma lista das testemunhas, que viram Jesus depois da ressurreição: "Foi visto por Cefas (Pedro), e depois pelos doze. Depois foi visto, uma vez, por mais de quinhentos irmãos, dos quais vivem ainda a maior parte... Depois foi visto por Tiago, depois por todos os apóstolos.

E por derradeiro de todos, me apareceu também a mim" (1 Cor 15:5-8).

Essa lista de Paulo é importante, se considerarmos que ele escreveu essa carta à Igreja de Corinto cerca do ano 56 d.C., e que a lista foi, provavelmente, obtida durante a sua primeira visita a Jerusalém, no ano 34 d.C. A lista parece estar em ordem cronológica. Além disso, é interessante que Paulo não incluiu a evidência de nenhuma das mulheres que viram o Cristo ressuscitado. Sabia que, naquele tempo, o testemunho de uma mulher não era válido em tribunal.

Os registros dos Evangelhos contêm evidência de valor incalculável, pois relatam o que aconteceu nos primeiros dias depois da ressurreição, quando Jesus apareceu, pelas primeiras vezes, aos discípulos.

O aparecimento de Jesus, ressuscitado, aos discípulos tem sido alvo de muita crítica. Alguns dizem que não aconteceu. Afirmam que os discípulos criam que tinham estado com o Cristo ressuscitado, mas foi só produto da imaginação e resultado das suas expectativas. Eles estavam alucinando.

As alucinações são fenômenos que podem acontecer, quando as pessoas desejam tanto que uma coisa aconteça que acabam por pensar que aconteceu de fato. Pode ser o caso de uma esposa, que perdeu o marido, e que começa a imaginar que ele está ao seu lado novamente.

Algumas pessoas afirmam que foi isso que aconteceu aos discípulos. Dizem que os discípulos estavam tão convencidos que Jesus ia ressuscitar que se convenceram a si próprios que era verdade. Por outras palavras, defendem que os discípulos estavam enganados e que Jesus não ressuscitou.

A primeira coisa que devemos observar sobre esta explicação é que ela se baseia em uma pressuposição totalmente falsa. Os discípulos não esperavam que Jesus ressuscitasse, mesmo que Jesus os tivesse avisado disto.

A ressurreição apanhou-os de surpresa. Não foram eles que se convenceram a si próprios; foi Jesus que os convenceu, aparecendo-lhes vivo.

A alucinação é ver uma coisa e pensar que aquilo é o que se quer ver. Mas, nos Evangelhos, os encontros que os discípulos tiveram com Jesus ressuscitado foram diferentes. Maria não viu o jardineiro e pensou que fosse Jesus. Viu Jesus e pensou que fosse o jardineiro. Os dois discípulos que iam a caminho de Emaús não viram um desconhecido e pensaram que era Jesus. Viram Jesus e pensaram que era um desconhecido. Os discípulos reunidos naquele aposento não viram um fantasma e pensaram que era Jesus. Viram Jesus e pensaram que era um fantasma.

Além disso, só certas espécies de pessoas têm alucinações. Há pessoas que são propensas a isso. Verificamos que as aparições de Jesus ressuscitado não se limitaram a uma espécie de pessoa. Vários gêneros de pessoas confirmaram que o viram.

As alucinações são também acontecimentos individuais. Cada pessoa tem a sua alucinação sozinha. Não costuma acontecer com um grupo de pessoas, todas ao mesmo tempo. Portanto, duas pessoas não podem ter a mesma alucinação ao mesmo tempo. Há casos de dois ou mais discípulos verem Jesus simultaneamente. E como vimos houve até uma ocasião em que quinhentas pessoas o viram (1 Cor 15:6).

O Novo Testamento diz claramente que Jesus ressuscitou e que foi visto pelos discípulos durante quarenta dias. Esse período, depois da ressurreição, foi muito importante para os discípulos. Por quê? Houve várias razões para tal:

- Jesus ficou durante este tempo para convencer os discípulos de que não tinha apenas fugido à morte, mas que a tinha conquistado.

- Queria que eles não tivessem dúvidas de que ele estava realmente vivo, com um corpo novo glorioso. Durante aquele tempo deu-lhes muitas provas de que era real (At 1:3; Lc 24:39; Jo 21:9; 1 Cor 15:6).

Jesus ficou para prepará-los para uma relação muito diferente com ele

Queria que eles soubessem que não podiam agarrar-se a ele tal como o tinham conhecido antes. Convidou Tomé a tocar nas mãos e no lado mas repreendeu Maria quando ela se agarrou a Jesus no jardim. Jesus queria que ela e os outros discípulos compreendessem que a relação que tinham com ele seria diferente dali para diante.

A caraterística mais extraordinária daquelas semanas não foi o número de ocasiões em que lhes apareceu, mas as ocasiões em que desapareceu imediatamente depois de ter sido reconhecido. De fato, parece que esteve mais tempo sem ser visto do que à vista deles. Os discípulos começaram a entender que ele estava sempre com eles, ainda que fosse de uma forma invisível.

Desse modo, Jesus estava a preparar os discípulos para uma relação íntima, mas invisível. Jesus estava a desabituá-los da dependência dos sentidos. Em breve deixariam de conhecê-lo segundo a carne, e passariam a conhecê-lo segundo o Espírito. O Espírito Santo iria revelar-lhes Jesus (2 Cor 5:16).

Jesus ficou para lhes dar a comissão de irem espalhar o Evangelho

Os discípulos tinham abandonado o Senhor Jesus quando ele foi preso. Precisavam saber se ele ainda queria que eles fossem seus discípulos.

Em relação a este assunto é interessante ver a atenção que o Senhor deu a Pedro, que o tinha negado três vezes. O anjo, que falou com as mulheres na madrugada da ressurreição, disse-lhes: "Não vos assusteis; buscais a Jesus Nazareno, que foi crucificado? Já ressuscitou, não está aqui; eis aqui o lugar onde o puseram. Mas ide, dizei aos discípulos, e a Pedro" (Mc 16:6,7).

Pouco tempo depois de Pedro e João terem entrado no túmulo vazio, o Senhor apareceu a Pedro. Quando os dois, que se encontraram com Jesus no caminho para Emaús, voltaram para Jerusalém nessa mesma noite, os outros discípulos informaram-nos de que Jesus tinha aparecido a Pedro (Lc 24:34).

Quão importante esse encontro a sós com Jesus deve ter sido para ele! Ficou a saber que Jesus lhe tinha perdoado e que ainda o considerava um dos discípulos. Depois, em outra ocasião, em frente de todos os discípulos, o Senhor perguntou três vezes a Pedro se o amava de verdade. De cada vez que Pedro respondeu que o amava, o Senhor deu-lhe a comissão de cuidar do seu rebanho (Jo 21:15-19).

Mais tarde, o Senhor encontrou-se com todos os discípulos e deu-lhes a grande comissão, ordenando-lhes: "Ide por todo o mundo e pregai o Evangelho (as boas-novas) a toda a criatura" (Mt 28:18-20).

JESUS FICOU PARA LHES DAR MAIS ENSINAMENTOS

Ordenou-lhes que "não se ausentassem de Jerusalém, mas que esperassem a promessa do Pai, que (disse ele) de mim ouvistes. Porque, na verdade, João batizou com água, mas vós sereis batizados com o Espírito Santo; não muito depois destes dias" (At 1:4,5). E continuou: "Mas recebereis a virtude do Espírito Santo, que há de vir sobre vós; e ser-me-eis testemunhas, tanto em Jerusalém como em toda a Judeia e Samaria, e até aos confins da terra" (At 1:8).

Portanto, ainda que os discípulos tivessem sido testemunhas de tudo o que tinha acontecido, Jesus deu-lhes a instrução clara de não fazerem nada até que o Espírito Santo viesse sobre eles. Então estariam capacitados para a tarefa de pregar o Evangelho.

16

A ASCENSÃO

Jesus veio ao mundo de um modo único. A mãe era virgem. Mas o que é mais admirável é que Jesus, o Príncipe da glória, escolheu vir aqui e nascer para ser um de nós. Também escolheu morrer. Entregou a sua vida por nós. A sua partida deste mundo não foi menos singular do que a sua entrada. As pessoas saem do mundo no dia em que morrem. Ele não: estava bem vivo no dia em que se despediu dos discípulos.

O Senhor Jesus voltou para o céu quarenta dias depois da ressurreição e dez dias antes da festa de Pentecostes. Esse acontecimento é conhecido como "a Ascensão".

A ascensão

Infelizmente, por vezes, a ascensão do Senhor Jesus não tem recebida a atenção devida. Talvez porque as pessoas não tenham compreendido como a ascensão se integra no projeto de Deus para a salvação. Talvez também porque não se tem compreendido plenamente a natureza do ministério presente de Jesus no céu, a favor do homem.

Mas os Evangelhos explicam que, depois de ter estado com os discípulos por um período de quarenta dias após a ressurreição, Jesus levou os discípulos um lugar, um pouco fora da área de Betânia, para o Monte das Oliveiras. Entendemos que Jesus partiu da encosta oriental desse monte (Lc 24; At 1). Ali levantou as mãos e abençoou os discípulos. Quando estava ainda a abençoá-los, partiu e foi elevado ao céu, à vista deles (Lc 24:50,51).

Lemos que, a seguir, adoraram-no (Lc 24:52). É importante lembrar-nos de que os discípulos eram judeus; tinham crescido aprendendo que havia só Um que era Deus e que só ele podia ser adorado. Tinham chegado à conclusão de que Jesus era Deus, o Filho de Deus.

Mas por que Jesus partiu? Por mais estranho que pareça, a razão da sua partida foi para que pudesse ficar presente, continuamente, no meio do seu povo. Embora, depois da ressurreição, tivesse um corpo glorioso, Jesus não podia estar em mais do que um lugar ao mesmo tempo. Só podia estar com eles todos quando estavam reunidos em um mesmo lugar. Mas em breve seriam espalhados em todas as direções, para serem suas testemunhas. Jesus tinha prometido que estaria com eles até ao fim dos tempos. Teve que partir para poder cumprir a sua promessa. Ao fazê-lo, podia ficar sempre com eles, através da vinda do Espírito Santo. Jesus tinha dito: "E eu rogarei ao Pai, e ele vos dará outro Consolador, para que fique convosco para sempre... não vos deixarei órfãos; voltarei para vós" (Jo 14:16,18). E também: "digo-vos a verdade, que vos convém que eu vá; porque, se eu não for, o Consolador não virá a vós, mas, se eu for, enviar-vo-lo-ei" (Jo 16:7).

Jesus deixou os discípulos quando eles estavam a vê-lo, para que eles tivessem consciência de que já ele não ia continuar na terra mas que ia voltar para o céu. As aparições depois da ressurreição não podiam, simplesmente, acabar em um último desaparecimento. Os discípulos podiam ter ficado confusos com isso, sem saberem se ele ainda estava com eles, mas invisível, ou se já se tinha ausentado, sem dizer nada, para ir ter com o Pai. Tinha que haver uma ascensão, a seguir à ressurreição, para levar o ministério de

Jesus na terra a uma conclusão correta. Jesus tinha que partir, mas tinha que ser visto partir.

Depois de Jesus ter desaparecido de vista, os discípulos continuavam a olhar para os céus. Talvez esperassem vê-lo por mais um pouco de tempo. Quando olhavam ainda para cima, dois anjos juntaram-se a eles, falando-lhes para encorajá-los com as palavras: "porque estais olhando para o céu? Esse Jesus [...] há de vir" (At 1:11). Entenderam, então, que Jesus não tinha partido para sempre mas que voltaria.

Os discípulos regressaram para Jerusalém. Não iam tristes nem deprimidos, embora tivessem acabado de despedir-se. Iam cheios de alegria por causa de Jesus. O melhor amigo deles estava de regresso à casa. Ali ia ser recebido de volta e ser-lhe-ia dada toda a honra que lhe pertencia. Estavam alegres também porque, embora Jesus estivesse no céu, iria estar com eles, para sempre, através do Espírito Santo que ia enviar, e ele próprio iria voltar um dia para os levar para si.

Os discípulos também sabiam que, se morressem antes da volta de Jesus para buscar a Igreja, eles iriam ter com ele. Através do sacrifício perfeito de Jesus na cruz, a morte, grande inimiga de toda a humanidade, perdeu o aguilhão. Paulo diz: "o aguilhão da morte é o pecado". Foi o pecado que trouxe a morte – a morte espiritual (Gn 2:17; Cor 15:56).

O processo constante da morte física e do renovar subjaz ao funcionamento da natureza, como parte da criação de Deus, desde o princípio. As flores secam e morrem, os animais e as pessoas chegam ao fim da vida, para serem substituídos pelos filhos. Mas o propósito de Deus não foi que a morte nos separasse dele, mas que nos aproximasse ainda mais. O pecado arruinou tudo. Fez com que, em vez de nos levar a Deus, se criasse uma barreira, pois não pode haver pecado na presença de Deus. Assim, o pecado pôs o aguilhão na morte, fazendo que a morte deixasse de ser algo que nos levava à presença de Deus.

No entanto, por intermédio de Jesus, que morreu pelos pecados, a morte perdeu o seu aguilhão para o povo de Deus. Agora para aqueles que confiam no Senhor a morte não os separa de Deus, mas os leva logo à sua presença. É por isso que o apóstolo Paulo escreve à Igreja dizendo que, embora fiquemos tristes quando perdemos pessoas amadas por causa da morte, não precisamos nos entristecer como aqueles que não têm esperança. "Não vos entristeçais, como os demais, que não têm esperança" (1 Ts 4:13).

Depois da ascensão, os discípulos esperaram, em oração, pela vinda do Espírito Santo, tal como Jesus lhes tinha mandado. Entenderam que a vinda do Espírito Santo contribuiria para a realização plena do projeto de Deus para a humanidade. Entenderam que, quando o Espírito Santo viesse, faria várias coisas: guiá-los-ia em toda a verdade (Jo 16:12,13); capacitá-los-ia para testemunharem com poder (João 15: 27; At 1:8); traria glória a Jesus (Jo 16:14).

Certamente os discípulos calcularam que o Espírito Santo seria dado na festa de Pentecostes, apenas dez dias depois. A morte de Jesus tinha acontecido na festa da Páscoa. A ressurreição tinha acontecido durante a festa das Primícias. Até então, todos os acontecimentos principais do plano profético de Deus se tinham dado nos dias das festas do calendário judaico. Portanto, quando chegou o tempo da festa de Pentecostes, estavam todos reunidos em um mesmo lugar, esperando receber o Espírito Santo.

Como se esperava, o Espírito Santo foi dado no dia de Pentecostes, de acordo com o plano meticuloso de Deus. Quando o Espírito Santo veio sobre os discípulos, eles foram usados por Deus, com muito poder, para espalhar o Evangelho. Pedro, o porta-voz, pôs-se em pé com os outros e proclamou, em Jerusalém, que Jesus de Nazaré, a quem eles tinham rejeitado e crucificado, Deus o tinha ressuscitado para ser Senhor e Cristo, sendo através dele que todos os homens podiam conhecer a salvação.

O REGRESSO TRIUNFAL AO CÉU

Como deve ter sido maravilhoso para Jesus voltar para o céu! Ali era o seu lar. Ali era amado mais do que em qualquer outro lugar. Acima de tudo, ali estava o Pai.

Jesus tinha pensado muito neste momento de regresso. Quando foi traído, rejeitado pela nação, abandonado pelos discípulos, cortado da comunhão com o Pai, quando os pecados da humanidade estavam sobre ele, na cruz, Jesus suportou tudo "pelo gozo que lhe estava proposto" (Hb 12:2). Essa alegria que lhe estava proposta centrava-se no regresso ao céu.

O Senhor Jesus regressava a casa depois de cumprir a missão que o Pai lhe tinha dado. Regressava depois de tê-la completado devidamente. Também regressava como herói conquistador, que venceu Satanás, o grande inimigo das nossas almas. O apóstolo Paulo escreveu sobre o assunto: "E despojando os principados e potestades, os expôs publicamente e deles triunfou em si mesmo publicamente (na cruz)" (Cl 2: 15).

Normalmente uma guerra é composta por várias batalhas. Uma dessas batalhas é mais significativa que as outras, pois é o seu resultado que determina o resultado final da guerra. Jesus venceu Satanás na cruz, dando-lhe um golpe que foi decisivo (Hb 2:14). Apesar disso, Satanás sobreviveu à batalha contra o Senhor Jesus e continua a ser o inimigo do povo de Deus. Contudo, o resultado da guerra entre o Senhor e Satanás não está em dúvida. A batalha decisiva já foi ganha. A guerra espiritual ainda continua, mas é só uma questão de tempo, antes que Satanás seja amarrado e totalmente incapacitado. Jesus é o Vencedor.

Como deve ter sido maravilhosa a chegada à casa do guerreiro vitorioso! Mas como devem ter-se admirado os seres celestiais, ao verem o Filho de Deus regressar diferente do que era quando partiu! Quando partiu não tinha um corpo humano. Agora o Filho de Deus, tendo completado a missão que lhe foi dada, regressava ao céu levando a sua humanidade.

Que entrada maravilhosa Jesus deve ter tido na presença do Pai, bem-vindo como o herói conquistador! Como o Pai deve ter-se orgulhado do Filho! O Pai tinha falado, duas vezes durante o ministério de Jesus, para expressar o quanto o apreciava. Quão maior deve ter sido a sua alegria ao ver o Filho regressar, o Filho que nunca sucumbira à tentação, nem uma única vez, e que tinha seguido as instruções que o Pai lhe dera, em todos os pormenores. Este era o Filho que tinha feito tudo bem, que tinha levado a cabo o projeto do Pai, através do seu ministério.

A SUA EXALTAÇÃO

O regresso de Jesus ao céu não seria completo sem a sua recompensa.

Não admira que todo o céu tenha irrompido em louvor e adoração, quando Jesus regressou, dizendo: "Digno é o Cordeiro, que foi morto, de receber o poder, e riquezas, e sabedoria, e força, e honra, e glória, e ação de graças" (Ap 5:12).

Logo foi dado a Jesus um nome que é acima de todos os nomes. Aquele que tinha sido tão humilhado mais do que qualquer outro, levando os nossos pecados sobre si, por amor de nós, foi então grandemente exaltado acima de todos. Paulo explica isto assim:

> Jesus Cristo, que, sendo em forma de Deus, não teve por usurpação ser igual a Deus mas aniquilou-se a si mesmo, tomando a forma de servo, fazendo-se semelhante aos homens; e, achado na forma de homem, humilhou-se a si mesmo, sendo obediente até à morte, e morte de cruz. Pelo que, também, Deus

> o exaltou soberanamente, e lhe deu um nome que é sobre todo o nome; para que, ao nome de Jesus, se dobre todo o joelho dos que estão nos céus, e na terra, e debaixo da terra, e toda a língua confesse que Jesus Cristo é o Senhor, para a glória de Deus Pai (Fl 2:5-11).

Quando nasceu foi-lhe dado o nome Yeshua, Jesus. Quando pensamos no nome Jesus pensamos em uma só pessoa, embora haja milhares, se não milhões, de pessoas com esse nome. Pensamos em Jesus de Nazaré. No entanto o nome Jesus faz mais do que identificar a pessoa. Yeshua (Jesus) significa "ele salvará". Assim, quando pensamos em Jesus pensamos naquele que é o Salvador do mundo, o único que pode salvar. Mas na sua exaltação foi-lhe dado o nome de Senhor. Por isso lhe chamamos o Senhor Jesus.

A Igreja primitiva proclamava que Jesus era o Senhor. Naqueles dias não era nada fácil fazer isto. Uma vez por ano, todos os cidadãos romanos tinham de fazer um juramento de fidelidade a César ao queimar uma pequena porção de incenso no altar a César, que era considerado divino. A seguir recebiam uma certidão para provar que tinham cumprido o seu dever. Este ato, exigido por César, não era um teste à ortodoxia religiosa dos cidadãos. Era um teste de lealdade política. Desde que a pessoa tivesse feito o sacrifício e recebido a certidão, poderia ir em paz e adorar o deus que quisesse. Qualquer que se recusasse a realizar este sacrifício era considerado um fora de lei. Também os cristãos só tinham de queimar o incenso e dizer "César é o Senhor". Depois podiam servir a Jesus. Ora, era precisamente isto que recusavam fazer. Declaravam: "César não é o Senhor. Jesus é o Senhor". Esta atitude pô-los em conflito com as autoridades. Por essa causa, a Igreja sofreu terríveis perseguições às mãos dos romanos. Por exemplo, Nero ordenou que os cobrissem de pez e lhes pegassem fogo. Muitos outros tiveram de entrar nas arenas no *circus maximus* e enfrentar os leões. Mas eles não se importavam porque confiavam em Jesus, o Senhor.

Deus Pai ofereceu, como recompensa, o lugar de honra a Jesus, de se sentar à sua direita no trono, para governar como corregente.

Não era invulgar naquele tempo um imperador convidar o filho a compartilhar o trono com ele. Era comum um imperador nomear o filho como general de um exército e enviá-lo a uma parte distante do império, que estava ameaçada por forças inimigas. Quando elas foram reprimidas, o filho regressava em um cortejo de vitória até à presença do pai. Ia à frente das tropas, a que se seguiam os prisioneiros que tinham sido capturados e acorrentados. Depois seguiam homens levando os despojos da guerra, que iam ser distribuídos como dádivas. Como recompensa, o imperador convidava o filho a partilhar o trono com ele, sentando-o à sua direita, que era o lugar de honra, para ser corregente. O filho era então coroado.

Paulo faz uma referência a esta sequência de acontecimentos para descrever o regresso de Jesus a casa quando diz: "Subindo ao alto, levou cativo o cativeiro e deu dons aos homens" (Ef 4:8). Paulo, por sua vez, está citando uma profecia sobre Jesus (Sl 68:18).

O Velho Testamento profetizou que Jesus iria governar ao lado de Deus Pai. Lemos em um Salmo messiânico: "Disse o SENHOR ao meu Senhor: Assenta-te à minha mão direita, até que ponha os teus inimigos por escabelo dos teus pés" (Sl 110:1). Neste Salmo Deus Pai (o Senhor) fala com o seu Filho (o meu Senhor), Jesus, convidando-o a sentar-se à sua direita. Esse versículo do Salmo 110 é citado muitas vezes no Novo Testamento em relação à exaltação de Jesus.

17

JESUS, O NOSSO EXEMPLO

Quando consideramos a pessoa de Jesus, a tendência é focar a morte, a ressurreição e a sua exaltação. Isso está certo. O propósito da vinda de Jesus foi ser o nosso Salvador. Ele vive agora no céu por nós, para que, pela operação do Espírito Santo, possamos viver vidas dignas da nossa chamada.

A morte de Jesus é muito importante. Mas a vida que levou é também importante. Não devemos vê-la apenas como aquilo que antecedeu a sua morte. Jesus tinha que viver uma vida perfeita, sem mancha alguma, para que pudesse ser o Cordeiro de Deus. Por isso:

- Os quatro Evangelhos dão ênfase à morte e à ressurreição de Jesus, mas também falam muito sobre a sua vida, em particular durante o período do seu ministério. Eles nos oferecem um entendimento excelente da vida perfeita que Jesus viveu.
- As Cartas escritas pelos apóstolos também falam da vida que Jesus viveu.
- Os profetas do Velho Testamento declaram que ele, o Servo que viria, teria uma vida exemplar.
- Além disso, a vida de Jesus está presente, em forma de tipo, nas ofertas apresentadas no templo.

As ofertas com derramamento de sangue falavam da sua morte e ressurreição, mas uma delas, a oferta de manjares, a oferta de cereal, sem derramamento de sangue, falava da sua vida extraordinária.

A vida perfeita que Jesus viveu é muito importante. Demonstrou que ele tinha todas as condições de ser o Cordeiro perfeito, sem mancha. Mas a vida perfeita que Jesus viveu serve outro propósito: mostra como devemos viver. Ele é o nosso exemplo.

Mas é justo pensar em Jesus como o nosso exemplo, uma vez que Jesus era Deus e nós somos meramente humanos? Não terá sido mais fácil para Jesus viver a vida que levou porque tinha mais recursos à sua disposição, porque era Deus e nós apenas homens e mulheres muito limitados?

Como o Filho de Deus ele tem a natureza divina. Além disso, sabemos que, quando nasceu, tomou a natureza humana. Porém, por vezes, esquecemos que, quando ele veio viver entre nós, por sua própria vontade, pôs de lado todas as vantagens que a natureza divina lhe concedia.

O apóstolo Paulo escreveu sobre Jesus, que ele: "se esvaziou, assumindo a forma de servo, tornando-se em semelhança de homens" (Fl 2:5-7). Isso significa que, quando ele viveu aqui, optou por ser exatamento como qualquer um de nós, sem vantagens nenhumas.

Assim ele escolheu viver entre nós, limitado fisicamente, como todos nós. Ficava cansado. Pedro não se esqueceu de quando, depois de um dia cheio de ensino, junto à multidão, Jesus dormia sobre a almofada no seu barco durante uma tempestade no mar de Galileia. João se lembrou da ocasião em que, depois de uma caminhada longa, Jesus chegou ao meio-dia a Samaria, tendo saído de Judeia. Chegou cansado e se sentou junto ao poço.

Ele também se limitou ao espaço e ao tempo, como todos nós. Como Filho de Deus, antes de nascer entre nós, podia estar em toda a parte ao mesmo tempo. Mas, por amor de nós, Jesus limitou-se para sempre. Ao nascer, Jesus limitou-se a um corpo humano. Assim, a partir daquele momento, não pôde estar em mais do que um lugar ao mesmo tempo. Não podia estar em Cafarnaum e em Jerusalém ao mesmo tempo.

Ao nascer entre nós, ele se limitou à vida em Israel naquele tempo. Assim ele foi um homem da sua época, limitado aos conhecimentos de então: não sabia o que era a luz elétrica. O transporte em terra era a cavalo ou a carros puxados por animais; no mar os barcos eram à vela ou movidos a remos.

Assim esse Jesus, realmente Deus e realmente homem, por ter vivido uma vida perfeita e por ter escolhido viver como um de nós, sem nenhuma vantagem sobre nós, pode ser o nosso exemplo.

Mas se ele conseguiu uma vida perfeita, qual era o seu segredo? Eram dois, na verdade.

O primeiro

Jesus entendeu a importância da Bíblia. Como judeu viveu em um ambiente onde a Bíblia, o Velho Testamento, era muito valorizado, no lar, na escola e na sinagoga, como visto no Capítulo 5. Como já referimos também, é provável que fizesse parte de um movimento leigo que se reunia para ler, estudar e discutir os livros de Moisés.

Jesus não apenas valorizava mas também amava a Palavra de Deus. Os escribas e os doutores da lei amavam muito a Bíblia, mas ninguém deu tanto valor a ela como Jesus. Porque ela era a Palavra do Pai. Ele, que na eternidade, tinha vivido constantemente na sua presença, ouvindo-o falar, não podia agora viver sem ouvir a sua voz. Jesus se deleitava na Bíblia. Ele podia dizer como o Salmista: "Oh, quanto amo tua lei! É a minha meditação todo o dia" (Sl 119:97).

Ao ler a Bíblia, ao estudá-la e ao meditar nela, Jesus obteve, com a ajuda do Espírito Santo, um entendimento excelente. Jesus deixou que a Palavra de Deus moldasse a sua vida e o seu ministério. Além disso, o Espírito Santo trazia-lhe à mente a palavra que ele precisava para cada ocasião.

O segundo

Jesus entendeu a sua necessidade de oração. Abordamos esse assunto no Capítulo 6.

Foi pela obediência à Palavra de Deus e pela oração que Jesus viveu uma vida perfeita.

Nunca ninguém viveu uma vida perfeita como ele.

Por vezes as pessoas religiosas pensam que estão falando bem de Jesus mencionando-o juntamente com Buda, Maomé, Moisés e outros. Mas nenhum dos fundadores das principais religiões mundiais pode ser comparado com Jesus. Só ele viveu uma vida perfeita.

O Budismo ensina que Buda alcançou a perfeição. Porém, aos 29 anos abandonou a esposa e o filho.

O Hinduismo afirma que Krishna era perfeito. Porém Krishna era imoral. Tocava uma flauta mágica para atrair sexualmente mulheres solteiras e casadas.

Os Muçulmanos põem Maomé acima de Jesus, mas a história mostra que foi um homem imoral e violento.

Os Judeus reverenciam Moisés acima de todos os homens, mas Moisés pecou contra o Senhor e por isso foi proibido de entrar na Terra Prometida.

Na Bíblia encontramos muitas pessoas extraordinárias que viveram vidas que agradaram a Deus: Abel,

Enoque, Abraão, Davi. Mas cada uma delas é apresentada com as suas imperfeições e fracassos. Na vida de Jesus não vemos tais imperfeições. Por causa disso o Pai podia declarar a respeito dele: "Este é o meu amado Filho, em quem me comprazo; escutai-o" (Mt 17:5).

Que espécie de vida foi a de Jesus?

Foi uma vida sem pecado

Jesus foi tentado de todas as maneiras como nós, mas não pecou. As suas tentações e lutas eram reais. Não eram fingidas. Mas Jesus as enfrentou e venceu no poder do Espírito Santo.

Por viver uma vida de vitória sobre o pecado podia desafiar os seus inimigos: "Quem de entre vós me convence de pecado?" (Jo 8:46). Ele tinha que as enfrentar e as vencer para ser o nosso sumo sacerdote que nos entende quando enfrentamos tentações e provas. O assunto será tratado no Capítulo 20.

Foi uma vida caracterizada pelo amor

Jesus não apenas ensinou sobre amor: ele demonstrou o que era amor. Ele aceitou aqueles que sofriam discriminação.

Ele não tinha problemas em se sociabilizar e comer com o povo comum que era desprezado e odiado pelos religiosos. Jesus o amava. Aceitava os cobradores de impostos, que eram também odiados. Mas Jesus viu neles pessoas muito necessitadas. Falava com os samaritanos que os judeus odiavam. Tratava as mulheres com dignidade e não com o desprezo que era normal. Dava atenção às crianças, entendendo que também tinham necessidades.

Jesus identificou-se com aqueles que estavam a sofrer, como já mencionamos.

Ele não viveu uma vida isolada, como monge. Identificou-se conosco. Ele nos entende perfeitamente. Sentiu as nossas alegrias e as nossas tristezas. Foi criado em uma família pobre. Sofreu a indignação de ser chamado filho ilegítimo. Sofreu a indignação de viver em um país ocupado. Foi mal entendido e rejeitado pelo seu povo. Foi acusado falsamente e condenado injustamente e, por fim, crucificado como um gentio.

Jesus teve compaixão dos necessitados, por exemplo: da multidão que viu como ovelhas sem pastor; da viúva de Naim; curou sempre por compaixão.

Ele é o nosso exemplo: somos chamados a comunicar esta compaixão de Deus ao mundo perdido. Paulo escreveu, "Ainda que eu falasse as línguas dos homens e dos anjos, e não tivesse amor, seria como o metal que soa ou como o sino que tine" (1 Cor 13:1).

A maior demonstração de amor foi quando se ofereceu como sacrifício pelos nossos pecados.

Foi uma vida controlada pelo Espírito Santo

Jesus não fazia tudo o que lhe vinha à cabeça. Deixava-se ser controlado pelo Espírito Santo. Aqueles que o acompanhavam podiam verificar isto e até os seus inimigos. Por ser controlado assim, Jesus nunca reagiu mal às circunstâncias:

Como Jesus reagiu ao pecado

Deus nos ama porém odeia o pecado. A sua ira arde contra o pecado porque o pecado nos destrói. Ora, é importante entender que a ira divina contra o pecado é uma ira pura. Sendo o Filho de Deus, Jesus também se irou contra o pecado. Essa ira não foi direcionada a cada pecado:

limitava-se aos casos em que uma pessoa ou o grupo de pessoas impedia que o amor de Deus fosse conhecido.

Em primeiro lugar ele irou-se contra aqueles que tinha orgulho espiritual. As autoridades religiosas julgavam-se melhores do que os outros e impediam que estes pudessem conhecer a Deus. Diziam que eles próprios eram os eleitos de Deus e muito especiais (Mt 23:5-7,12,13). O que não entendiam era que a eleição não fazia deles favoritos de Deus mas testemunhas da graça de Deus. Não somos eleitos por qualquer coisa em nós, mas para um propósito (At 9:15).

Em segundo lugar, Jesus se irou contra os dirigentes religiosos que escravizavam o povo com leis. Fomos feitos para encontrar a nossa alegria servindo a Deus. Mas os dirigentes religiosos judaicos criaram muitas leis e regras muito além daquilo que o Senhor queria para o Seu povo (Mt 23:4). Por exemplo, o sábado foi um presente de Deus ao povo de Israel para ser um dia de descanso, algo que o povo nunca gozou durante a escravidão no Egito. Neste dia o povo podia parar de trabalhar e gozar a presença do Senhor, sabendo que o Senhor ia cuidar das suas necessidades materiais. Mas os religiosas fizeram que o sábado se tornasse um peso em vez de ser uma alegria. Assim se opuseram a Jesus curar no sábado. Eles só aceitavam a cura no sábado em casos de vida ou de morte (Mc 3:5).

Jesus também se irou contra aqueles que, na obra de Deus, exploravam o povo. A família dos sacerdotes tinha um negócio no Pátio dos Gentios, o qual se tinha tornado em uma feira. Jesus expressou a sua ira mas de uma forma controlada, por exemplo, tendo tomado tempo a fazer um chicote e não tendo soltado as pombas para que não se perdessem.

Jesus estava contra aqueles que na obra de Deus estava a explorar o povo. Nos nossos dias ouvimos daqueles na Igreja que exploram o povo de Deus. Alguns tomam os dízimos para seu próprio uso. Outros, que pregam o

Evangelho de Prosperidade, roubam o povo, ensinando que é preciso semear dinheiro (no bolso dos dirigentes) para obter uma colheita melhor.

Como Jesus reagiu à rejeição

João diz que Ele "veio para o que era Seu e os Seus não o receberam" (Jo 1:11).

Foi rejeitado pelas pessoas de Nazaré. Até no sábado levaram-no até ao cume de um monte para deitá-lo dali abaixo. Como é que ele reagiu? Ele simplesmente passou por meio da multidão e foi embora. Dali foi para viver em Cafarnaum. Quando Jesus viveu ali o povo que andava em trevas viu uma grande luz. Jesus fez muitos milagres ali. Mas esses também o rejeitaram. Mas foi especialmente em Jerusalém onde se sentiu mais rejeitado. Mas não teve ressentimento. Chorou sobre Jerusalém, dizendo: "Jerusalém, Jerusalém, que matas os profetas, e apedrejas os que te são enviados! Quantas vezes quis eu ajuntar os teus filhos, como a galinha ajunta os seus pintinhos debaixo das asas, e tu não quiseste!" (Mt 23:37).

Como é que Jesus aguentou essa rejeição? Porque estava seguro na sua relação com o Pai celestial. Sabia que o Pai o amava. Em duas ocasiões Deus Pai declarou o prazer que tinha em Jesus. Mesmo que todos os homens o rejeitassem, ele podia contar com o Pai, que não faria isso.

Assim vemos aqui um exemplo para aguentarmos a rejeição. Não importa que todos nos rejeitem, desde que saibamos que Deus nos ama e que nunca nos voltará as costas.

Como Jesus aceitou ser maltratado

O apóstolo Pedro fala a respeito: "Cristo padeceu por nós, deixando-nos o exemplo, para que sigais as suas pisadas, o qual não cometeu pecado, nem na sua boca se achou engano; o qual, quando o injuriavam, não injuriava, e quando padecia, não ameaçava" (1 Pd 2:21-22).

Quando Jesus estava na cruz, as pessoas ali zombavam dele, dizendo: "Tu que destróis o templo e em três dias o reedificas, salva-te a ti mesmo; se és filho de Deus, desce da cruz". Os principais dos sacerdotes, os escribas e os fariseus também zombavam dele, dizendo: "Salvou os outros, e a si mesmo não pode salvar-se. Se é o rei de Israel, desça agora da cruz, e creremos nele". Foi difamado, mas nunca retaliou. Sofreu, mas não fez ameaças.

Em qualquer momento podia ter pedido que o Pai lhe enviasse doze legiões de anjos (doze mil anjos) para virem em sua defesa.

Normalmente aqueles que estavam sendo crucificados maldiziam e blasfemavam os que estavam por perto. Jesus não fez isso. Mas disse: "Pai, perdoa-lhes porque não sabem o que fazem".

Como é que Jesus aguentou os insultos? O apóstolo Pedro explica o segredo de Jesus: "Entregava-se àquele que julga justamente" (1 Pd 2:23). Isso significa simplesmente que ele confiou no Pai, entregou a vida nas suas mãos e deixou com ele as consequências das ações dos outros.

Isto é o que devemos fazer quando nos insultam. Não devemos nós mesmos fazer justiça mas confiar em Deus e entregar-lhe toda a nossa dificuldade.

Nunca ninguém viveu como Jesus. Não vemos nele uma falsa espiritualidade nem uma atitude de superioridade espiritual. Mas vemos alguém controlado pelo Espírito Santo, vivendo uma vida atraente, equilibrada, cheia de amor pelos outros, uma vida que agradou a Deus.

Esse Jesus é o nosso exemplo. O propósito de Deus é que cada um de nós seja como ele. Foi para isso que fomos predestinados.

Por vezes os cristãos que, focando a salvação pela graça, ignoram a necessidade de viver vidas transformadas pelo Espírito Santo, desculpando o mau compartamento deles como sendo a maneira como são: "Eu nasci assim"; "O meu pai também era assim". Não há desculpa nenhuma pelo mau comportamento. Jesus é o nosso exemplo. Quantas desculpas ele podia ter apresentado! Mas Jesus enfrentou toda espécie de tentação e prova, e venceu. Nós também podemos vencer. Não precisamos estar sempre a ser derrotados pela nossa maneira de ser.

O segredo está em valorizar a Palavra de Deus e em orar. Não é algo que acontece automaticamente. Precisamos deixar Deus falar conosco pela Palavra, mostrando como devemos viver. Temos Jesus como modelo, como exemplo. A seguir precisamos orar, pedindo que Deus nos dê o poder para viver como Jesus viveu, controlado pelo Espírito Santo.

Se assim fizermos, seremos transformadas dia após dia; Jesus vai ser formado em nós e vamos agradar a Deus cada vez mais. Desse modo vamos demonstrar que somos de fato filhos do Deus vivo e que somos os irmãos mais novos de Jesus.

18

AS PROFECIAS CUMPRIDAS

Os profetas de Israel da Antiguidade predisseram a vinda do Messias. Uma das evidências mais extraordinárias quanto à origem divina da Bíblia são as profecias cumpridas nela. Mas quão exatas foram elas?

Quando falamos da profecia bíblica é importante lembrar que não estamos a tratar de palpites ou adivinhações feitas pelos homens. Qualquer pessoa pode ter uma ideia daquilo que vai acontecer no futuro, mas nenhum homem sabe o que vai acontecer.

Os médiuns, espíritas, astrólogos e profetas pagãos, quando falam do futuro, falam em uma linguagem vaga que dá para muitas interpretações. Por exemplo, Cresos, o último rei da Lídia, perguntou à profetisa do deus Apolo se devia ou não atacar a nação da Pérsia. A profetisa respondeu: "Se Creso fizer guerra contra os persas, destruirá um grande império". Encorajado com o conselho, Creso atacou a Pérsia e um grande império foi destruído mas foi o seu próprio império. As profecias de Nostradamus (1503-1566) ficam dentro dessa categoria. Os seus seguidores dizem que ele predisse acontecimentos mundiais como a subida de Hitler e do nazismo. Mas as suas profecias são questionáveis: aparecem em forma de 942 quadras e são críticas, confusas e cheias de imaginação. A médium americana Jean Dixen tem a fama de conseguir predizer acontecimentos, mas a exatidão das suas previsões equivalem a simples conjectura. Não achamos certezas ao analisá-las. Teve, por exemplo, uma visão de uma criança nascida no Oriente Médio, transformando o mundo e trazendo paz universal no ano dois mil.

Mas a profecia bíblica é totalmente diferente. Quando os profetas de Israel falaram de um acontecimento futuro falaram com clareza para que, quando o evento se realizasse, não houvesse a mínima dúvida que era o cumprimento da profecia. Eles falaram do futuro com convicção porque Deus tinha falado primeiramente com eles. Por exemplo, Josué profetizou que a cidade de Jericó seria reconstruída por um homem. Disse também que o filho mais velho desse homem morreria no início da reconstrução e que o filho mais novo morreria quando a obra chegasse ao fim (Js 6:26). Cerca de cinco séculos mais tarde esta profecia foi cumprida na vida e na família de um homem chamado Hiel (1 Rs 16:34).

Um profeta declarou que um futuro rei de Judá, chamado Josias, pegaria nos ossos de uns sacerdotes ocultistas do rei de Israel, Jeroboão, e os queimaria no altar de Jeroboão (1 Rs 13:2 e 2 Rs 23:15-18). Esse acontecimento deu-se cerca de 300 anos depois de ter sido profetizado.

Os estudiosos da Bíblia informam que há aproximadamente 2.500 profecias na Bíblia e cerca de 80% foram já cumpridas. A profecia bíblica abrange uma gama de assuntos, incluindo, também, as profecias sobre o Messias.

Os Evangelhos usam muitas destas profecias do Velho Testamento acerca do Messias para mostrar que foram cumpridas na vida de Jesus e para declarar que ele é o Messias de Israel. Algumas profecias se destacam.

O Messias seria o filho do rei Davi

Os profetas de Israel disseram que o Messias seria filho de Davi, um descendente dele, com direito ao trono de Davi (Is 9:7; 11:1; Je 23:5). Por causa disso os judeus chamavam o Messias de *Mashiach ben David*, ou seja, Messias, filho de Davi.

O rei Davi teve vários filhos. Salomão foi aquele que Deus escolheu para ser rei. Por isso a linhagem de Salomão é a "linhagem real". No entanto Natã, o irmão mais velho de Salomão, era legalmente o herdeiro do trono. A "linhagem real" de descendência passava de um filho mais velho para o outro, embora estes descendentes nem sempre reinassem no trono de Israel. Jesus era o herdeiro legal do trono de Israel por meio da linhagem da mãe, Maria. Mas quando foi adotado por José, Jesus tornou-se também o herdeiro real do trono. Assim Jesus tinha um duplo direito ao trono. Era filho legal de Davi através da mãe, pela linhagem de Natã, e o herdeiro real do trono de Davi, pelo pai adotivo, José, pela linhagem de Salomão.

Mas Jesus não era apenas o filho de Davi por descendência. O caráter do seu ministério identificava Jesus com Davi, que foi um dos reis mais amados em toda a história de Israel. O reinado de Davi foi baseado na justiça e na misericórdia. Através dele Deus realizou uma obra extraordinária que trouxe bênção para todo o Israel. A partir dali os profetas diziam que o Messias seria o filho de Davi. Quando as pessoas clamaram a Jesus: "Filho de Davi, tem misericórdia de mim" (Mt 15:22; Mc 10:47), estavam a declarar que Jesus era o filho de Davi e que estava realizando uma obra maravilhosa, semelhante à obra de Davi.

O Messias nasceria em Belém

Cerca do ano 700 a.C. o profeta Miqueias nomeou a pequena aldeia de Belém como o lugar do nascimento do Messias de Israel: "E tu, Belém Efrata, posto que pequena, entre milhares de Judá, de ti me sairá o que será Senhor em

Israel, e cujas saídas são desde os tempos antigos, desde os dias da eternidade" (Mq 5:2).

Essa profecia foi cumprida com exatidão, sendo documentada pelos escritores dos Evangelhos (Mt 2:1-6; Lc 2:4). Para cumprir esta profecia, Deus fez com que o imperador César Augusto mandasse fazer um recenseamento que obrigou Maria e José a irem da Galileia para Belém, onde Jesus nasceu.

O Messias nasceria de uma virgem

Aproximadamente na mesma época a que se referia a profecia de Miqueias, Isaías escreveu: "Portanto, o mesmo Senhor vos dará um sinal: Eis que uma virgem conceberá, e dará à luz um filho, e será o seu nome Emanuel" (Is 7:14).

Os Evangelhos contam como Maria concebeu do Espírito Santo, quando era ainda virgem (Lc 1:34,35). A profecia foi cumprida.

O Messias viria enquanto Judá tivesse autoridade

Cerca do ano 2000 a.C. o patriarca Jacó profetizou o seguinte: "O cetro não se arredará de Judá, nem o legislador de entre os seus pés, até que venha Siló e a ele se congregarão os povos" (Gn 49:10).

O cetro é um símbolo de autoridade legislativa e judicial. Essa profecia dizia que Judá seria a tribo real do povo de Israel. Mais tarde os rabis compreenderam-na e concluíram que se referia à nação de Judá, quanto ao direito de aplicar e reforçar a lei de Moisés, incluindo o direito de adjudicar casos de pena capital e de administrar essa pena.

Está bem documentado que a palavra "Siló" tem sido compreendida durante milênios como se referindo ao Messias, provavelmente devido ao sentido de "paz" ou de "enviado". O rabi Johanan escreveu no *Talmude Babilônico*,

Sanhedrin 98b: "O mundo foi criado por causa do Messias; qual é o nome desse Messias? A escola do rabi Shila afirma: o Seu nome é Siló, pois está escrito: até que venha Siló" (traduções do autor). No *Targum Pseudo-Jônatas* diz-se: "Reis e governantes não cessarão na casa de Judá... até que venha o Rei Messias".

Portanto, de acordo com essa profecia escrita no Gênesis, o cetro da tribo de Judá não cessaria até que viesse o Messias. Judá tornou-se mais tarde o nome do reino do sul no reino dividido da nação de Israel. Siló viria desta tribo. Com o nosso entendimento do que significam "cetro" e "Siló", podemos escrever esta profecia da seguinte maneira:

> O direito de Judá de fazer cumprir a lei de Moisés, incluindo o direito de administrar pena capital sobre o povo, tal como está na Torah, não se arredará de Judá [reino do sul], nem legislador de entre os seus pés, até que Siló [o Messias] venha e a ele se congregarão os povos.

Essa profecia dá indicações específicas sobre o tempo da vinda do Messias. Ela declara que Ele viria antes que o direito de impor a lei judaica (que inclui a pena capital) fosse restringido. Portanto a profecia disse que, se Judá perdesse a sua autoridade, isto mostraria que o Messias já tinha vindo.

Judá teve sempre os seus dirigentes, mesmo durante o exílio babilônico (Esd 1:5-8). Durante os primeiros anos da ocupação romana da Judeia, o povo judaico ainda tinha o seu rei e o Sinédrio, exercendo a sua autoridade. Porém tudo mudou quando Jesus era criança. O rei Arquelau foi removido e exilado, sendo substituído pelo procurador romano Coponius. A Judeia passou a ser uma província da Síria. Naquele tempo o Sinédrio perdeu o poder de passar a sentença de morte. A reação dos judeus a estes acontecimentos monumentais está registrada no Capítulo 4 do *Talmude Babilônico*, Folio 37. Augustin Lemann, no seu livro *Jesus before the Sanhedrin*, registra a afirmação do rabi Rachmon: "Quando os membros do Sinédrio viram que estavam privados do direito de vida e de morte, uma consternação geral apoderou-se deles; cobriram as cabeças com cinzas e os corpos com pano de burel, exclamando: Ai de nós, porque o cetro passou de Judá e o Messias não veio" (tradução do autor).

Porque é que os membros do Sinédrio não exclamaram: "Ai de nós, porque o cetro passou de Judá e o Messias já veio, mas não o reconhecemos"? Pois Jesus nasceu em Belém, como profetizaram, e eles sabiam disso, mas não foram vê-lo. Assim preferiram culpar a Deus por entenderem que não teria cumprido a sua palavra.

O Messias viveria na Galileia

O profeta Isaías, cerca do ano 700 a.C., escreveu a respeito da área específica em Israel onde o Messias ia viver:

> Mas a terra que foi angustiada não será entenebrecida. Ele envileceu, nos primeiros tempos, a terra de Zebulom e a terra de Naftali; mas, nos últimos, a enobreceu junto ao caminho do mar, além do Jordão, a Galileia dos gentios. O povo que estava sentado em trevas viu uma grande luz, e sobre os que habitavam na região da sombra da morte resplandeceu a luz (Is 9:1,2).

Os galileus viviam sem revelação e sem esperança mas, quando foi para a Galileia, Jesus cumpriu a palavra que Senhor falou pelo profeta (Mt 4:12-16).

Por ter vivido em Nazaré, Jesus ficou conhecido como Jesus de Nazaré, o que trouxe uma certa dificuldade a alguns porque as Escrituras não diziam que algum profeta viria de uma aldeia tão pequena. Na realidade, por ter vivido em Cafarnaum, devia ter sido chamado Jesus de Cafarnaum, que teria chamado atenção ao fato de ele ser o Messias.

O Messias seria um profeta como Moisés

O profeta Moisés, cerca de 1400 a.C., anunciou ao povo de Israel que um dia no futuro o Senhor ia levantar um profeta maior do que ele. Moisés disse: "Então o Senhor me disse: O Senhor teu Deus te suscitará do meio de ti, dentre teus irmãos, um profeta semelhante a mim; a ele ouvireis" (Dt 18:15).

Jesus foi esse profeta. Jesus foi um profeta como Moisés. Lucas disse: "Jesus, o nazareno, que foi varão profeta, poderoso em obras e palavras diante de Deus e de todo o povo" (Lc 24:19). Quando Jesus veio, Filipe disse a Natanael: "Havemos achado aquele de quem Moisés escreveu na lei, e os profetas: Jesus de Nazaré" (Jo 1:45). Mais tarde, depois de alimentar uma multidão com cinco pães de cevada e dois peixes, o povo entendeu que Jesus estava a desempenhar o papel especial de profeta, cumprindo assim o que Moisés tinha falado. Como resultado, os homens diziam: "Este é verdadeiramente o profeta que devia vir ao mundo" (Jo 6:14).

Mas o texto que melhor mostra que Jesus foi esse profeta é provavelmente o da Transfiguração (Mt 17:1-9). Esse acontecimento extraordinário mostra Jesus no contexto do seu verdadeiro poder e glória. Uma voz sobrenatural declarou do céu: "Este é o meu amado Filho, em quem me comprazo; escutai-o" (Mt 17:5).

Prestemos atenção à última palavra: "escutai-o". Esta é uma referência óbvia às palavras "a ele ouvireis" de Deuteronômio (18:15). Porém, o mais importante é Deus Pai quem fala aqui.

Como profeta, Jesus predisse a Sua morte por crucificação, a sua ressurreição e a sua segunda vinda. A sua previsão dos acontecimentos futuros é mais evidente na profecia do Monte das Oliveiras, dada durante o seu ministério na terra (Mt 24) e no livro de Apocalipse, sobre o céu.

O Messias viria em um dia determinado

Antes do ano 500 a.C. o profeta Daniel, na sua profecia das setenta "semanas" determinadas para o povo de Israel, proclamou o tempo exato em que o esperado Messias de Israel se apresentaria em Jerusalém: "desde a saída para restaurar e para edificar Jerusalém, até ao Messias, o Príncipe, sete semanas e sessenta e duas semanas" (Dn 9:25-26).

As "semanas" dessa profecia são "semanas de anos". No hebraico a expressão usada significa "setes". Assim Daniel está a explicar que o Messias viria após sete mais 62 semanas, isto é, após 69 semanas, que é o equivalente a 69 vezes sete anos, ou seja 483 anos.

Robert Anderson no seu livro *The Coming Prince* calcula que, acrescentando 483 anos de 360 dias ao ano do decreto de Artaxerxes, 444 a.C., em que ele deu autorização ao povo judeu para voltar e reconstruir Jerusalém, leva-nos até ao dia 10 do mês de Nissan do ano em que Jesus entrou em Jerusalém, cinco dias antes da crucificação, apresentando-se assim oficialmente como o Messias (A Bíblia mostra que quarenta dois meses e 1.260 dias são sinônimos no tempo profético, o que significa que em um ano profético há 360 dias) (Ap 11:2,3). Assim, ao entrar em Jerusalém, mesmo antes da sua morte, o Senhor Jesus cumpriu a palavra profética.

O Messias viria montado sobre um jumento

O profeta Zacarias, cerca de 500 a.C., profetizou: "Alegra-te muito, ó filha de Sião; exulta ó filha de Jerusalém: Eis que o teu rei virá a ti, justo e Salvador, pobre, e montado sobre um jumento, sobre um asninho, filho de jumenta" (Zc 9:9).

Quando o Senhor Jesus entrou, triunfante, em Jerusalém, nas vésperas da sua morte, foi montado em um jumento, cumprindo esta profecia (Jo 12:14-16, Mt 21:1-5). Naqueles dias os reis montavam jumentos quando iam em paz. Foi assim que se apresentou o Príncipe da Paz.

O Messias seria traído por um amigo por trinta peças de prata

O profeta Davi, cerca de mil anos antes de Jesus, escreveu que o Messias seria traído por um amigo íntimo em que confiava e com quem comia pão (Sl 41:9). O profeta Zacarias disse que seria vendido por trinta peças de prata e que o dinheiro seria depois lançado ao chão no Templo e seria usado para comprar o campo do oleiro (Zc 11:12,13).

Os Evangelhos relatam que essas profecias foram cumpridas exatamente porque Jesus foi traído pelo seu amigo Judas por trinta peças de prata. Durante a última ceia com os discípulos, Jesus, à mesa, deu "o bocado molhado" a Judas, o pão molhado que era dado ao convidado mais estimado (Mt 26:21-25, Jo 13:21-26). Mas Judas rejeitou o amor de Jesus e traiu-o por dinheiro, entregando-o aos dirigentes religiosos (Mt 26:14,15; Jo 13:27-30). Quando Judas viu que Jesus estava condenado, percebeu que tinha errado e levou o dinheiro de volta. Os dirigentes não quiseram receber o dinheiro, por isso Judas atirou as moedas para o chão no Templo, saiu e enforcou-se. Com essas moedas os dirigentes compraram o campo do oleiro (Mt 27:3-10).

O Messias seria condenado à morte injustamente

O profeta Isaías declarou que o Messias seria acusado falsamente e que não abriria a boca em sua defesa diante dos acusadores. Isaías disse que seria "como um cordeiro levado ao matadouro, e como a ovelha muda, perante os seus tosquiadores" (Is 53:7).

Esta profecia foi cumprida na vida de Jesus. Não teve um julgamento justo. Em Israel isto não era a norma (Dt 25:1-3, Jo 7:51). Jesus foi considerado culpado e digno de morte, mesmo antes do julgamento (Mt 26:59). Foi acusado falsamente mas não se defendeu. Ficou calado perante os seus acusadores (Mt 26:62,63; Mc 14:61;15:3-5).

O Messias seria crucificado

O profeta Davi profetizou que a morte do Messias seria por crucificação, apesar deste método de tortura ainda não ser conhecido nessa altura: "Pois me rodearam cães; o ajuntamento de malfeitores me cercou; trespassaram-me as mãos e os pés" (Salmo 22:16). Os "cães" eram os "gentios", os romanos.

Jesus foi crucificado (Mt 27:35). Os romanos usavam a morte por crucificação, os judeus por apedrejamento. Mas os judeus rejeitaram Jesus, negando-lhe os direitos de judeu e entregaram-no aos romanos. A descrição da crucificação de Jesus no Salmo 22 é impressionante. Contém muitos detalhes quanto às últimas horas da vida do Messias, as quais foram cumpridos exatamente como profetizados.

O Messias seria morto

Daniel, na sua profecia das setenta "semanas" profetizou que o Messias seria morto: "E depois das (7 e) 62 semanas, será tirado o Messias, e não será mais; e o povo do príncipe que há de vir, destruirá a cidade e o santuário" (Dn 9:26).

Como vimos, o profeta Daniel profetizou o tempo exato em que o Messias viria. Esse versículo é a continuação daquela profecia. Aqui Daniel afirma que o Messias ia morrer antes da destruição da cidade (de Jerusalém) e do santuário (o Templo), o que aconteceu em 70 d.C. Desse modo, Daniel está a mostrar que o Messias não ia morrer velho. A expressão "será tirado" é uma referência a uma morte, não por causas naturais, mas por violência. A vida de Jesus foi interrompida quando jovem adulto. Como é possível que o Messias pudesse morrer desta maneira? Mas foi isto que aconteceu a Jesus. Sofreu uma morte violenta cerca de quarenta anos antes da destruição do Templo.

O Messias iria morrer pelos pecados da humanidade

O profeta Isaías escreveu:

> Verdadeiramente, ele tomou sobre si as nossas enfermidades, e as nossas dores levou sobre si: e nós o reputamos por aflito, ferido de Deus, e oprimido. Mas ele foi ferido pelas nossas transgressões, e moído pelas nossas iniquidades: o castigo que nos traz a paz estava sobre ele, e pelas suas pisaduras fomos sarados. Todos nós andamos desgarrados como ovelhas; cada um se desviava pelo seu caminho: mas o Senhor fez cair sobre ele a iniquidade de nós todos (Is 53:4-6).

Sem dúvida o capítulo 53 de Isaías é a profecia mais extraordinária quanto à morte do Messias. Os judeus entenderam sempre que esta profecia dizia respeito ao Messias até depois da morte de Jesus. Na realidade foi apenas no século XI d.C. que os judeus passaram a considerar outra interpretação desta passagem. Foi Rashi (rabi Solomon Yizchaki), que propôs que o servo do Senhor em Isaías 53 era a nação de Israel que ia sofrer pelos gentios.

Essa profecia da morte do Messias pelos nossos pecados foi cumprida por Jesus com toda a exatidão. Os apóstolos entenderam que falava de Jesus. O evangelista Filipe explicou ao ministro estrangeiro que o texto de Isaías falava de Jesus (At 8:32-35). Isaías disse, na mesma passagem, que Jesus, na sua morte, ia oferecer-se como um sacrifício pelo pecado: "Todavia, ao Senhor agradou moê-lo, fazendo-o enfermar; quando a sua alma se puser por expiação do pecado" (Is 53:10).

A expressão "expiação do pecado" é a tradução do hebraico *asham* que muitas vezes na Palavra é traduzido por "oferta de culpa" ou "oferta pela transgressão". Vemos que a profecia mostra que Jesus morreu pelos nossos pecados.

O Messias seria sepultado no túmulo de um homem rico

Isaías escreveu sobre o Messias: "Puseram a sua sepultura com os ímpios, e com o rico na sua morte" (Is 53:9).

Os homens tinham determinado uma vala comum para Jesus, mas Deus deu ordem a José de Arimateia para ir e pedir o corpo de Jesus, para que ele pudesse ser sepultado conforme a profecia. Assim Jesus foi contado com os malfeitores mas foi sepultado separadamente no túmulo de um homem rico.

O Messias ressuscitaria

Os profetas de Israel anunciaram que o Messias não ficaria morto no túmulo, mas que voltaria a viver: "Portanto, está alegre o meu coração, e se regozija a minha glória; também a minha carne repousará segura. Pois não deixarás a minha alma no inferno (Hades), nem permitirás que o teu santo veja corrupção. Far-me-ás ver a vereda da vida; na tua presença há abundância de alegrias; à tua mão direita há delícias perpetuamente" (Sl 16:10,11). "Quando a sua alma se puser por expiação do pecado, verá a sua posteridade, prolongará os dias; e o bom prazer do Senhor prosperará na sua mão. O trabalho da sua alma verá, e ficará satisfeito" (Is 53:10,11).

O Senhor Jesus ressuscitou ao terceiro dia depois a sua morte. A seguir apareceu aos discípulos em dez ocasiões (Mt 28:1-20, Mc16:1-20, Lc 24:1-53, Jo 20:1-21-29). Esta realidade foi anunciada pela Igreja apostólica na sua pregação do Evangelho. Mesmo no dia de Pentecostes o apóstolo Pedro fez referência a esta profecia de Davi (At 2:26-28).

O Messias seria glorificado

O capítulo 53 de Isaías, que fala acerca do Servo Sofredor, é um poema que começa no capítulo 52, versículo 13. O poema é composto por cinco estâncias, de 3 versículos cada. A primeira estância é o Prólogo. Ela começa mostrando como o Messias vai ser glorificado:

"Eis que o meu servo operará com prudência: será engrandecido, e mui sublime. Como pasmaram muitos à vista dele assim borrifará muitas nações e os reis fecharão as suas bocas por causa dele" (Is 52:13-15).

Davi profetizou em alguns Salmos que o Messias seria levado para o céu e entronizado (Sl 110:1-3). No fim de Isaías 53 o profeta disse que o Messias glorificado iria interceder a favor dos transgressores. Esta profecia foi cumprida quando Jesus foi levado para o céu e glorificado (Lc 24:50,51, At 1:1-11), sendo entronizado ao lado de Deus Pai (Hb1:1-3).

Todas estas profecias foram cumpridas na vida e no ministério de Jesus. Foram cumpridas literalmente, e não figurativamente, nem em uma maneira alegórica, nem mística. Mas estas constituem apenas uma amostra de toda a profecia do Velho Testamento que apontava para a vinda de Jesus, o Messias.

Vimos que essas profecias foram todas anunciadas séculos antes do nascimento de Jesus. Elas fazem parte das Escrituras Sagradas que já estavam sendo usadas muito antes da vinda de Jesus. Lembremos que s descobertas dos manuscritos do Mar Morto mostram bem claro que estes livros dos profetas existiam antes do início da era cristã.

Como é que podemos explicar o cumprimento destas profecias todas? Não pode ser por acaso. Aconteceu porque os profetas foram inspirados por Deus a escrever acerca daquilo que ia acontecer muitos anos depois.

19

A SEGUNDA VINDA

Jesus vai voltar!

Esta pode ser uma novidade para muitas pessoas, mas os profetas de Israel e o próprio Jesus falaram deste assunto.

O apóstolo Paulo escreveu também: "Porque o mesmo Senhor descerá do céu, com alarido, e com voz de arcanjo, e com a trombeta de Deus; e os que morreram em Cristo ressuscitarão primeiro. Depois nós, os que ficarmos vivos, seremos arrebatados juntamente com eles, nas nuvens, a encontrar o Senhor Jesus nos ares, e assim estaremos sempre com o Senhor" (1 Tess. 4:16,17).

O apóstolo João escreveu: "Eis que (Jesus) vem com as nuvens e todo o olho o verá, até os mesmos que o traspassaram e todas as tribos da terra se lamentarão" (Ap 1:7).

A esperança da Igreja

A segunda vinda de Jesus é, e sempre foi, a grande esperança da Igreja fiel (Ag 2:7; Tt 2:13). Esta esperança baseia-se em duas experiências que os discípulos tiveram.

Em primeiro lugar, na véspera da sua morte, Jesus explicou aos discípulos que ia deixá-los mas que voltaria para os buscar depois de preparar uma morada para eles na casa do Pai celestial (Jo 14: 2,3).

Em segundo lugar, depois da ressurreição, Jesus passou quarenta dias com os discípulos. Depois Jesus partiu, sendo levado para o céu, à vista deles. Uma nuvem encobriu-o. Quando olhavam para cima, dois anjos apareceram para lhes dizer que Jesus iria voltar, do mesmo modo como o tinham visto ir (At 1: 9-11).

Tal como as instruções quanto à segunda vinda de Jesus foram entregues apenas aos discípulos, e a subida de Jesus ao céu não foi presenciada pelo mundo, também a segunda vinda de Jesus para buscar a sua Igreja será um evento secreto, sem qualquer manifestação da glória de Deus ao mundo.

Mas como pode ser um evento secreto, só para a Igreja, se João disse em Apocalipse que "todo o olho o verá?"

A explicação está em que a segunda vinda de Jesus acontecerá em duas etapas, como se fosse uma peça em dois atos (com um período de sete anos entre elas).

A palavra grega traduzida por "vinda" é *parousia*. Esta palavra aplicava-se à vinda de um general romano vitorioso, acompanhado pelo seu exército, a uma cidade que tinha sido rebelde. Ao aproximar-se da cidade, aqueles que lhe eram fiéis escapavam da cidade e corriam ao seu encontro. Juntavam-se a ele e ao seu exército quando ele avançava contra a cidade para esmagar a revolta e estabelecer o governo. Entravam na cidade com ele.

A segunda vinda do Senhor Jesus é descrita nestes termos. Podemos pensar nela como uma manobra de grande escala que decorre durante um período de tempo, com duas etapas. Na primeira etapa Jesus virá para buscar a Igreja fiel. Isto pode acontecer a qualquer momento. Na segunda etapa aparecerá, em grande glória, com a sua Igreja, perante todo o mundo para destruir os inimigos e estabelecer o seu reino.

A ESPERANÇA DE ISRAEL

Também o povo judeu aguarda a vinda do Messias.

O Antigo Testamento fala claramente que o Messias sofreria pelos pecados de todo o mundo e que reinaria sobre todo o mundo. Como vimos em capítulos anteriores, os rabis não conseguiam compreender isto porque pensavam, ou em termos de uma única vinda do Messias ou em dois Messias: um que morreria e outro que reinaria.

Quando Jesus veio pela primeira vez, fê-lo como o Servo Sofredor (Is 53). Veio para os seus e os seus não o receberam. Israel rejeitou-o e entregou-o aos gentios para ser crucificado. Mas, quando voltar, já não voltará em humildade, mas com grande poder e glória. Todo o olho o verá (Mt 24: 27; Ap 1:7). Naquele dia os seus pés pousarão no Monte das Oliveiras, fora das muralhas de Jerusalém, e dará uma grande vitória ao seu povo Israel. Vai terminar o período de governo humano para dar lugar ao governo eterno de Deus sobre o mundo, com Jesus como rei.

Jesus vai voltar.

Vimos no capítulo 18 que as promessas acerca da sua primeira vinda, da sua morte e da sua ressurreição foram todas cumpridas em todos os pormenores. Estas profecias cumpridas reforçam esta convicção de que Deus vai também cumprir tudo o que foi profetizado acerca da segunda vinda de Jesus.

Podemos contar com esse evento, pois Deus prometeu e ele cumpre sempre.

20

JESUS NO TEMPO PRESENTE

Vimos que Jesus, que foi humilhado mais do que qualquer outro ser humano ao morrer amaldiçoado em uma cruz, sofrendo o castigo dos nossos pecados, foi também exaltado mais do qualquer homem por Deus Pai, como recompensa (Is 52:13-15). Jesus é Rei dos reis e Senhor dos senhores (Ap 19:16). Foi-lhe dado um nome acima de todos os nomes. Foi coroado de glória e de honra (Hb 2:9). Foi-lhe dado o direito de se sentar no trono no céu como co-regente (Fl 2:6-11; Hb 1:3). Vimos também que a Igreja aguarda a segunda vinda de Jesus.

Entretanto hoje Jesus está assentado no trono no céu. Mas o que está a fazer? Será que está apenas a desfrutar de um bem merecido descanso, tendo regressado a casa depois de completar a sua missão? Parece justo que seja assim. Mas não é isto que está a acontecer.

Jesus está a trabalhar!

É muito importante enfatizar que foi completa a obra de redenção, que Jesus realizou quando morreu na cruz como Cordeiro de Deus. Jesus bradou: "Está consumado" mesmo antes de morrer. Este sacrifício foi um sacrifício perfeito uma vez por todos e uma vez para sempre (Hb 7:27; 9:12,28) não necessitando repetição nem aperfeiçoamento pelas boas obras dos homens (Ef 2:8). Jesus sentou-se por ter terminado esta obra de redenção.

Mas Jesus está ainda a trabalhar. Será que está a trabalhar noutro projeto que não tem nada a ver conosco, significando que já não se interessa por nós? A verdade é que ele não se esquece de nós: está ainda a trabalhar no projeto de salvação, traçado por Deus Pai a nosso favor.

Quando Jesus morreu ele completou a primeira parte do projeto de Deus para salvar a humanidade. Agora continua a trabalhar na segunda parte deste grande projeto. Na primeira parte ele morreu por nós, mas na segunda parte vive por nós. Sentado sobre o trono no céu, ele trabalha incessantemente, a nosso favor, para completar o grande projeto de salvação.

Parece incrível que ele possa amar-nos tanto! Mas os profetas apreciaram sempre o empenho de Deus a favor do seu povo. Isaías escreveu: "Porque desde a antiguidade não se ouviu, nem com ouvidos se percebeu, nem com os olhos se viu um Deus além de ti, que trabalhe para aquele que nele espera" (Is 64:4).

Se o Senhor Jesus está no céu a trabalhar a nosso favor, o que está a fazer?

Jesus governa como Senhor

Quando se sentou no trono no céu, à direita de Deus Pai, foi-lhe entregue o projeto de Deus para toda a humanidade. O seu trabalho seria de implementar este projeto na sua totalidade (Ef 1:22).

Lemos a respeito disto no livro de Apocalipse. O apóstolo João teve uma visão de um trono no qual Deus Pai tinha um rolo, um livro, selado com sete selos (Ap 4). Este rolo especial continha todo o projeto de Deus para este mundo, culminando com o fim do governo humano e o estabelecimento do reino eterno de Deus. Deus Pai tinha determinado que alguém digno pudesse tomar o rolo e abrir os seus selos para realizar o projeto.

Ninguém foi considerado digno até que chegou Jesus, o Cordeiro. Ele foi digno para tomar o rolo e de abrir os selos porque, tendo sido morto, estava vivo, porque vencera a morte. O resto do livro de Apocalipse é dedicado aos eventos que se seguiriam na história da humanidade, à medida que Jesus abriria aqueles selos, implementando a cada passo o projeto de Deus para este mundo. O livro mostra o Senhor Jesus conduzindo a história humana a um clímax. Foca, em particular, os dias em que vivemos agora, o período da Grande Tribulação que se seguirá e logo depois a segunda Vinda de Jesus, em que vem para terminar o período do governo humano e estabelecer o seu reino eterno. O livro termina com uma descrição da felicidade que a Igreja vai gozar na presença de Jesus, o Cordeiro, e do Pai, na Nova Jerusalém, mostrando como o projeto de Deus visa a bênção do seu povo.

Isto significa que Jesus, como o Senhor, está a governar os acontecimentos mundiais. Por vezes tendemos a pensar que os eventos no mundo de hoje estão descontroladas mas não: Por detrás de tudo há uma mão conduzindo a história ao destino que Deus determinou. O Senhor Jesus tem tudo sob o seu controle e está a administrar todos os eventos a nível mundial e a nível individual. Nada acontece por acaso. Todas as coisas estão a contribuir para realizar o projeto de salvação da humanidade.

Como Senhor, Jesus usa todos os homens para cumprir o projeto do Pai. Os seus servos colaboram com alegria. Os outros também o servem sem terem consciência disso. Jesus usa tudo o que os homens fazem, as obras boas e as más, para realizar o projeto. Lemos em Salmos 76:10: "Porque a cólera do homem redundará em teu louvor; o restante da cólera tu o restringirás". A cólera do homem inclui todos os efeitos maus da ira do homem demonstrados na violência, na opressão, nos atos de terrorismo e na guerra. O Senhor dá aos homens maus liberdade de fazerem o que querem desde que contribuam para o cumprimento dos seus objetivos finais. Depois os restringe. Nenhum homem ou grupo de homens estão fora do controle de Deus.

O Senhor Jesus vai governar até que seja removida toda a oposição a ele. Um dia todo o joelho vai dobrar-se diante dele e toda a língua vai confessar que Jesus é o Senhor (Fl 2:11). Depois de derrotar o último inimigo, Jesus vai inaugurar finalmente o seu reino eterno.

JESUS INTERCEDE COMO SUMO SACERDOTE

O Senhor Jesus não é apenas rei; ele é rei-sacerdote. Ele intercede por nós, como sumo sacerdote.

Mas como é que podemos ter a certeza que Jesus está ativamente intercedendo por nós?

Aarão, o sumo sacerdote levítico, é um tipo do Senhor Jesus. No dia em que Aarão começou a ministrar em favor do povo ofereceu sacrifícios pelo pecado e depois ergueu as mãos e abençoou o povo. A seguir entrou no lugar santo no tabernáculo, enquanto o povo adorou o Senhor. Algum tempo depois saiu do lugar santo e abençoou o povo novamente. A glória do Senhor apareceu ao povo e o povo vendo isso, gritou de alegria e prostrou-se em adoração (Lv 9:22-24).

Semelhantemente Jesus, depois de ter oferecido o sacrifício perfeito pelos nossos pecados, levou os discípulos até Betânia, levantou as mãos e abençoou-os. Enquanto estava a abençoá-los, foi levado para o céu. Naquele momento dois anjos disseram aos discípulos: "Este Jesus... virá do mesmo modo que o vistes ir". Aarão abençoou o povo duas vezes: abençoou-o quando o deixou e abençoou-o quando apareceu outra vez. De igual modo, o Senhor Jesus, que abençoou o seu povo quando partiu, abençoá-lo-á quando voltar.

Mas por que motivo Aarão abençoou duas vezes, antes e depois de entrar no lugar santo? Fê-lo para mostrar a natureza do seu ministério. Não descansou no lugar santo, mas ministrou em favor do povo. Mesmo quando o povo não o podia ver, ele estava a fazer tudo para a sua bênção. O Senhor queria que as pessoas soubessem que o seu propósito era que elas tivessem a sua bênção, continuamente.

Jesus é o nosso grande sumo sacerdote. O seu gesto de despedida foi o de abençoar. E que bênção teremos quando ele voltar! Entretanto Jesus, o nosso sumo sacerdote, está escondido da nossa vista, mas sabemos que agora mesmo ministra a nosso favor no santuário celestial, para que possamos ter a sua bênção, dia após dia.

Jesus é o nosso Mediador. Paulo escreveu: "há um só mediador entre Deus e os homens, Jesus Cristo, o homem" (1 Tm 2:5). Não há outro. A sua divindade lhe dá o direito de ser o representante de Deus para conosco. A sua humanidade, que levou consigo para o céu, dá-lhe o direito de ser o nosso representante perante Deus.

Não precisamos de nenhum outro Mediador além de Jesus. De fato pedir ajuda a outras pessoas, como os santos ou os anjos é um insulto a Jesus, o nosso grande sumo sacerdote.

Mas será que precisamos de um sumo sacerdote intercedendo por nós?

Quando confiamos em Jesus e descansamos no seu sacrifício perfeito a nosso favor temos acesso ao trono de Deus pelo novo e vivo caminho que Jesus abriu para nós através do seu sangue (Hb 10:20). Também somos sacerdotes para oferecer sacrifícios de louvor ao nosso Deus (1 Pd 2:5).

Ainda assim precisamos de Jesus como o sumo sacerdote. Todos os dias lutamos contra a nossa carne, o nosso adversário Satanás e o mundo, a sociedade organizada contra Deus e o seu projeto. Há momentos quando temos consciência da nossa fraqueza e necessidade de ajuda espiritual, de mais graça e poder. Mesmo quando não temos consciência disto somos fracos, necessitando da graça de Deus.

Como sumo sacerdote, Jesus entende-nos perfeitamente, quando passamos por dificuldades, porque foi homem e enfrentou as situações que enfrentamos (Hb 4:14-16).

Como sumo sacerdote Jesus vive para nos ajudar. Os sumo sacerdotes em Israel viveram alguns anos e depois morreram, mas Jesus vive no poder de uma vida eterna. Por essa razão pode nos ajudar sempre.

Mas porque é que devia nos ajudar? Porque é que não desiste de nós? Quando Jesus veio a nosso mundo ele foi rejeitado, mas não desistiu dos homens. Por isso lemos: "Veio para o que era seu, e os seus não o receberam. Mas, a todos quantos o receberam, deu-lhes o poder de serem feitos filhos de Deus, aos que creem no seu nome" (Jo 1:11,12). Na cruz, quando os homens lhe fizeram o pior que podiam, Jesus orou ao Pai: "Pai, perdoa-lhes, porque não sabem o que fazem" (Lc 23:34). E Jesus não mudou em nada. Ainda hoje não desiste de nós quando falhamos, mas intercede por nós como o nosso Salvador para que possamos experimentar a salvação dinâmica a cada dia. "Portanto, pode também salvar, perfeitamente, os que por ele se chegam a Deus, vivendo sempre para interceder por eles" (Hb 7:25).

COMO É QUE JESUS INTERCEDE POR NÓS?

Será que ora por nós? Será que clama por nós? Nenhuma dos dois. No céu não existem pedidos; apenas louvor. Esta é mais uma razão porque é inútil pedir que Maria, os santos ou os anjos orem por nós. Eles estão na presença de Deus, mas estão louvando-no.

Jesus pode interceder por nós porque a sua função ali é totalmente diferente da função de todos os servos que vivem na presença de Deus. Jesus, e apenas Jesus, é o Salvador. Ele intercede por nós, não através de orações ou súplicas, mas pelo simples fato de estar vivo na presença do Pai, fazendo-lhe lembrar do preço que ele pagou na cruz do Calvário a nosso favor. Deus Pai vê constantemente a presença do Filho amado que morreu por nós e agora está vivo para todo sempre. Assim, através da intercessão de Jesus, recebemos a graça necessária para enfrentar as dificuldades da vida e vencer.

Por Jesus ser o sumo sacerdote, somos encorajados a chegar a Deus com confiança (Hb 10:19-22). A presença de Jesus junto ao Pai dá-nos a certeza de que Deus é por nós e que não vai nos rejeitar, dando-nos tudo que é para o nosso proveito espiritual. Por essa razão somos encorajados a chegar ao trono de graça com confiança para que "possamos achar graça e achar misericórdia, a fim de sermos ajudados em tempo oportuno" (Hb 4:16).

JESUS ATUA COMO ADVOGADO DE DEFESA

Temos um adversário, Satanás, que nos acusa constantemente de traição diante do trono de Deus, sempre que pecamos. Ele sabe qual o castigo que merecemos: a morte eterna. Mas Jesus é o nosso Mediador.

O adversário nos acusa mas Jesus nos defende. João escreveu à Igreja: "temos um advogado para com o Pai, Jesus Cristo" (1 Jo 2:1). Como advogado de defesa, Jesus também intercede por nós. Ele não intercede para minimizar a importância dos pecados que cometemos e para nos desculpar. Ele reconhece que merecemos o castigo da morte pelos nossos atos e atitudes contra Deus, mas intercede mostrando as marcas nas mãos, que falam do preço que pagou.

Mostra que todo o nosso castigo foi sofrido por ele. Desse modo recebemos misericórdia e perdão. Além disso, todas as acusações contra nós são imediatamente anuladas. Isto é, somos justificados, considerados legalmente inocentes, como se nunca tivéssemos pecado. Por isso Paulo escreveu: "Quem intentará acusação contra os escolhidos de Deus? É Deus quem os justifica" (Rm 8:33).

Jesus prepara tudo como precursor

No tempo dos apóstolos os navios não tinham motores mas velas e remos. Estes navios tinham dificuldade em navegar em tempestades, ficando à mercê dos ventos. Assim durante uma tempestade não tinham condições de manobrar para entrar nos portos, sendo obrigados a esperar lá fora até que a tempestade se acalmasse. Mas se uma vigia no porto visse o navio em dificuldade o precursor do porto podia ir ao socorro dele.

O precursor era um marinheiro corajoso. Cada porto tinha um. Logo que soubesse do local do navio em perigo ele deixava o porto em um pequeno barco a remos e ia até ao navio. Ali, arriscando a vida, pegava na âncora do navio e depositava-a dentro do seu barquinho. A seguir remava de volta para o porto onde por fim ele deixava cair a âncora bem dentro do porto. Deste modo o navio, fustigado pelas ondas e ventos, ficava seguro para aguardar o momento para entrar no porto.

Mas por que é que o marinheiro era chamado "o precursor?" Era assim chamado porque ele entrava no porto à frente do navio. A sua entrada lá garantia que o navio também, por sua vez, ia entrar.

Jesus é o precursor. Ele viu a nossa dificuldade e deixou o porto do céu para nos ajudar. Ele não só arriscou a vida por nós, mas também a deu por nós. Muitos precursores morreram e falharam, não conseguindo voltar ao porto, mas Jesus não falhou. Ressuscitou e voltou de novo ao céu. Hoje está sentado no trono. A presença dele ali é a garantia de que também nós vamos entrar no céu (Hb 6:18-20).

Ali Jesus está preparando tudo para a nossa chegada. Está a preparar um lugar para nós (Jo 14:2). Está supervisionando o grande projeto da morada final da Igreja, a Nova Jerusalém.

Jesus é a Cabeça da Igreja

Jesus realizou o seu ministério através de um corpo humano. Esse corpo o limitou a estar apenas em um lugar em cada momento. Mas depois da sua ascensão Jesus derramou o Espírito Santo sobre a Igreja para que pudesse estar presente com os seus discípulos, mesmo que estivessem separados geograficamente. O Espírito Santo também foi dado para que o Senhor Jesus, a Cabeça da Igreja, possa continuar a realizar o seu ministério através de um corpo, a Igreja, constituído de todos aqueles que creem nele como seu único Salvador e Senhor.

Jesus é a Cabeça do seu corpo, a Igreja. Ele está no céu e o corpo está na terra, mas não funcionam independentes. Através do Espírito Santo, o Senhor está consciente de tudo o que se passa na Igreja. O apóstolo João teve uma visão em que viu Jesus passeando no meio das Igrejas. O Senhor cuida da sua Igreja através do Espírito Santo.

Também através do Espírito Santo o Senhor governa a Igreja revelando a obra que quer realizar através dela. A Igreja fiel entende perfeitamente que, isolada da Cabeça, nada pode fazer que conte para a eternidade (Jo 15:5). Pode fazer muita coisa, incluindo muitos erros que arruínam as vidas de muita gente, mas não conseguem, sem ele, dar um passo certo.

Uma vez, durante a segunda viagem missionária de Paulo, o Espírito Santo não permitiu que Paulo e seus companheiros pregassem a palavra na Frígia e na Galácia. Por isso passaram por aquela região, pensando que iam entrar na Bitínia para pregar. No entanto, o Espírito de Jesus não permitiu que entrassem lá. Foram para Troas. Durante a noite Paulo teve uma visão de um homem da Macedônia, que o chamava pedindo ajuda. Paulo e os companheiros prepararam-se logo para ir para a Macedônia, percebendo que o Senhor estava a dirigi-los (At 16:6-10).

JESUS ESTÁ SENDO ADORADO

O Cordeiro foi a grande provisão de Deus para a humanidade. Como vimos, este Cordeiro foi Jesus, que foi morto para nos salvar. Agora está no céu, onde é o foco da atenção e o foco da adoração.

Verificamos que, através das Escrituras, o Cordeiro está sempre em foco. Era o foco da atenção na eternidade, quando se ofereceu para vir ao mundo como Cordeiro. Esta figura estava sempre em foco sobre o altar dos holocaustos no Tabernáculo e no Templo. Estava no altar de manhã até à noite e de noite até de manhã. O mesmo se verificou no Calvário, onde o Cordeiro foi sacrificado.

O mesmo se passa no céu. Jesus, o Cordeiro, é o centro de toda a adoração. Em uma visão o apóstolo João assistiu a essa adoração de muitos anjos, milhões de milhões. Ficaram ao redor do trono, dos animais e dos anciãos. Cantavam com grande voz: "Digno é o Cordeiro, que foi morto, de receber o poder, e riquezas, e sabedoria, e força, e honra e glória, e ações de graças" (Ap 5:12).

Depois João ouviu todas as criaturas no céu e na terra cantando: "Ao que está assentado sobre o trono, e ao Cordeiro, sejam dadas ações de graças, e honra, e glória, e poder, para todo o sempre!" (Ap 5:13). Os quatro seres vivos diziam: "Amém!" E os 24 anciãos prostraram-se, e adoraram ao que vive para todo o sempre.

    Hoje o Cordeiro é a figura central do céu. Não há outro que tenha um nome acima dele. Ele é tão preeminente que temos dificuldade em descrevê-lo. Por esta razão as Escrituras atribuem-lhe muitos nomes para que possamos ter uma ideia do seu verdadeiro valor. Ele é Emanuel (Mt 1: 23), o Príncipe da Paz (Is 9:6), a Rosa de Sarom (Ct 2:1), a Estrela da manhã (Ap 22:16), o Leão da tribo de Judá (Ap 5:5). Calculam-se mais de 250 nomes e títulos dados a Jesus na Bíblia. Ninguém pode descrever plenamente Aquele cujo nome é acima de todo o nome. Jesus é único. Não há outro como ele. Por isso, devido a tudo o que ele é e tudo o que tem feito e está a fazer, ele é o foco de toda a adoração no céu.

Epílogo

A LUZ DO MUNDO

Jesus de Nazaré é um enigma para muitos. Deixou de ser um enigma para os discípulos que o acompanharam e que comunicaram o seu testemunho nos Evangelhos. Contra todos, as suas opiniões e preconceitos, chegaram a entender que ele é o Cristo (Messias), o Filho do Deus vivo. Chegaram a conhecê-lo melhor do que todas as pessoas naquele tempo, pois foram testemunhas de tudo o que Jesus ensinou e fez. Estiveram lá quando os surpreendeu com as declarações que mais nenhum homem ousou fazer. Uma dessas declarações foi: "Eu sou a luz do mundo".

Nenhum outro homem pôde afirmar isto, sem parecer ridículo, mas Jesus fez esta afirmação porque ele é realmente a Luz do mundo. O que é que Jesus quis dizer com essas palavras? Para entender, temos que ver o contexto em que ele fez esta grande revindicação.

Jesus fez essa declaração na altura da Festa de Tabernáculos no Pátio das Mulheres no Templo em Jerusalém. Durante as sete noites da festa quatro candelabros gigantes, a óleo, com 25 m em altura, eram acesos nesse pátio dando iluminação ao Templo e a toda a cidade. Essas luzes faziam lembrar ao povo a coluna de fogo que guiara o povo de Israel de noite quando caminhavam no deserto depois da saída do Egito. Mas elas também apontavam para o *Ha Or Gadol*, a Grande Luz, que os profetas diziam ser o Messias, que traria luz para as nações (Is 9:2; 49:6). O povo entendeu que o Messias seria como uma luz para todas as nações, não só para os judeus.

No dia depois do fim da festa Jesus entrou no Pátio das Mulheres (Jo 8:20) e ali proclamou, junto aos candelabros, já apagados: "Eu sou a luz do mundo". Foi muito dramático. Todos os presentes, conhecendo as profecias messiânicas, entendiam perfeitamente que Jesus estava a reivindicar ser o Messias prometido, a luz do mundo. Também entenderam que Jesus, ao mesmo tempo, estava afirmando ser Deus. Jesus estava usando a expressão "Eu sou" o nome pelo qual Deus se revelara a Moisés (Ex 3:14). Além disso, Davi tinha declarado: "O Senhor (Deus) é a minha luz" (Sl 27:1).

Jesus veio como a luz do mundo porque, por mais avançado que seja o mundo (a sociedade) tecnologicamente, não deixa de ser dominado por trevas morais e espirituais. Foi assim no tempo de Jesus e continua a ser hoje. Jesus veio como a luz de que precisamos. Ele próprio explicou: "Quem anda em trevas não sabe para onde vai" (Jo 12:35). Quantas pessoas hoje estão perdidas, não entendendo o significado da vida nem para onde estão a caminhar! Precisam conhecer Jesus, o Messias, o Filho de Deus, a Luz do Mundo.

Como a Luz, Jesus expõe tudo o que somos; isso não é agradável. Por isso as autoridades religiosas rejeitaram-no e mataram-no. Não podiam viver com a Luz porque preferiam viver nas trevas. Assim apagaram a luz. Mas Deus Pai o ressuscitou ao terceiro dia e a Luz começou a brilhar outra vez. Hoje Jesus é a Luz do Mundo.

Como a Luz do mundo, Jesus veio revelar uma nova forma de vida. Por isso depois de dizer "Eu sou a luz do mundo", acrescentou: "Quem me segue não andará em trevas, mas terá a luz da vida" (Jo 8:12).

Quando vivemos nas trevas conhecemos apenas a mentira, o engano, a ignorância, a superstição que levam a uma vida cheia de pecado, impureza, escravidão, culpa, vazio, frustração, ansiedade, medo, solidão e morte. Esse não é o propósito de Deus para nós. Jesus veio como a Luz para fazer uma diferença. Ele é a luz que remove as trevas. Ele é a luz da verdade, que remove a mentira, a luz da sabedoria, que remove a ignorância, a luz da santidade, que remove a impureza, a luz da alegria, que remove a tristeza e a luz da vida, que remove a morte.

Quando vivemos na luz passamos a conhecer a verdade, o perdão, a purificação, a liberdade, o amor, a comunhão, a esperança e a vida. Mas para viver na luz temos que seguir a Jesus. Ele é a luz viva. Quando Israel estava no deserto o povo seguia uma luz que andava na sua frente, mostrando o caminho. Jesus é como essa luz. Para viver na luz temos que segui-lo por onde quer que nos leve.

A palavra grega traduzida "segue" é *akolutheo*. Ela é usada de muitas maneiras: no soldado que segue as ordens do capitão, no escravo que serve o senhor, acompanhando-o onde quer que vá, naquele que segue o bom conselho de um conselheiro, naquele que obedece às leis de um país e naquele que segue o ensino de um bom mestre. Assim, para seguir a Jesus, temos que deixá-lo ser o Senhor das nossas vidas. Isso implica obediência a tudo o que ele nos revela.

Mas antes de seguir a Luz temos que enfrentá-la. Jesus expõe a nós tudo nas nossas vidas. Ele nos mostra exatamente como somos: pecadores que têm ofendido Deus, que é santo, por não termos desconfiado dele, por não tê-lo servido nem honrado. Jesus revela todo o nosso egoísmo, orgulho, vaidade, impureza e hipocrisia. Não é nada agradável. Mas se entendemos que Jesus, que é esta Luz, não veio para nos condenar, mas para dar a sua vida por nós, podemos nos arrepender do nosso passado e receber

Jesus como o nosso Salvador, confiando nele. Todos que confiam nele são salvos.

Infelizmente muitas pessoas não vão para a Luz, mas fogem dela, como insetos rastejantes que fogem e se escondem, para não enfrentar a realidade que a luz revela (Jo 3:19-21). Mas aqueles que não fogem da Luz e aceitam Jesus como Salvador e o seguem como Senhor são felizes. Têm uma vida nova cheia de significado. Têm a vida eterna porque para eles Jesus não é mais um enigma. Conhecem-no como o Messias, o Filho do Deus vivo. Sabem que são amados, perdoados e aceitos por Deus. Passam a ver a mão de Deus em todas as circunstâncias. Sabem que nada lhes acontece por acaso.

Mas o que os conforta acima de tudo é saber que a Luz nunca se apagará. Nunca mais ficarão perdidos nas trevas. Ele os levará à presença de Deus na eternidade. E mesmo na Nova Jerusalém, Jesus, o Cordeiro, continuará a brilhar como a Luz (Ap 21:23) e ele os conduzirá às fontes de água viva (Ap 7:17).

REFERÊNCIAS BIBLIOGRÁFICAS

ABBE'CHIARINI. *Le Talmud de Babylone*. Leipsig, 1831, vol. 1, p. 45.
A BÍBLIA SAGRADA. Traduzida em português por João Ferreira de Almeida. Revista e corrigida. Sociedade Bíblica do Brasil.
ANDERSON, L. *Jesus*. Minneapolis: Bethany House, 2005.
ANDERSON, R. *The coming Prince*. Grand Rapids: Kregel, 2008.
BAILEY, K. E. *Jesus through middle eastern eyes*. London: SPCK, 2008.
BARCLAY, W. *A beginner's guide to the N.T.* Edinburgh, St. Andrew Press, 1995.
BARNETT, P. *Messiah*. Nottingham: InterVarsity Press, 2009.
BRUCE, F. F. *The N.T. documents: are they reliable?* Chicago: InterVarsity Press, 1971.
COLEMAN, W. L. *Manual dos tempos e costumes bíblicos*. Venda Nova: Editora Betânia, 1991.
CULLMAN, O. *The Christianity of the New Testament*. Philadelphia: The Westminster Press, 1963, pp. 311-2.
CULVER, R. D. *The earthly career of Jesus, the Christ*. Tain: Christian Focus Publications, 2002.
DICKSON, J. *Life of Jesus*. Grand Rapids: Zondervan, 2010.
EDERSHEIM, A. *The temple*. Buks: Candle Books, 1997.
_____. *The life and times of Jesus the Messiah*. Grand Rapids: Wm. B. Eerdmans, 1965.
FREEMAN, J. M. *Manners and customs of the bible*. New Kensington: Whitaker House, 1996.

FRUCHTENBAUM, A. G. *Jesus was a Jew, Ariel Ministries*. San Antonio, e-book version on pdf, ISBN:978-1-935174-03-5, p. 7.

GEFFREY, G. *Jesus: the Great Debate*. Waterbrook Press, Ontario, 1999, capítulo 12.

GOWER, R. *Student handbook to manners and customs of biblical times*. Carlisle: Candle Books, 2000.

GRIEVE, V. *Your verdict on the empty tomb*. [S. l.] Authentic Media, 1996.

HABERMAS, G. R.*The Historical Jesus: Ancient Evidence for the Life of Christ*. Joplin, Missouri: College Press Publishing Company,1996.

JOHNSON, L. T. *The Real Jesus*. Macmillan, 1996, p. 125.

JOSEFO, F. *Antiguidades, Livro 18, Capítulo 3, Testemonium Flavianum*.

LEMANN, A. *Jesus before the Sanhedrin*. 1886, translated by Julius Magath, NL # 0239683 Library of Congress # 15-24973.

LEWIS, C. S. *Mere Christianity*. Londres: Collins, 1952, pp. 54-6.

_____. *Miracles*. Londres: HarperCollins, 2002.

LUCIANO. The Death of Peregrine 11-13. In: *The Works of Lucian of Samosata*. Tradução de H.W. Fowler e F.G. Fowler. vol. 4. Oxford: Clarendon, 1949.

MORRISON, F. *Who moved the stone?* Grand Rapids: Zondervan, 1958.

PAGE, N. *The wrong messiah*. Londres: Hodder & Stoughton, 2012.

PEARCE, T. *The messiah factor*. Chichester, New Wine Press, 2004.

PLÍNIO. *Cartas*, tradução do autor da tradução de William Melmoth, Cambridge: Harvard Univ. Press, 1935, vol. II, X:96.

RICHARDS, K. *Jesus on trial*. Kingsford: Matthias Media, 2001.

ROBINSON, J. A. T. *Redating the New Testament*. ISBN 10:1-57910-527-0.

SCHACHTER, J. *Sanhedrin*. Editado por Rabbi Dr I Epstein, Soncino Press, London, 1935-1948, Folio 43 a.

SCHONFIELD, Hugh J. *Those Incredible Christians*, New York, Bantam Books, 1969, p. 15.

SPANGLER, A; TVERBERG, Lois. *Sitting at the feet of Rabbi Jesus*. Grand Rapids: Zondervan, 2009.
TALMUDE DA BABILÔNIA. Tradução de I. Epstein. vol. III, Sanhedrin 43a, 281. Londres: Soncino, 1935.
THOMSON, William. *The Land and the Book*. Vol.II, New York, Harper & Brothers, 1871, p. 503.
WEBSTER, N. H. *Secret Societies and Subversive Moments*. OHNI Publications, 1964, p. 20.
WILCOCK, M. *The Saviour of the World*. Leicester: InterVarsity Press, 1979.
WILLIAMS, G. *The Da Vinci Code from Dan Brown's Fiction to Mary Magdalene's Faith*. 2006, pp. 26-9.
WINTER, D. *With Jesus in the Upper Room*. Oxford: BRF, 2002.

Links na internet

FRUCHTENBAUM, Arnold. *Jesus was a jew*. Disponível em: <http://www.ariel.org/pdf/jesuswasajew.pdf>. Acesso em 06 jul. 2016.
JOAD, C.E, M, HTB Media Archive, March 2007-May 2011, Disponível em: <www.htb.org-bioycommentary>. Acesso em 19 Jul. 2016.
TARGUM PSEUDO-JÓNATAS. Disponível em: <www.hadavar.org-the-torah-rabbinic>. Acesso em 19 jul. 2016.

SOBRE O AUTOR

Thomas Black Wilson nasceu em 27 de setembro de 1944 em Glasgow, Escócia. Licenciou-se em Matemática Pura e aplicada e Física pelo Imperial College da Universidade de Londres, onde obteve o título de Honours Degree.

Estudou várias disciplinas relacionadas à Bíblia no Moorlands Bible College, Dorset, Inglaterra. Exercendo a função de professor de Matemática e Física, trabalhou em escolas na Escócia, na Inglaterra e em Portugal.

Tem duas filhas, um filho, uma neta e cinco netos. Vive atualmente em Portugal com sua esposa.

Aposentado da sua carreira de professor, continua a servir a Deus, como pastor não remunerado, dedicando-se ao estudo e ao ensino da Bíblia.

Obras publicadas:

O filho amado: um estudo da vida e do ministério de Jesus. Espírito Santo: Editora Além da Letra, 2007.

A noiva amada: um estudo da obra do Espírito Santo na vida da Igreja. Espírito Santo: Editora Além da Letra, 2009.

As cinco etapas da salvação: o processo da salvação segundo Romanos 8: 29,30. Portugal: ICM Casa da Bíblia Editores, 2014. [e-book]

A autoridade da Bíblia. Portugal: ICM Casa da Bíblia Editores, 2014. [e-book]

Jesus no Antigo Testamento vol. 1: Cristo na tipologia bíblica. Portugal: ICM Casa da Bíblia Editores, 2014. [e-book]

Aspectos da vida cotidiana nos tempos bíblicos. Portugal: ICM Casa da Bíblia Editores, 2014. [e-book]

Comunicar a palavra: conselhos práticos para pregadores e ensinadores da Bíblia. Portugal: ICM Casa da Bíblia Editores, 2014. [e-book]

Bíblia e ciência: um falso conflito. Portugal: ICM Casa da Bíblia Editores, 2014. [e-book]

Nota: A presente obra contém matéria já publicada em *O filho amado*, que se encontra esgotado, não se prevendo uma nova edição.

Impresso em São Paulo, SP, em novembro de 2016,
com miolo em off-white 80 g/m²,
nas oficinas da Mundial Gráfica.
Composto em Palatino Linotype, corpo 11 pt.

Não encontrando esta obra em livrarias,
solicite-a diretamente à editora.

Escrituras Editora e Distribuidora de Livros Ltda.
Rua Maestro Callia, 123 – Vila Mariana – São Paulo, SP – 04012-100
Tel.: (11) 5904-4499 – Fax: (11) 5904-4495
escrituras@escrituras.com.br
vendas@escrituras.com.br
www.escrituras.com.br